W0223995

Lernbereich

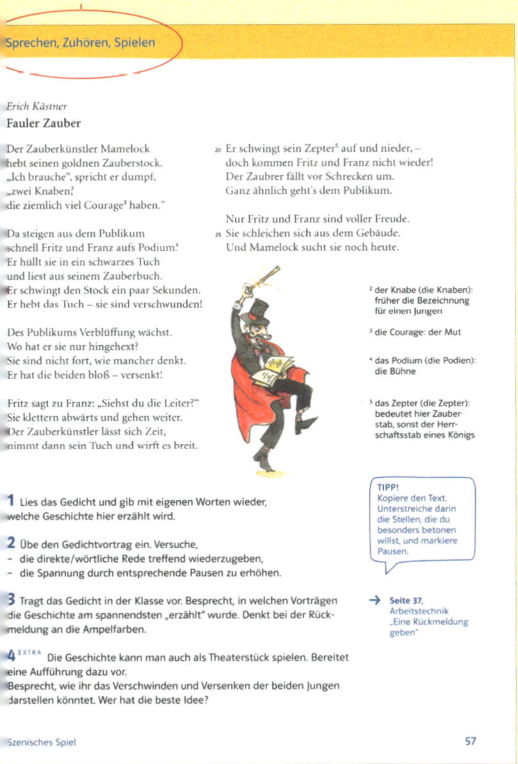
Sprechen, Zuhören, Spielen

Erich Kästner

Fauler Zauber

Der Zauberkünstler Mamelock
hebt seinen goldnen Zauberstock.
„Ich brauche", spricht er dumpf,
„zwei Knaben[2]
die ziemlich viel Courage[3] haben."

Da steigen aus dem Publikum
schnell Fritz und Franz aufs Podium[4]
Er hüllt sie in ein schwarzes Tuch
und liest aus seinem Zauberbuch.
Er schwingt den Stock ein paar Sekunden.
Er hebt das Tuch – sie sind verschwunden!

Des Publikums Verblüffung wächst.
Wo hat er sie nur hingehext?
Sie sind nicht fort, wie mancher denkt.
Er hat die beiden bloß – versenkt!

Fritz sagt zu Franz: „Siehst du die Leiter?"
Sie klettern abwärts und gehen weiter.
Der Zauberkünstler lässt sich Zeit,
nimmt dann sein Tuch und wirft es breit.

Er schwingt sein Zepter[5] auf und nieder, –
doch kommen Fritz und Franz nicht wieder!
Der Zaubrer fällt vor Schrecken um.
Ganz ähnlich geht's dem Publikum.

Nur Fritz und Franz sind voller Freude.
Sie schleichen sich aus dem Gebäude.
Und Mamelock sucht sie noch heute.

[2] der Knabe (die Knaben): früher die Bezeichnung für einen Jungen

[3] die Courage: der Mut

[4] das Podium (die Podien): die Bühne

[5] das Zepter (die Zepter): bedeutet hier Zauberstab, sonst der Herrschaftsstab eines Königs

1 Lies das Gedicht und gib mit eigenen Worten wieder, welche Geschichte hier erzählt wird.

2 Übe den Gedichtvortrag ein. Versuche,
- die direkte/wörtliche Rede treffend wiederzugeben,
- die Spannung durch entsprechende Pausen zu erhöhen.

3 Tragt das Gedicht in der Klasse vor. Besprecht, in welchen Vorträgen die Geschichte am spannendsten „erzählt" wurde. Denkt bei der Rückmeldung an die Ampelfarben.

4 EXTRA Die Geschichte kann man auch als Theaterstück spielen. Bereitet eine Aufführung dazu vor. Besprecht, wie ihr das Verschwinden und Versenken der beiden Jungen darstellen könntet. Wer hat die beste Idee?

TIPP! Kopiere den Text. Unterstreiche darin die Stellen, die du besonders betonen willst, und markiere Pausen.

→ **Seite 37**, Arbeitstechnik „Eine Rückmeldung geben"

Szenisches Spiel 57

Auf einigen Seiten im Buch findest du **Online-Links.** Damit gelangst du zu Informationen im Internet, zu weiterführenden Seiten und zu Arbeitsblättern. Gehe einfach auf **www.klett.de/online** und gib in das Suchfeld den entsprechenden Link ein.

Online-Link
313271-0130

Online-Link zum Hörverstehen

Über diesen Link gelangst du zu Hörbeispielen und zu Seiten mit Aufgaben zum Hörverstehen.

Online-Link
Hörverstehen
313271-0010

Tipps und Verweispfeile

In den Tipps am Rand findest du Hinweise zu Texten und Aufgaben. Pfeile verweisen auf andere Seiten im Buch, die für dich interessant sein könnten.

TIPP!
Notiere in ein oder zwei Sätzen, worum es in dem Gedicht geht.

→ **Seite 38**, Präteritum

Extra-Aufgaben

Auf vielen Seiten findest du Extra-Aufgaben. Wenn du schon etwas schneller und selbstständiger arbeitest, probiere aus, ob du auch diese Aufgaben lösen kannst.

5 EXTRA

In diesen Kästen findest du **Arbeitstechniken** und **Merkwissen**.

Arbeitstechnik
Interessant und spannend
1 Denkt daran, dass die Le…

Merke
Das **Perfekt** verwendet ma…
Beim Bilden des Perfekts h…

RKE SEITEN

en
rufs oder
nst.

iten,
n

Für Lehrer:

Testen und Fördern

Über diesen Link gelangen Sie zu unserem **kostenlosen** Online-Service **Testen und Fördern** mit individuellen Diagnose- und Fördermaterialien.

Online-Link
313271-0000

Iva Šindilj Klasse: 5.5

deutsch.kombi plus 1

Sprach- und Lesebuch für die 5. Klasse

Herausgegeben von:
Sabine Utheß

Erarbeitet von:
Susanne Greving, Hans-Werner Huneke,
Josef Käuper, Manfred Litz, Petra Middelmann,
Gerd Schemel, Horst Schierhorn,
Christa Schürmann, Susanne van Treeck,
Sabine Utheß, Burkhard Vollmers

Ernst Klett Verlag
Stuttgart · Leipzig

Unter Verwendung von Materialien von:
Claudia Barz, Heike Hummitzsch, Tanja Haß, Rita Lassen, Helga Paljan, Regina Wieland

2. Auflage 2 7 6 5 4 3 | 16 15 14 13 12

Herausgeberin: Sabine Utheß
Autorinnen und Autoren: Susanne Greving, Hans-Werner Huneke, Josef Käuper, Manfred Litz, Petra Middelmann, Gerd Schemel, Horst Schierhorn, Christa Schürmann, Susanne van Treeck, Sabine Utheß, Burkhard Vollmers

Redaktion: Susanne Lange-Mellert
Herstellung: Dea Hädicke

Gestaltung: normal design, Schwäbisch Gmünd
Umschlaggestaltung: normal design, Schwäbisch Gmünd
Illustrationen: Maja Berg; Beate Bittner; Andrea Dölling, Augsburg; Cornelia Haas, Münster; Cornelia Kurtz, Boppard; Cleo-Petra Kurze, Berlin; Erhard Müller, Leipzig; Daniela Kropf, Oldenburg; Inge Voets, Berlin; Katja Wehner, Leipzig
Satz: SOFAROBOTNIK, München
Reproduktion: Meyle+Müller GmbH + Co. KG, Pforzheim
Druck: Offizin Andersen Nexö, Leipzig

Printed in Germany
ISBN 978-3-12-313271-1

9 783123 132711

Inhalt

Basis

Basis-Seiten: Sprechen, Zuhören, Spielen; Schreiben; Lesen und Literatur – Umgang mit Texten und Medien

R, G, S **Basis-Seiten:** Rechtschreibung, Grammatik, Sprachbetrachtung

Plus

EXTRA **Plus-Seiten:** zum Weiterarbeiten und Ausbauen

TRAINING **Plus-Seiten:** zum Wiederholen und Festigen

Neues Buch und neue Klasse – eine Entdeckungsreise

Auf diesem Bild gibt es viel zu entdecken. Manches siehst du erst, wenn du genauer hinschaust. Und auch in deinem Deutschbuch steckt viel mehr, als du auf den ersten Blick erkennen kannst. Nimm dir Stift und Papier und mache dich bereit für spannende Entdeckungen! Achtung, die Reise beginnt am Aussichtsturm!

11. Welche verschiedenen Fahrzeuge findest du auf diesem Bild?

13. Ergänze zu jedem Wort, das du bei Nummer 12 aufgeschrieben hast, noch zwei Formen: schwimmen – du schwimmst – du bist geschwommen.

6. Wer unterrichtet auf Seite 61?

7. Ganz unten auf jeder Seite steht, was du dort lernst. Was kannst du auf den Seiten 90 und 91 lernen?

5. Auf Seite 186 unten findest du viele Wörter. Suche dir vier Wörter aus, die man steigern kann. Schreibe sie in der Grundform und mit allen Steigerungsformen auf.

1. Habt ihr die schwimmende Kuh schon entdeckt? Geht auf die Suche und sammelt alles, was in diesem Bild ungewöhnlich ist.

14. Was wünschst du dir für deine neue Klasse? Schreibe es auf einen eigenen Zettel.
12. Der Tisch vor dem Haus ist schon für die Geburtstagsfeier gedeckt. Wo sind die Kinder, die hier feiern werden? Suche sie im Bild und beschreibe, was sie gerade tun (schwimmen…).
Willkommen
10. Wo findest du die Schlauen Seiten im Buch? Schreibe auf, auf welcher Seite sie beginnen.
9. Auf Seite 88 ist ein Buch abgebildet. Wie heißt es?
8. Finde heraus, um welche Wortart es auf Seite 84 geht. Wie hast du diese Wortart bisher genannt? Schreibe noch drei Beispielwörter mit Begleitern auf.
3. Wie heißen die Buchseiten mit einem hellblauen Balken oben?
4. Welche Überschrift hat das sechste Kapitel?
2. Schlage S. 166 auf. Welche Tiere treffen sich mit dem Löwen?

1 Ich, du – wir

„Reise nach Berlin“ – ein Gedächtnisspiel

1 Hier findest du den Anfang des Spiels. Beschreibe, welche Dinge die Kinder in dieser Klasse für die Reise ausgewählt haben.

1. Wir machen eine Klassenfahrt nach Berlin. Ich heiße Hanne und nehme mein Handy mit.
2. Wir fahren nach Berlin. Hanne nimmt ihr Handy mit, ich heiße Oleg und nehme meinen Fußball mit.
3. Wir fahren nach Berlin. Hanne nimmt ihr Handy mit, Oleg nimmt seinen Fußball mit und ich heiße Paula und nehme meine Katze mit.
4. Wir fahren nach Berlin. Hanne nimmt ihr Handy mit, Oleg nimmt seinen Fußball mit, Paula nimmt ihre Katze mit und ich heiße Kemal und nehme ein Computerspiel mit …

TIPP!
Die folgenden Seiten zeigen weitere Möglichkeiten, euch noch genauer kennenzulernen.

2 Spielt das Spiel in eurer Klasse und wertet es aus:
- Was habt ihr über eure Mitschüler erfahren?
- Was würdet ihr noch gerne wissen?

Sich vorstellen

1 Lies dir die Sprechblasen gut durch. Was erfährst du von jedem Kind?

2 Vergleiche die Sprechblasen und fasse zusammen, zu welchen Themen du Informationen erhältst.

3 Sprecht in der Klasse darüber, welche Informationen ihr wichtig findet, um jemanden besser kennenzulernen.

Ich heiße Igor. Seit fünf Jahren lebe ich mit meiner Familie in Deutschland. Geboren bin ich in Russland. Mit Mama und Papa spreche ich russisch. Ich bin ein Computerfreak.[1] Die meiste Freizeit verbringe ich am Computer. Außerdem sammle ich Sticker.

Ich heiße Anna. Mein Hobby ist Musik hören. Ich habe noch vier kleinere Geschwister: eine Schwester und drei Brüder. Oft helfe ich den Kleinen. Bei uns zu Hause ist immer was los! Manchmal ist das aber auch ziemlich nervig, besonders wenn sich die Zwillinge streiten. Am liebsten esse ich Pizza.

Ich heiße Stefanie, aber alle rufen mich Steffi. Ich bin in Worms geboren. Das liegt am Rhein. Ich kann nur eine Sprache: Deutsch. Im Urlaub war ich in Spanien. Ich interessiere mich für Pferde und lese gerne Pferdebücher. Oft treffe ich mich auch mit meinen Freundinnen.

Mein Name ist Ferhat. Das ist ein türkischer Name. Aber in der Türkei war ich bis jetzt nur einmal in den Ferien. Zu Hause sprechen wir türkisch. Zur Schule fahre ich mit dem Fahrrad. Nur im Winter laufe ich. Ich spiele gerne mit meinen Freunden Fußball. Später will ich Fußballtrainer werden.

[1] der Computerfreak (die Computerfreaks): jemand, der sich mit Computern sehr gut auskennt

→ **Seite 19, Die Konjugation/ Beugung der Hilfsverben haben und sein**

Steckbriefe

Auf der vorigen Seite hast du viel über Anna, Igor, Ferhat und Stefanie erfahren. Doch was weißt du über deine Mitschülerinnen und Mitschüler? Mithilfe von Steckbriefen könnt ihr euch besser kennenlernen.

1 Sicher kennst du solche Freundebücher. Schreibe die Punkte aus dem Freundebuch heraus, die du bei jemand anderem besonders interessant findest.

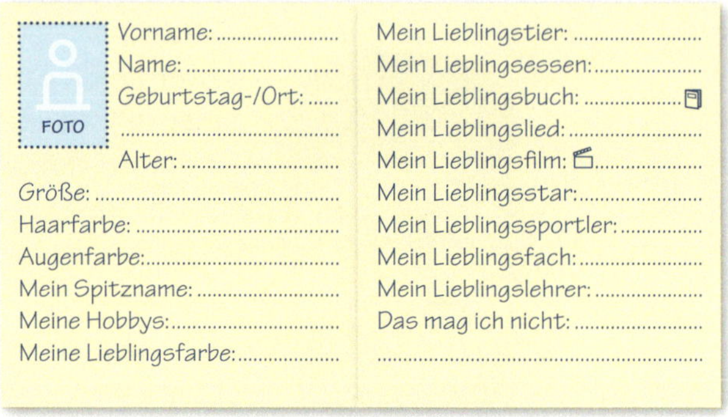
FOTO
Vorname: ....
Name: ....
Geburtstag-/Ort: ......
....
Alter: ....
Größe: ....
Haarfarbe: ....
Augenfarbe:....................................
Mein Spitzname: ....
Meine Hobbys:................................
Meine Lieblingsfarbe:...................
Mein Lieblingstier: ....
Mein Lieblingsessen:......................
Mein Lieblingsbuch: ....
Mein Lieblingslied: ....
Mein Lieblingsfilm: ....
Mein Lieblingsstar:..........................
Mein Lieblingssportler:..................
Mein Lieblingsfach:..........................
Mein Lieblingslehrer:......................
Das mag ich nicht: ....
....

2 Sammle mit einer Partnerin oder einem Partner die Angaben, die in einem Steckbrief gemacht werden müssen. Der Arbeitstechnik-Kasten unten hilft euch.

3 Vergleicht eure Ergebnisse in der Klasse und einigt euch auf die wichtigsten Punkte für einen Steckbrief.

4 Jeder füllt nun seinen Steckbrief aus. Hängt die Steckbriefe in der Klasse auf und schaut sie euch an. So könnt ihr viel über eure Mitschülerinnen und Mitschüler erfahren!

Arbeitstechnik

Einen Steckbrief schreiben

1. Der Leser soll in kurzer Zeit möglichst viele Informationen erhalten. Deshalb muss ein Steckbrief sehr übersichtlich sein.
2. Ein Steckbrief enthält nur die wichtigsten Angaben, meist zu einer Person oder einem Tier.
3. Die Angaben stehen immer untereinander und sind in Stichworten formuliert, nicht in ganzen Sätzen.
4. Die wichtigsten Angaben stehen zuerst (z. B.: Name, Alter, ...).

Interviews

1 Um noch mehr voneinander zu erfahren, könnt ihr euch gegenseitig befragen. Dabei kann euch das **Worthälftenspiel** helfen:

1. Die folgenden 20 Wörter ergeben 10 neue zusammengesetzte Wörter. Lest zuerst die 20 Wörter, dann die 10 zusammengesetzten Wörter.

→ **Seite 206,** zusammengesetzte Nomen/Substantive

Film	Schauspieler	Haus	Tier
Mutter	Sprache	Rock	Gruppe
Freizeit	Beschäftigung	Pop	Star
Traum	Beruf	Buch	Titel
Familien	Mitglied	Musik	Instrument

2. Schreibt die Worthälften jeweils auf zwei gleich große Karten, z. B.:

Film   Schauspieler

TIPP!
Die Karten reichen genau für 20 Klassenmitglieder. Wenn ihr mehr seid, sucht weitere zusammengesetzte Wörter zu Dingen, nach denen ihr euch bei eurer Befragung erkundigen könnt. Wenn ihr weniger seid, lasst Wörter weg.

3. Mischt die Karten und verteilt sie untereinander.
4. Suche nun den Partner oder die Partnerin mit der Worthälfte, die zu deiner Karte passt.
5. Befragt euch jetzt gegenseitig und schreibt die Antworten sofort auf. Stichworte genügen. Fragt nach allen 10 zusammengesetzten Wörtern, z. B.:
   - *Wer sind deine Lieblingsfilmschauspieler?*
   - *Ist Deutsch deine Muttersprache?*

   Ihr könnt auch zusätzliche Fragen stellen.

2 Stell der Klasse deine Partnerin oder deinen Partner vor. Verwende dazu deine Notizen aus Aufgabe 1.

Online-Link
Hörverstehen
313271-0010

Geschichte von einem Schulausflug

1 Lest die Überschrift und schaut euch die Bilder an. Was denkt ihr: Wovon könnte die Geschichte handeln?

2 Lies den Text oder höre ihn dir an.

Ursula Wölfel

Hannes fehlt

Sie hatten einen Schulausflug gemacht. Jetzt war es Abend und sie wollten mit dem Autobus zur Stadt zurückfahren. Aber einer fehlte noch.

Hannes fehlte. Der Lehrer merkte es, als er die Kinder zählte. „Weiß einer etwas von Hannes?“, fragte der Lehrer. Aber keiner wusste etwas. Sie sagten: „Der kommt noch.“ Sie stiegen in den Bus und setzten sich auf ihre Plätze.
„Wo habt ihr ihn zuletzt gesehen?“, fragte der Lehrer. „Wen?“, fragten sie. „Den Hannes? Keine Ahnung. Irgendwo. Der wird schon kommen.“
Draußen war es jetzt kühl und windig, aber hier im Bus hatten sie es warm. Sie packten ihre letzten Butterbrote aus.
Der Lehrer und der Busfahrer gingen die Straße zurück.
Einer im Bus fragte: „War der Hannes überhaupt dabei? Den hab ich gar nicht gesehen.“ „Ich auch nicht“, sagte ein anderer. Aber morgens, als sie hier ausstiegen, hatte der Lehrer sie gezählt und beim Mittagessen im Gasthaus hatte er sie wieder gezählt und dann noch einmal nach dem Geländespiel. Da war Hannes also noch bei ihnen.
„Der ist immer so still“, sagte einer. „Von dem merkt man gar nichts.“ „Komisch, dass er keinen Freund hat“, sagte ein anderer, „ich weiß noch nicht einmal, wo er wohnt.“ Auch die anderen wussten das nicht. „Ist doch egal“, sagten sie.

Der Lehrer und der Busfahrer gingen jetzt den Waldweg hinauf.

Die Kinder sahen ihnen nach. „Wenn dem Hannes jetzt etwas passiert ist?“, sagte einer. „Was soll dem passiert sein?“, rief ein anderer. „Meinst du, den hat die Wildsau gefressen?“ Sie lachten. Sie fingen an, sich über die Angler am Fluss zu unterhalten, über den lustigen alten Mann auf dem Aussichtsturm und über das Geländespiel.

Mitten hinein fragte einer: „Vielleicht hat er sich verlaufen? Oder er hat sich den Fuß verstaucht und kann nicht weiter. Oder er ist bei den Kletterfelsen abgestürzt?“

„Was du dir ausdenkst!“, sagten die anderen. Aber jetzt waren sie unruhig. Einige stiegen aus und liefen bis zum Waldrand und riefen nach Hannes. Unter den Bäumen war es schon ganz dunkel. Sie sahen auch die beiden Männer nicht mehr. Sie froren und gingen zum Bus zurück. Keiner redete mehr. Sie sahen aus den Fenstern und warteten. In der Dämmerung war der Waldrand kaum noch zu erkennen.

Dann kamen die Männer mit Hannes. Nichts war geschehen. Hannes hatte sich einen Stock geschnitten und dabei war er hinter den anderen zurückgeblieben. Dann hatte er sich etwas verlaufen. Aber nun war er wieder da, nun saß er auf seinem Platz und kramte im Rucksack.

Plötzlich sah er auf und fragte: „Warum seht ihr mich alle so an?“

„Wir? Nur so“, sagten sie. Und einer rief: „Du hast ganz viele Sommersprossen[1] auf der Nase!“ Sie lachten alle, auch Hannes. Er sagte: „Die hab ich doch schon immer.“

[1] die Sommersprosse (die Sommersprossen): kleine Pünktchen auf der Haut, die durch die Sonne entstehen

3 Lies die Geschichte noch einmal. Beantworte die Fragen zum Inhalt.

1. Wie reagieren die Kinder am Anfang, als der Lehrer feststellt, dass Hannes fehlt? (Zeile 5 – 10)
2. Was erzählen die Kinder im Bus über Hannes? (Zeile 16 – 27)
3. Wie reagieren die Mitschüler später? (ab Zeile 30)
4. Warum hat sich Hannes verspätet? (Zeile 51 – 54)

4 EXTRA Gib mit eigenen Worten den Inhalt der Geschichte wieder. Schreibe ins Heft.

Ordnung muss sein

Viele von euch kennen bestimmt Pippi Langstrumpf, das stärkste Mädchen der Welt aus der Villa Kunterbunt. An diesem Tag hat Pippi beschlossen, sich die Schule, die ihre Freunde Thomas und Annika besuchen, näher anzuschauen.

Online-Link
Hörverstehen
313271-0012

1 Lies den Text oder höre ihn dir an.

Astrid Lindgren

Pippi geht in die Schule

Thomas und Annika hatten ihrer Lehrerin erzählt, dass ein neues Mädchen kommen würde, das Pippi Langstrumpf hieß. Und die Lehrerin hatte in der Stadt schon von Pippi reden hören. Und da sie eine sehr liebe und nette Lehrerin war, hatte sie beschlossen, alles zu tun, damit es Pippi in der Schule gefiel.

Pippi warf sich auf eine leere Bank, ohne dass sie jemand dazu aufgefordert hatte. Aber die Lehrerin kümmerte sich nicht um ihre lässige Art. Sie sagte nur ganz freundlich:

„Willkommen in der Schule, kleine Pippi. Ich hoffe, dass es dir gefällt und dass du recht viel lernst."

„Ja, und ich hoffe, dass ich Weihnachtsferien krieg", sagte Pippi. „Deshalb bin ich hergekommen. Gerechtigkeit vor allem!"

„Wenn du mir jetzt erst einmal deinen vollständigen Namen sagen willst, dann schreibe ich dich in das Klassenbuch ein."

„Ich heiße Pippilotta Viktualia Rollgardina Pfefferminz Efraimstochter Langstrumpf, Tochter von Kapitän Efraim Langstrumpf, früher der Schrecken der Meere, jetzt Negerkönig.[1] Pippi ist eigentlich nur mein Kosename,[2] denn Papa meinte, Pippilotta wäre zu lang."

„Aha", sagte die Lehrerin. „Dann wollen wir dich also auch Pippi nennen. Aber was meinst du, wollen wir jetzt nicht mal sehen, was du weißt? Du bist ja ein großes Mädchen und kannst sicher schon eine Menge. Wir wollen mit Rechnen anfangen. Na, Pippi, kannst du mir sagen, wie viel 7 und 5 ist?"

Pippi sah die Lehrerin erstaunt und ärgerlich an. Dann sagte sie: „Ja, wenn du das nicht selbst weißt, denk ja nicht, dass ich es dir sage."

Alle Kinder starrten Pippi entsetzt an. Und die Lehrerin erklärte ihr, dass man in der Schule solche Antworten nicht geben dürfe. Man dürfe die Lehrerin auch nicht mit „du" anreden, sondern man müsse „Fräulein"[3] und „Sie" sagen.

„Ich bitte sehr um Verzeihung", sagte Pippi bedauernd. „Das wusste ich nicht. Ich will es nicht wieder tun."

[1] der Neger (die Neger): früher die Bezeichnung für einen Schwarzen, heute Schimpfwort

[2] der Kosename (die Kosenamen): liebevoll gemeinter Name

[3] das Fräulein (die Fräulein): früher die Bezeichnung für eine unverheiratete Frau

„Nein, das will ich hoffen“, sagte die Lehrerin. „Und jetzt will ich dir sagen: 7 und 5 ist 12.“ „Sieh mal an“, sagte Pippi, „du wusstest es ja. Warum fragst du dann? Ach, ich Schaf, jetzt sag ich wieder ‚du‘ zu dir. Verzeihung“, sagte sie und kniff sich selbst ordentlich ins Ohr.

Die Lehrerin beschloss, darüber hinwegzugehen, und setzte die Prüfung fort.

„Na Pippi, wie viel, glaubst du, ist 8 und 4?“

„So ungefähr 67“, meinte Pippi.

„Aber nein“, sagte die Lehrerin, „8 und 4 ist 12.“

„Nein, meine Liebe, das geht zu weit“, sagte Pippi. „Eben erst hast du gesagt, 7 und 5 ist 12. Ordnung muss sein, selbst in einer Schule. Übrigens, wenn du so eine kindische Freude an solchen Dummheiten hast, warum setzt du dich nicht allein in eine Ecke und rechnest und lässt uns in Ruhe, damit wir Fangen spielen können? – Aber nein, jetzt sage ich ja wieder ‚du‘!“, schrie sie entsetzt. „Kannst du mir nur noch dieses letzte Mal verzeihen? Dann will ich versuchen, in Zukunft besser daran zu denken.“

2 Wie hat dir die Geschichte gefallen? Begründe deine Antwort.

3 Beantworte die Fragen zum Inhalt. Schreibe dazu, in welchen Zeilen du die Antworten gefunden hast.
1. Weshalb möchte Pippi in die Schule gehen?
2. Wie stellt sich Pippi der Lehrerin vor?
3. Wie reagiert die Lehrerin auf Pippis Antworten?

4 Pippi benimmt sich in der Schule ganz ungewöhnlich. Notiere Beispiele.

→ **Seite 8,** Arbeitstechnik „Einen Steckbrief schreiben“

5 Entwirf einen Steckbrief für Pippi. Nutze dazu die Informationen aus dem Text. Vielleicht weißt du auch noch mehr über das Mädchen.

6 Gestalte einen lustigen Steckbrief von dir selbst.
Das könnte z. B. darin stehen:
ein Spitzname, den kaum jemand kennt, das Fach, das ich am wenigsten mag, mein Lieblingsstar, meine Lieblingseissorte, mein Lieblingswitz, …

Lasst die Namen und Fotos weg und legt die Steckbriefe im Stuhlkreis auf den Boden. Findet heraus, zu wem welcher Steckbrief gehört.

TIPP!
So könnt ihr herausfinden, wer mit wem Gemeinsamkeiten hat:
- Wer hat das gleiche Lieblingsfach?
- Wer hat das gleiche Hobby?
- Wer hat das gleiche Lieblingsessen?
- …

Was man in der Freizeit tun kann

1 Beschreibe, was du in deiner Freizeit tun kannst. Schreibe mindestens sechs Tätigkeiten auf, z. B.: malen, lesen, …

2 Die Form, in der ihr die Verben aufgeschrieben habt, ist die Grundform. Man nennt sie auch Infinitiv. Sammelt an der Tafel weitere Verben im Infinitiv.

TIPP!
Präge dir die Verbendungen gut ein. Sie helfen dir, die Verbformen richtig zu schreiben.

3 Baue Sätze mit dem Wörterigel. Wie verändert sich die Verbform?

Verbstamm	Endung
such	e
sing	st
lach	t
	en

Verbstamm + Endung

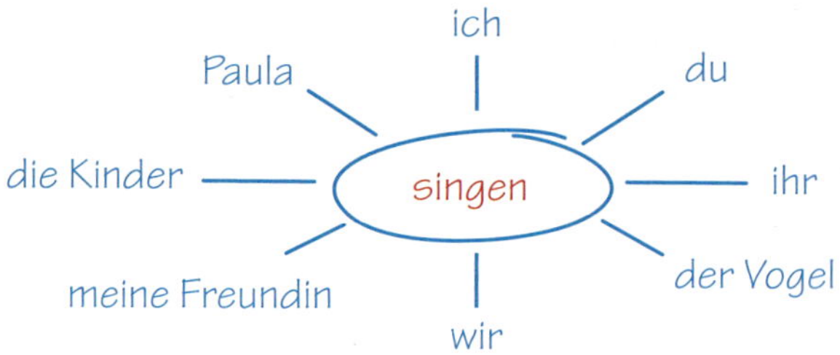

TIPP!
Wenn du unsicher bist, nutze den Test auf Seite 15.

4 Untersuche, welche Wörter Verben sind. Schreibe sie auf.

springen | fröhlichen | wandern | gestern
sehen | singen | Seen | Taschen | schwimmen

Merke

1. Wörter, die darüber informieren,
   - was jemand tut: *(ich) schreibe, lese, …*
   - was geschieht: *(es) regnet, donnert, …*
   - in welchem Zustand jemand/etwas ist: *(er) liegt, sitzt, …*

   werden **Verben** (Tätigkeitswörter, Zeitwörter, Tunwörter) genannt.
2. Die Grundform der Verben nennt man **Infinitiv**: *lesen, schreiben, hören, …*
3. Im Satz zeigt die Endung des Verbs an, auf wen oder was es sich bezieht: ***ich** singe, **du** singst, **er/sie/es** singt, **wir** singen, **ihr** singt, **sie** singen.*
4. Die Veränderungen nennt man **Konjugation**; die Verbformen heißen **Personalformen**.

5 Hier dreht sich alles um ein Verb. Baue mit den Wörtern auf der Drehscheibe unterschiedliche Sätze, z. B.: Ich gehe zum Chor.

ich	**geh(e)**
du	… (st)
er	…
sie	…
wir	…
ihr	…
sie	…

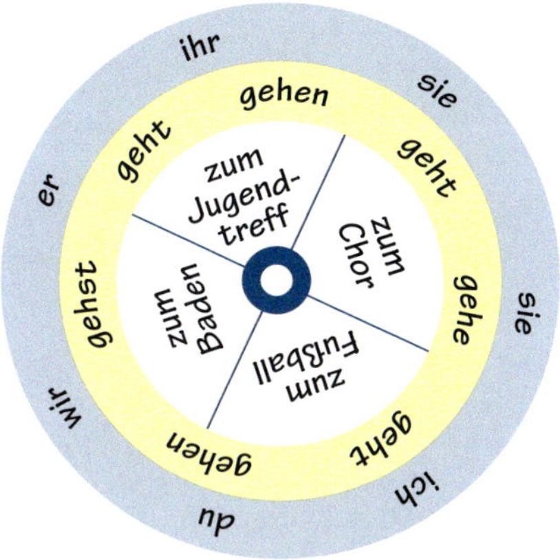

6 Schreibe die Sätze auf.
Hebe die Verben farbig hervor.
Unterstreiche die Endungen der Verben,
z. B.: Ich gehe zum Chor.

7 EXTRA Schüttle die Wörter in der Mitte so, dass aus ihnen passende Verbformen entstehen. Bilde Sätze. Hebe darin die Verben farbig hervor und unterstreiche die Endungen, z. B.:
Ich gehe heute nicht fort.

ich	– HEGE –	fort	ich	– REHFA –	fort
du	– STEHG –	mit	du	– ÄFRHST –	hin
er	– TEHG –	unter	er	– HÄFRT –	zurück
sie	– HEGT –	hin	sie	– THRFÄ –	los
es	– HETG –	los	es	– FRÄTH –	mit
wir	– HENGE –	dazwischen	wir	– HEFRAN –	zusammen
ihr	– TEHG –	vor	ihr	– FRAHT –	vor
sie	– ENGEH –	aus	sie	– NAFREH –	hinterher

8 EXTRA Schreibe selbst so ein Schüttelrätsel, z. B. mit dem Verb *fliegen*:
ich – EGEILF – weg …

Arbeitstechnik

Test zum Erkennen von Verben

So kannst du prüfen, ob ein Wort ein **Verb** ist:
1. Kann man das Wort mit *ich* und *du* kombinieren?
2. Verändert sich dabei die Endung des Wortes?

Kannst du beide Fragen mit „ja" beantworten, ist das Wort ein Verb.

Achtung: t-Signal!

1 Überlege:

Problem:	Hilfe:	Lösung:
Wie schreibt man die Verbform vor dem t?	Bilde die Grundform und sprich in Silben:	Jetzt kann man erkennen, wie man die Verbform vor dem t schreibt:
ki?t – mit p oder pp?	kip pen	kippen / kippt mit pp
schrei?t – mit b oder p?	schrei ben	schreiben / schreibt mit b
fä?t – mit l oder ll?	fal len	fallen / fällt mit ll
sa?st – mit g oder k?	sa gen	sagen / sagst mit g

2 Verwende die Verben *kippen, schreiben, sagen, fallen, schnappen, schwimmen, fliegen* in Sätzen, z. B.:
Der Stuhl kippt um.

3 Schreibe den Text ab und unterstreiche die Verbformen mit t-Signal. Schreibe sie heraus und füge dahinter die Grundform ein. Male die Silbenbögen, z. B.: steht → ste hen oder bekommt → be kom men

Das Zirkusmädchen

Verlegen steht die Neue neben dem Klassenlehrer. „Heute bekommt ihr eine neue Mitschülerin, Nina Krombuch", verkündet er. „Nina kommt vom Zirkus ‚Beloni', der in unserer Stadt auftritt." Er schreibt den Namen an die Tafel, unterstreicht ihn und gibt dann das Startzeichen für die Zirkusmädchenbefragung. „Habt ihr auch Tiere?", fragt Tim. Nina rümpft die Nase.[1] Etwas Dümmeres hätte er nicht fragen können. Sie nennt nur einige der vielen Tiere. „Und was machst du im Zirkus?", erkundigt sich Lena. Nina antwortet: „Ich bin die Seiltänzerin." Stolz schwingt in ihrer Stimme …

[1] die Nase rümpfen: verächtlich oder genervt gucken

Merke

Ein *t* und *st* am Ende einer Verbform *(kommt, kommst)* warnt dich: Achtung! Ableiten! Bilde den Infinitiv und sprich das Wort in Silben; dann kannst du die Laute vor dem *t* oder *st* besser erkennen.

Ein seltsames Interview

Viele Mädchen	Ein wortkarger Junge
„Dürfen wir dich etwas fragen?"	„Ja."
„Bist du neu hier in der Klasse?"	„Ja."
„Gefällt es dir hier?"	„Nein."
„Bist du immer so schüchtern?"	„Nein."
„Liest du gerne?"	„Ja."
„Hast du auch einen MP3-Player?"	„Ja."
„Hörst du gern Rockmusik?"	„Nein."
„Hörst du gern deutsche Schlager?"	„Nein."
„Ärgerst du dich über unsere Fragen?"	„Ja."
„Redest du immer so wenig?"	„Nein."
„Kommst du aus Italien?"	„Nein."
„Kommst du aus Spanien?"	„Nein."
„Kommst du aus Frankreich?"	„Nein."
„Kommst …?"	

1 Spielt die Szene nach.

2 Was meint ihr zu diesem Interview? Wie habt ihr euch in den Rollen gefühlt?

3 Besprecht, wie ihr die Fragen verändern könnt, damit ihr ausführlichere Antworten erhaltet. Der Kasten unten kann euch helfen. Schreibt die veränderten Fragen auf.

4 Vergleicht die beiden Arten von Fragesätzen. Welche Unterschiede stellt ihr fest? Achtet auf die Satzanfänge und die Stellung des Verbs.

5 EXTRA Schreibe ein neues Interview. Stell dir vor, ein Zirkuskind käme in deine Klasse.

TIPP!
Seht euch die letzten vier Fragen an. Überlegt, wie ihr das Herkunftsland schneller erfragen könnt.

Merke

Fragesätze verwendet man, wenn man etwas wissen will.
Man unterscheidet:
- **Entscheidungsfragen** *(Kommst du aus Frankreich?)*
- **W-Fragen** mit den Fragefürwörtern *Wer? Was? Wessen? Wem? Wen? Welcher? Wo? Woher? Wohin? Wann? Wie? Warum? …* *(Woher kommst du? An wen denkst du?)*

Warum teilst du nicht mit uns?

1 Schreibe den Text ab. Setze dabei die passenden Verben ein. (Achtung: Die Verben stehen in der Grundform und müssen verändert werden.)

1. Preis: 20 Tüten Gummibärchen
Heute [ ] Schulfest in unserer Schule. Florian [ ] einen Preis bei der Tombola: 10 Tüten Gummibärchen. Er [ ] eine Tüte nach der anderen.
Lisa [ ] : „Wir [ ] auch gerne Gummibärchen! Warum [ ] du denn nicht mit uns?"
Sie [ ] keine Antwort. Beim Wettrennen [ ] Florian plötzlich, er [ ] fürchterliche Bauchschmerzen. Lisa [ ] als Erste durchs Ziel. Etwas später [ ] sie den 1. Preis in der Hand: 20 Tüten Gummibärchen. Alle Kinder [ ] gierig. Lisa [ ] lächelnd: „Ich [ ] , worauf ihr [ ] ." Und schon [ ] sie alle Gummibärchen.

haben – teilen – bekommen – essen – sein – laufen
halten – stürzen – sagen – wissen – gewinnen
essen – warten – verteilen – sagen – schauen

Fragen – Fragen – Fragen!

1 Ergänze die fehlenden Fragewörter. Schreibe die vollständigen Fragen auf und beantworte sie, z. B.: *Wie heißt du? Ich heiße …*
Wo wohnst du? …

1. ☐ heißt du? 2. ☐ wohnst du? 3. ☐ weit ist es von eurer Wohnung bis zur Schule? 4. ☐ Schülerinnen und Schüler sind in deiner Klasse? 5. ☐ Hobby hast du? 6. ☐ lange schläfst du am Wochenende? 7. ☐ heißt deine Freundin/dein Freund? 8. ☐ möchtest du gerne einmal reisen? 9. ☐ interessierst du dich besonders? 10. ☐ isst du am liebsten? 11. ☐ beschäftigst du dich in der Freizeit? 12. ☐ ist dein Lieblingssänger? 13. ☐ Fach hast du in der Schule am liebsten? 14. ☐ schreibst du manchmal eine SMS oder E-Mail? 15. ☐ möchtest du gerne einmal persönlich kennenlernen?

Wie viele? Womit? Wem? Was? Wohin? Wo?
Wofür? Wen? Wer? Welches? Wie?

2 Bilde Entscheidungsfragen und lass sie von deiner Partnerin oder deinem Partner beantworten, z. B.: *Sprichst du Englisch? – Ja, ich spreche Englisch.* oder *Nein, ich spreche kein Englisch.*
1. Englisch sprechen 2. gerne Ski laufen 3. gerne Abenteuerbücher lesen 4. oft Rad fahren 5. sich oft mit Freunden treffen 6. Haustiere haben 7. gerne Pizza essen 8. in einem Verein sein 9. Freunden oft helfen 10. Russisch sprechen 11. gern Trickfilme sehen 12. Geschwister haben 13. gut schwimmen können 14. oft im Haushalt helfen 15. sonntags gerne lange schlafen

Merke

Personalpronomen	haben	sein
ich	habe	bin
du	hast	bist
er/sie/es	hat	ist
wir	haben	sind
ihr	habt	seid
sie/Sie	haben	sind

2 Miteinander reden

Gespräche führen

1 Auf diesem Bild seht ihr Schülerinnen und Schüler auf dem Schulhof. Tauscht euch darüber aus, wie sie miteinander umgehen.

2 Die Kinder streiten, aber reden nicht richtig miteinander.
Wie stellst du dir ein gutes Gespräch vor? Schreibe auf, welche Regeln bei einem Gespräch gelten sollten.

→ **Seite 143,** Arbeitstechnik „Ein Plakat gestalten"

3 Sammelt die Gesprächsregeln an der Tafel. Wählt die wichtigsten fünf Regeln für eure Klasse aus und schreibt sie auf ein großes Plakat.

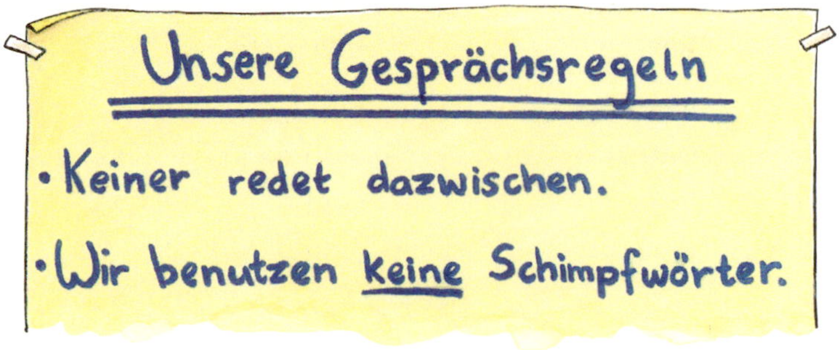

Zuhören können

Die Klasse 5a möchte einen Ausflug machen. Samir stellt ein mögliches Ziel für den Klassenausflug vor.

1 Betrachte das Bild. Versetze dich in Samir hinein – wie fühlt er sich?

2 Was müssen die Zuhörer tun, damit Samir sich besser fühlt? Sammelt eure Vorschläge an der Tafel.

3 Einigt euch gemeinsam auf „Zuhörer-Regeln", die jeder gut einhalten kann. Vergleicht mit euren Gesprächsregeln und ergänzt sie, wenn notwendig.

4 Probiert eure Zuhörer-Regeln einmal aus!

1. Wählt Sprecher aus, die den anderen etwas vorstellen, z. B. ihren Lieblingsstar, ihr Lieblingstier oder ihr Hobby.
2. Wählt Beobachter aus. Jeder Beobachter achtet auf eine Zuhörer-Regel.
3. Alle anderen hören den Sprechern zu und beachten dabei die Zuhörer-Regeln.

Hinterher geben die Beobachter den Zuhörern eine Rückmeldung und sagen ihnen, wie gut sie die Regeln eingehalten haben.
Auch die Sprecher berichten, wie sie sich beim Vortrag gefühlt haben.

TIPP!
Bei einer Rückmeldung sagst du, was gut geklappt hat und was noch verbessert werden könnte.

→ **Seite 37,** Arbeitstechnik „Eine Rückmeldung geben"

Dafür oder dagegen?

TIPP!
Ihr könnt auch ein eigenes Thema wählen.

1 **Das Echospiel:** Setzt euch in einem großen Kreis zusammen. Sucht euch ein Gesprächsthema aus:

- Einrichtung einer Leseecke
- Einrichtung einer Fahrradreparatur-AG
- Mehr Unterricht außerhalb des Klassenzimmers
- Tischtennisplatten auf dem Schulhof
- Pflanzen und Tiere im Klassenzimmer

Geht so vor:
- Jemand äußert als Erster seine Meinung.
- Der Nächste muss möglichst genau wiederholen, was gesagt wurde. Erst danach äußert er seine eigene Meinung.

Das Spiel endet, wenn jeder etwas gesagt hat.

2 Wertet das Echospiel aus:
- Was war für dich besonders schwierig?
- Was fandest du gut an dem Spiel?

3 **Das Geschichtenerfinderspiel:** Setzt euch wieder in einem Kreis zusammen und versucht gemeinsam, eine Geschichte zu erfinden.
Geht so vor:
- Jemand sagt den ersten Satz der Geschichte. Wenn sich niemand traut, bittet euren Lehrer/eure Lehrerin anzufangen.
- Der oder die Nächste fügt diesem Satz einen weiteren passenden Satz hinzu.
- So geht es immer weiter.

Das Spiel endet, wenn jeder einmal an der Reihe gewesen ist.

4 Wertet das Spiel aus:
- Was war für dich besonders schwierig?
- Was fandest du gut an dem Spiel?

5 EXTRA Bist du dafür oder dagegen? Formuliere deine Meinung zu den Vorschlägen. Schreibe ins Heft, z. B.:

1. Ich bin dafür, mehr Unterricht im Freien durchzuführen, denn Unterricht an der frischen Luft ist gesund.

Oder:

1. Ich bin dagegen, mehr …

Vorschläge	Mögliche Begründungen
1. Unterricht im Freien durchführen	– Unterricht an der frischen Luft ist gesund. – Im Freien wird man vom Unterricht abgelenkt.
2. Einrichtung einer Fahrradreparatur-AG in der Schule	– Für eine Fahrradreparatur gibt es in der Schule keinen Raum. – Jeder kann dann sein Fahrrad in der Schule reparieren.
3. Einrichtung von Leseecken in der Schule	– Die meisten Leseecken werden sowieso nicht genutzt. – Man kann sich in die Leseecke zurückziehen und in Ruhe lesen.
4. Pflanzen und Tiere im Klassenzimmer	– Pflanzen und Tiere machen den Klassenraum freundlicher. – Die Pflege von Pflanzen und Tieren im Klassenraum macht zu viel Arbeit.
5. Tischtennisplatten auf dem Schulhof	– Es gibt schon genug andere Sportangebote in der Schule. – Tischtennisplatten sorgen für Spaß in der Schule.

Es geht auch anders

Der zerbrochene Füller

Nach der Fünf-Minuten-Pause liegt Marcels Füller zerbrochen auf dem Boden im Klassenzimmer. Marcel beschuldigt sofort seinen Tischnachbarn Jens. Jens behauptet jedoch, er sei in der Pause gar nicht an seinem Platz gewesen und habe mit dem zerbrochenen Füller nichts zu tun. Nun mischen sich mehrere Schüler der Klasse ein …

Annika Ich glaube auch, dass es der Jens war. Der ist sowieso immer so gemein!

Hakan Ich hab doch mit dem Jens in der Pause Sammelbilder getauscht. Der kann es gar nicht gewesen sein.

Swen Der Marcel soll sich bloß nicht so anstellen. Der ärgert sich doch nur, weil Jens dafür ist, auch Mädchen in unserer Klassen-Mannschaft mitspielen zu lassen.

Mark Was? Der Jens spinnt wohl total!

Rodrigo Sag mal, wann fangen wir denn eigentlich mit dem Training an?

Nelly Aber es geht doch um den Füller! Meine Mutter würde sich auch aufregen, wenn ich …

Sarah Bei Marcel geht doch ständig was kaputt!

Hakan Aber ihr könnt doch nicht einfach jemandem die Schuld geben, wenn ihr gar nicht beweisen könnt, dass er es war!

Nelly Ich finde auch, dass es so nicht geht. Marcel sollte mal mit Tom reden. Der sitzt doch hinter den beiden und hat bestimmt gesehen, was passiert ist.

1 Überlege mit einer Partnerin oder einem Partner, wie das Gespräch zwischen Marcel und Tom beginnen könnte (Marcel ist noch wütend und denkt, dass Jens schuld ist, aber Tom hat etwas anderes gesehen). Schreibt das Gespräch auf.

2 „Der ist sowieso immer so gemein!“ – Welche Gesprächsregeln sind mit diesem Satz verletzt worden? Vergleicht auch mit euren Klassenregeln.

3 EXTRA Überprüfe das ganze Gespräch und ändere es so, dass eure Gesprächsregeln nicht verletzt werden und der Vorfall schnell geklärt werden kann. Schreibe ins Heft.

Peter Härtling

Bernd und Frieder

Bernd Geh mir aus dem Weg!
Frieder Warum?
Bernd Weil du mir im Weg stehst.
Frieder Aber du kannst doch an mir vorbeigehen. Da ist eine Menge Platz.
Bernd Das kann ich nicht.
Frieder Warum?
Bernd Weil ich geradeaus gehn will.
Frieder Warum?
Bernd Weil ich das will. Weil du jetzt mein Feind bist.
Frieder Warum?
Bernd Weil du mir im Weg stehst.
Frieder Darum bin ich jetzt dein Feind?
Bernd Ja. Darum.
Frieder Und wenn ich dir aus dem Weg gehe, bin ich dann auch noch dein Feind?
Bernd Ja, weil du dann ein Feigling bist.
Frieder Was soll ich denn machen?
Bernd Am besten, wir kloppen uns.
Frieder Und wenn wir uns verkloppt haben, bin ich dann auch noch dein Feind?
Bernd Ich weiß nicht. Kann sein.
Frieder Dann geh ich dir lieber aus dem Weg und bin ein Feigling.
Bernd Ich hab gewusst, dass du ein Feigling bist. Von Anfang an hab ich das gewusst.
Frieder Wenn du's schon vorher gewusst hast, warum bist du dann nicht an mir vorbeigegangen?

1 Lies den Text. Beschreibe, worum es in diesem Gespräch geht.

2 Lies dir nur Frieders Text durch. Beschreibe, was dir auffällt.

3 Wer von beiden sucht hier Streit? Wer ist der Klügere? Begründe deine Meinung.

4 Lies den Text mit deiner Partnerin oder deinem Partner mit verteilten Rollen. Achtet darauf, dass Bernd und Frieder unterschiedlich sprechen.

> **TIPP!**
> Achtet auch auf eine passende Betonung.

5 EXTRA Frieder schreibt einem Freund später, was passiert ist. Erzähle den Vorfall aus seiner Sicht. So kannst du beginnen: *Hallo Alex, stell dir vor, was mir gestern passiert ist: Am Eingang zum Sportplatz …*

Mit Regeln klappt es besser!

Die Klasse 5b plant einen Ausflug. Ein Streit ist darüber entstanden, wohin der Ausflug gehen soll. Die einen wollen in einen Freizeitpark fahren, die anderen wollen eine Schnitzeljagd[1] im nahe gelegenen Wald machen.

[1] die Schnitzeljagd (die Schnitzeljagden): ein Spiel, bei dem man den Weg mithilfe von Markierungen finden muss

Emma Ich fänd ja eine Schnitzeljagd am besten. Da könnten wir uns alle …
Kevin *(schreit)* Du bist ja wohl total übergeschnappt! Voll bescheuert die Idee! *(tritt gegen den Tisch)*
Okan Ihr habt doch keine Ahnung. Wisst ihr, wie toll das in dem Freizeitpark ist? Ich war zigmal da und jedes Mal war es supertoll!
Doro Aber es soll doch an dem Tag darum gehen, dass wir uns alle ein bisschen besser kennenlernen, und ich denke …
Kevin Wen interessiert das? Wenn Okan sagt, der Park ist gut, dann ist der gut. Klar?
Lisa Ich war da mal mit einer Freundin, aber mit der verstehe ich mich nicht mehr. Die hat nämlich dann Geheimnisse von mir einfach der Lilja weitererzählt und …
Daniela So eine Freundin hatte ich auch mal. Allerdings war das bei uns ein bisschen anders …
Doro Das gehört doch jetzt wirklich nicht hier hin.
Reni *(Tränen in den Augen)* Es gefällt mir gar nicht in dieser Klasse. Ich komme gar nicht zu Wort. Ich will gar keinen Ausflug mehr machen!
Emma Seht ihr, jetzt weint die Reni schon. Daran ist nur der blöde Kevin schuld!

Die Kinder schreien durcheinander. Kevin schubst Emma gegen die Tür.

1 Warum können sich die Kinder nicht einigen? Tauscht euch darüber aus.

2 Lest die Regeln im Kasten auf der nächsten Seite. Besprecht, welche Gesprächsregeln in dem Gespräch verletzt werden.

3 Schreibe das Gespräch so um, dass die Gesprächsregeln eingehalten werden. So kannst du beginnen:
Emma Ich finde ja eine Schnitzeljagd am besten. Da könnten wir uns alle …
Kevin (ruhig) Ich finde die Idee nicht so gut, weil …
Mal sehen, was die anderen dazu sagen …

Was dich stark macht

Ein Gespräch führen

1. Drücke dich so aus, dass deine Gesprächspartner dich gut verstehen können (laut und deutlich reden, verständliche Wörter verwenden).
2. Höre aufmerksam zu, was die anderen sagen, und lasse sie ausreden.
3. Versuche, die Meinungen und Gefühle der anderen zu verstehen.
4. Frage nach, wenn du etwas nicht verstanden hast.
5. Wenn du eine andere Meinung hast, begründe sie sachlich.
6. Verwende keine Schimpfwörter und Ausdrücke wie „Immer der!“, „Das weiß doch jeder!“, „Du bist schuld!“.
7. Bleibe beim Thema.

4 Lest eure Gespräche in der Gruppe vor. Vergleicht die Ergebnisse und sucht gemeinsam nach guten Lösungen.

5 Führt in der Klasse ein Gespräch zum Thema „Unser nächster Wandertag“. Geht dabei so vor:
- Ihr bestimmt zwei Schüler, die nur beobachten, wie die Gesprächsregeln eingehalten werden. Sie können sich auch Notizen machen.
- Alle anderen schreiben einen Vorschlag und ihre Gründe dafür auf einen Stichwortzettel.
- Im Gespräch sollen alle Vorschläge diskutiert werden. Das Ziel ist es, eine Einigung zu erzielen.
- Nach dem Gespräch beschreiben die Beobachter, wie die Gesprächsregeln eingehalten wurden und was verbessert werden könnte.

6 **Erkenne dich selbst: So gut bin ich im Gespräch!** Lies dir die folgenden Punkte durch und überlege, wie viele Smileys du dir geben würdest.

☺ Ich drücke mich verständlich aus, die anderen fragen selten nach, wenn ich etwas sage.
☺ Ich höre gut zu und falle niemandem ins Wort, auch wenn mir nicht alles, was gesagt wird, gefällt.
☺ Ich frage nach, wenn ich etwas nicht verstanden habe.
☺ Ich lasse auch andere Meinungen gelten und versuche, sie zu verstehen.
☺ Ich erkläre meine Meinung ruhig und sachlich.
☺ Ich beschimpfe und beleidige meinen Gesprächspartner nicht.

Im Klassenrat kommen alle zu Wort!

In der 5b haben alle durcheinandergeredet und keine Lösung gefunden. Hier lernst du eine Möglichkeit kennen, wie bei einer Diskussion alle zu Wort kommen können.

Die Klassenratssitzung

Bei einer Klassenratssitzung gibt es einen Vorsitzenden oder eine Vorsitzende. Das kann z. B. euer Klassensprecher sein.
Außerdem muss jemand das Protokoll[1] führen. Er oder sie schreibt alle wichtigen Dinge auf.
Zunächst schreibt der Protokollführer das Thema an die Tafel, damit jeder weiß, worum es in dieser Klassenratssitzung geht.
Nun wird die erste Rednerin vom Vorsitzenden aufgerufen. Emma kann jetzt ihren Vorschlag, eine Schnitzeljagd zu machen, ungestört begründen. Der Protokollführer notiert den Vorschlag an der Tafel.
Die restliche Klasse hört konzentriert zu, es gelten die Zuhörer-Regeln!
Nun ist die nächste Rednerin oder der nächste Redner dran.
Wenn alle Vorschläge vorgestellt wurden, wird abgestimmt. Der Protokollführer schreibt das Ergebnis auf.
Am Ende fasst der oder die Vorsitzende noch einmal alles zusammen und verkündet die Entscheidung.

[1] das Protokoll (die Protokolle): In einem Protokoll werden die wichtigsten Punkte, z. B. einer Diskussion oder einer Unterrichtsstunde, aufgeschrieben.

1 Erinnere dich an eine Diskussion in deiner Klasse oder lies den Text auf S. 26 noch einmal durch. Vergleiche mit einer Klassenratssitzung und beschreibe die Unterschiede.

2 Welche Regeln im Klassenrat findest du gut, welche weniger? Begründe deine Meinung.

Verstehst du mich richtig?

1 Lies den folgenden Text.

Paul Maar

Das Sams in der Schule

„Ruhe!", schrie Herr Groll wütend. „Man sagt nicht „Du" zu mir. Das solltest du in deinem Alter längst wissen."
„Wie denn dann?", fragte das Sams erstaunt.
„Du sagst Sie zu mir, verstanden!", erklärte er.
„Sie?", fragte das Sams verblüfft. „Bist du denn eine Frau?"
„Lümmel!", schimpfte Herr Groll. „Mich als Frau zu bezeichnen, so eine Frechheit!"
„Ist eine Frau denn etwas Schlimmes?", fragte das Sams.
„Nein, natürlich nicht!", lenkte Herr Groll ein.[1]
„Warum schimpfst du dann?", fragte das Sams.
„Sie!", verbesserte Herr Groll aufgebracht.[2]
„Sie schimpft?", fragte das Sams und schaute sich um. „Ich kann sie gar nicht sehen."
„Wen?"
„Die Frau, die schimpft."
„Wer hat denn etwas von einer Frau gesagt?"
„Du", erklärte das Sams.
„Sie!", verbesserte Herr Groll erregt.
„Schon wieder sie. Das scheint aber eine freche Frau zu sein. Überall mischt sie sich ein!"
[…]
Herr Studienrat Groll sah verzweifelt an die Decke.

[1] einlenken: nachgeben, dem anderen recht geben

[2] aufgebracht: wütend

2 Begründe, welche Sätze das Gespräch richtig beschreiben.
1. Herr Groll und das Sams reden aneinander vorbei.
2. Der Lehrer erwartet Respekt.
3. Das Sams versteht Herrn Groll.
4. Herr Groll drückt sich verständlich aus.
5. Beide finden die richtigen Worte.

3 Beschreibe mit eigenen Worten, worin das Missverständnis zwischen den beiden besteht.

4 Welche Gründe könnte es dafür geben, dass das Sams Herrn Groll falsch versteht? Erkläre sein Verhalten.

Freizeitgespräche

**Patrick möchte mit Anna und Luisa in die Stadt gehen.
Anna möchte ihren Text noch zu Ende schreiben.
Luisa ärgert sich und möchte, dass Anna aufhört zu schreiben.**

1 Erklärt die Situation der drei Kinder. Welche Arten von Sätzen benutzen sie bei ihrem Gespräch? Achtet auf die Satzschlusszeichen.

2 Luisa, Anna und Patrick hätten ihre Sätze auch anders formulieren können. Suche jeweils die passenden Sprechblasen für die drei Kinder aus.

Was schreibst du denn immer so viel?

Kann ich noch den Text zu Ende schreiben?

Wir wollten jetzt in die Stadt gehen.

Lasst mich noch den Text zu Ende schreiben!

Lass uns doch endlich in die Stadt gehen!

Du schreibst immer ziemlich viel.

Merke

Es werden unterschieden:
- . **Aussagesätze:** Sie werden verwendet, wenn man etwas mitteilen will.
- ! **Aufforderungssätze:** Sie werden verwendet, wenn man um etwas bitten oder jemanden zu etwas auffordern will.
- ? **Fragesätze:** Sie werden verwendet, wenn man etwas wissen will.

→ **Seite 17,** Unterscheidung von Fragesätzen

3 Schreibe nun alle drei Möglichkeiten für Luisa, Patrick und Anna auf, z. B.:

Patrick:
„Wir wollten jetzt in die Stadt gehen.“
„Lass uns doch endlich …!“
„Wollten wir nicht …?“

Die Satzschlusszeichen verraten dir, um was für einen Satz es sich handelt. Unterstreiche die drei Satzarten in unterschiedlichen Farben.

4 Sprich mit deiner Partnerin oder deinem Partner über die verschiedenen Möglichkeiten. Welche Unterschiede stellt ihr fest?

5 EXTRA Trixi will sich von ihrem Freund Jan einen neuen spannenden Fantasyroman ausleihen.
Ordne die folgenden Sprechblasen den beiden zu. Schreibe das Gespräch in der richtigen Reihenfolge auf. Achte dabei auf die Satzschlusszeichen und die Anführungszeichen.

1. Trixi fragt: „…?“
2. Jan antwortet: „….“
3. Trixi sagt: „….“
4. Jan sagt: „…!“

Kannst du mir heute den neuen Band ausleihen

Prima, ich habe heute nämlich keine Lust fernzusehen

Aber denk daran, mach mir dieses Mal keine Flecken rein

Ja, ich habe ihn gestern ausgelesen

6 EXTRA Stell dir vor: Alex hat seine Musikanlage viel zu laut aufgedreht. Seine Schwester möchte, dass er die Musik leiser stellt.
Erfinde ein Gespräch. Bedingung: Mindestens ein Fragesatz, ein Aufforderungssatz und ein Aussagesatz müssen darin vorkommen.
Achte auf die Satzschlusszeichen und die Anführungszeichen.
Vergleicht eure Ergebnisse.

→ **Seite 174,** Unterschiedliche Stellung des Begleitsatzes bei der direkten/wörtlichen Rede

Merke

Begleitsatz vor der direkten/wörtlichen Rede:
Claudia meint: *„Ich möchte auch mitspielen.“* ———: „~~~~~.“
Claudia fragt: *„Darf ich auch mitspielen?“* ———: „~~~~~?“
Claudia bittet: *„Lasst mich auch mitspielen!“* ———: „~~~~~!“
Begleitsatz direkte Rede

Aber bitte höflich!

TIPP!
Achte darauf, dich höflich, freundlich, aber auch genau auszudrücken.

1 Schreibe auf, wie du die Personen ansprichst und was du zu ihnen sagst, z. B.: *Guten Tag, Herr Rabe, ich komme aus der 5a. Ich soll bei Ihnen …*

Du sollst beim Hausmeister neue Kreide und einen neuen Tafelschwamm holen.

Du fragst einen Passanten auf der Straße nach dem Weg zur nächsten Poststelle.

Du hast den letzten Satz, den dein Lehrer gesagt hat, nicht verstanden. Bitte ihn, den Satz zu wiederholen.

Ein Mitschüler nimmt anderen Kindern ständig die Sachen weg. Du bist mit seinem Verhalten nicht einverstanden.

Du hast eine Fahrradpanne. Erkundige dich in einem Fahrradgeschäft, ob man dir helfen kann.

Am Eingang der Schule bittet dich ein Besucher, ihm zu sagen, wo sich das Sekretariat befindet. Erkläre ihm den Weg.

2 Spiele die Situationen mit einer Partnerin oder einem Partner.

3 Bitte deine Partnerin oder deinen Partner,

1. aufzuhören – Hör bitte auf!
2. zu warten – Warte bitte auf mich!
3. pünktlich zu sein
4. die Wahrheit zu sagen
5. lauter zu sprechen
6. deine Tasche mitzunehmen
7. den Zettel nicht wegzuwerfen
8. sich die Aufgabe anzusehen
9. dir zu helfen
10. vorsichtig zu sein

4 **Könnten Sie ...?** – Wende dich mit einer Bitte an einen Erwachsenen,
z. B.: Könnten Sie mir bitte sagen, wie man zum Stadion kommt?

1. sagen, wie man zum Stadion kommt
2. erklären, wie man die Aufgabe löst
3. sagen, wie spät es ist
4. aufpassen, dass dein Platz nicht besetzt wird
5. jemandem ausrichten, dass du angerufen hast
6. zeigen, wie das Gerät funktioniert
7. den Satz wiederholen
8. die Aufgabe an die Tafel schreiben

5 Stell dir vor, du möchtest dringend deinen Freund Sven sprechen.
Svens Mutter oder Vater ist am Telefon. Notiere, was du sagen könntest.

- Ja, Hübner. – Guten Tag. Hier ist Paul. Ich bin ein Freund von Sven. Könnte ich ihn bitte sprechen?
- Tut mir leid. Sven ist nicht zu Hause. – ...
- Er ist beim Training. Ich denke, so gegen 18 Uhr ist er zurück. Soll ich ihm etwas ausrichten? – ...
- Okay, mache ich: Hat er deine Telefonnummer? – ...
- Ich schreibe mir die Nummer lieber auf. Warte mal, ich hole nur schnell etwas zum Schreiben. – ...
- So, da bin ich wieder. – ...
- Gut, habe ich. Ich sage ihm, dass er dich zurückrufen soll. – ...
- Alles klar. Tschüss! – ...

6 Spiele das Telefongespräch mit einer Partnerin oder einem Partner.

3 Bildergeschichten

Was ist hier passiert?

1 Setzt euch in einem großen Erzählkreis zusammen. Schaut gemeinsam das Foto an. Was seht ihr? Seid ihr selbst schon einmal in einer ähnlichen Situation gewesen? Erzählt davon.

2 Besprecht, wie es zu der Situation auf dem Foto gekommen sein könnte.

3 Überlegt, was danach passieren könnte. Bestimmt findet ihr mehrere Möglichkeiten. Welche Vorschläge gefallen euch am besten?

4 Erzählt jetzt die ganze Geschichte.

Vom Foto zur Geschichte

1 Suche dir ein Foto aus und entwirf dazu eine Geschichte.
1. Sieh dir das Foto genau an. Beachte die Einzelheiten.
2. Überlege dir, was passiert ist.
3. Notiere dir Stichworte.
4. Finde eine passende Überschrift.

TIPP!
Ein Stichwortzettel ist eine Merkhilfe. Er enthält nur die wichtigsten Wörter.

2 Erzählt die Geschichten im Erzählkreis – benutzt eure Stichwortzettel.

3 Höre den anderen genau zu und überprüfe, ob die Erzähler alle Punkte aus dem grünen Kasten beachten. Benutze dazu einen Beobachtungsbogen.

Beobachtungsbogen

Ort:
Personen:
Spannung:
Reihenfolge:

Arbeitstechnik

Eine Geschichte erzählen
1. Fang nicht sofort mit dem Erzählen an. Warte, bis alle zuhören.
2. Nenne den Ort, an dem deine Geschichte spielt.
3. Beschreibe die Personen oder Tiere deiner Geschichte genau und gib ihnen Namen.
4. Deine Geschichte muss für die Zuhörer spannend sein – es muss etwas passieren!
5. Erzähle der Reihe nach, benutze einen Stichwortzettel.

Eine Rückmeldung geben

Max ist heute dran. Er hat sich viel Mühe gemacht und ist gut vorbereitet. Trotzdem ist er ziemlich aufgeregt. Wird alles gut gehen?

1 Nenne Beispiele für Aufgaben oder Themen, die du vor der Klasse schon einmal vorgestellt hast.

2 Versetzt euch in die Situation auf dem Bild. Besprecht, was Max alles durch den Kopf gehen könnte.
Und welche Gedanken und Gefühle haben wohl die Zuhörer?

3 Du bist Zuhörerin oder Zuhörer. Wie kannst du Max helfen?
Schreibe auf, was du tun kannst:
1. während er spricht,
2. nach seinem Vortrag.

Wenn du einer Mitschülerin oder einem Mitschüler sagst, was er gut gemacht hat und was beim nächsten Mal noch besser werden sollte, dann gibst du ihm oder ihr eine Rückmeldung.
Dabei können dir die Ampelfarben „rot", „gelb" und „grün" helfen. Ihr könnt in der Klasse farbige Karten verwenden, aber es genügt, wenn du bei einer Rückmeldung an die Ampelfarben denkst.

TIPP!
Statt Rückmeldung kann man auch Feedback sagen.

Zuerst kommt Rot. Rot heißt: Du nimmst dir Zeit und zählst alles auf, was beim Vortrag gut gelungen ist. Das ist für die Vortragenden interessant und wichtig.
Zum Beispiel:
Du hast laut und deutlich gesprochen.
Du hast in die Klasse geschaut.
Die Fragen am Schluss hast du gut beantwortet.

Als Zweites kommt Gelb. Im zweiten Schritt nennst du nun alles, was dir aufgefallen ist. Du beschreibst nur, was du gesehen oder gehört hast, ohne es jedoch zu bewerten.
Zum Beispiel: *Du hast dich die ganze Zeit nicht von der Stelle gerührt.*
Ich habe beobachtet, dass du sehr häufig „Äh" gesagt hast.
Mir ist aufgefallen, dass …

Bei Grün geht es weiter! Als Drittes gibst du Tipps, wie deine Mitschülerin oder dein Mitschüler beim nächsten Mal noch besser werden können.
Zum Beispiel: *Beim nächsten Mal solltest du versuchen, weniger von deinem Notizzettel abzulesen.*
Fang erst an, wenn alle ruhig sind.

4 Besprecht in der Klasse, welche Geschichte zu den Fotos auf S. 35 euch am besten gefallen hat. Lasst sie euch noch einmal erzählen und gebt dem Erzähler oder der Erzählerin hinterher eine Rückmeldung. Denkt dabei an die drei Ampelfarben.

Was dich stark macht

Eine Rückmeldung geben

1. Höre beim Vortrag aufmerksam zu. Du kannst dir auch Notizen machen.
2. Nenne zuerst alles, was gut gelungen ist.
3. Beschreibe dann, was dir aufgefallen ist, ohne es zu bewerten.
4. Gib am Schluss deine Tipps so, dass sie dem anderen helfen.

Eines Tages ...

1 Sieh dir die Bildergeschichte an. Gib der Person und dem Hund einen Namen.

2 Suche zu jedem Bild die passende Sprech- oder Denkblase. Lies mit richtiger Betonung, was die Frau spricht oder denkt.

Hallo, mein liebes Hündchen! Sieh, was ich dir gebracht habe, deine Lieblingswurst! (a)

Wer war das? Wo sind die Blumen? Na warte, Freundchen! (b)

Sieh dir an, was du angerichtet hast! Was hast du dir denn dabei gedacht? (c)

Du brauchst gar nicht so unschuldig zu gucken! Die schönen Blumen! Wie das jetzt aussieht! (d)

Oh, nein! Er ist ja unschuldig! Der Hund war das nicht! Und ich habe so mit ihm geschimpft! (e)

Ich bin so wütend auf den Hund. Zur Strafe bekommt er heute nur Trockenfutter! (f)

TIPP!
Schreibe in wörtlicher Rede dazu, was die Frau denkt und spricht. Dazu kannst du die Texte in den Sprechblasen nutzen.

3 Beschreibe zu jedem Bild in zwei bis drei Sätzen, was geschieht.

4 EXTRA Schreibe die vollständige Geschichte in dein Heft. Vergiss nicht, ihr eine passende Überschrift zu geben.

Was gestern passiert ist

1 Sieh dir die Bildergeschichte an. Gib der Person und dem Kater einen Namen.

2 Zeichne zu jedem Bild eine Sprech- oder Denkblase.
Schreibe hinein, was der Junge denkt und spricht.

3 Beschreibe zu jedem Bild in ein bis zwei Sätzen, was geschieht.

4 Suche für die Bildergeschichte eine passende Überschrift.

5 EXTRA Schreibe nun die gesamte Geschichte auf.
Denke an die wörtliche Rede.

6 EXTRA Lest eure Geschichten vor. Hört bei den anderen genau zu und achtet darauf, ob die Geschichten vollständig sind. Die Zuhörer können den Vorlesern eine Rückmeldung geben.

TIPP!
Du kannst auch den Computer nutzen.

→ **Seite 31, 174,**
Satz- und Redezeichen bei direkter/wörtlicher Rede

Wer? Wen? Warum?

1 Was geht hier vor sich? Welche Situation könnte dargestellt sein? Gib beiden Personen einen Namen und beschreibe die Situation, z. B.:
Der Chef, Herr … schimpft auf den Angestellten … ein.
Dieser weiß nicht, was er eigentlich falsch gemacht hat …

2 Betrachte die beiden Figuren: Beschreibe möglichst genau ihren Gesichtsausdruck und ihre Körperhaltung.

3 Schreibe auf, was der Mann am Schreibtisch wohl sagt, z. B.:
„Was fällt Ihnen ein, …! Noch einmal so etwas und Sie fliegen! …"

4 Beschreibe, was der Mann rechts denkt und fühlt, z. B.:
„Was hat er jetzt schon wieder? …"

5 Gib der Situation im oberen Bild eine passende Überschrift.

6 Bringe die Bilder in eine sinnvolle Reihenfolge: *d=1, …*

7 Schreibe nun eine Geschichte zu den geordneten Bildern. Beachte dabei folgende Punkte:
- Gib allen Figuren einen Namen.
- Nenne jeweils den Ort, an dem die Geschichte spielt.
- Lege in Stichworten die einzelnen Schritte der Handlung und den Höhepunkt der Geschichte fest.
- Beschreibe genau, was sich auf den Bildern ereignet und was zwischen den Bildern geschehen sein könnte.
- Beschreibe auch den Gesichtsausdruck und die Körperhaltungen der Figuren.
- Schreibe auf, was die Figuren jeweils sagen, fühlen und denken.

8 Lest eure Geschichten in der Klasse vor. Die Zuhörer geben eine Rückmeldung.

→ **Seite 37,** Arbeitstechnik „Eine Rückmeldung geben“

Wann geschah es?

Robert und Leila haben sich gemeinsam eine Geschichte zu den Bildern auf Seite 38 ausgedacht. Dann haben beide ihre Geschichte aufgeschrieben.

1 Lies die beiden Geschichtenanfänge. Erkläre die Unterschiede.
So kannst du beginnen: *Robert und Leila haben die gleiche Geschichte geschrieben. Aber sie haben …*

Robert schrieb:

Leila schrieb:

→ **Seite 43,** Zeitformen des Verbs: Präsens und Präteritum

Frau Florentine Zopf geht in den Garten. Plötzlich sieht sie: Ihre Lieblingsblumen sind weg. „Wer war das?", schreit sie entsetzt. „Waldi! Wer sonst!", ruft sie. Der kleine Hund läuft hinter ihr. Sie dreht sich um und …

Gestern ging Frau Florentine Zopf in den Garten. Plötzlich sah sie: Ihre Lieblingsblumen waren weg. „Wer war das?", schrie sie entsetzt. „Waldi! Wer sonst!", rief sie. Der kleine Hund lief hinter ihr. Sie drehte sich um und …

2 Arbeitet zu zweit. Einigt euch, wer welchen Text weiterschreibt. Verwendet die Zeitform, mit welcher der Text begonnen wurde.

→ **Seite 260/261,** Liste unregelmäßiger Verben

3 Tauscht nun eure Geschichten aus. Unterstreicht die Verbformen in den Texten. Überprüft, ob ihr immer in derselben Zeit geblieben seid.

4 Stellt an der Tafel alle Verben zusammen, die ihr in den Geschichten verwendet habt, z. B.:

Robert	Leila	Infinitiv/Grundform
geht	ging	gehen
sieht	sah	sehen
schreit	schrie	schreien

5 Vergleicht die Verbformen. Was sagen sie darüber aus, zu welcher Zeit etwas geschieht?

6 Besprecht: Wie habt ihr diese Zeitformen bisher genannt?

7 Jeweils zwei von euch stellen sich mit dem Rücken zur Tafel. Die anderen rufen ihnen Infinitive von Verben zu.
- Wer von den beiden nennt am schnellsten die Ich-Form im Präsens und Präteritum? Beispiel: liegen: ich liege – ich lag
- Jetzt wird es schwieriger: Fragt die beiden an der Tafel nach der Du-Form. Beispiel: träumen: du träumst – du träumtest
- Verwendet auch die anderen Personalformen: er/sie/es – wir – ihr – sie

8 Übernimm die Tabelle in dein Heft. Trage die Verben von Aufgabe 4 ein. Verwende für das Präsens und für das Präteritum immer die Du-Form.

Infinitiv / Grundform	Präsens	Präteritum
gehen	du gehst	du gingst
sehen	du siehst	du sahst
…	…	…

Merke

- Das **Präsens** verwendet man, wenn man etwas erzählt, das gerade geschieht *(sie geht, sie sieht)* oder das immer gilt *(ich heiße)*.
- Das **Präteritum** verwendet man, wenn man über etwas Vergangenes berichtet oder erzählt *(sie ging, sie sah)*.

→ **Seite 74,** Zeitformen des Verbs: Perfekt

Henriettes Geschichte

Zu diesen Bildern hat Henriette eine Geschichte geschrieben.

1 Lies die Geschichte von Henriette.

Der Gipsverband

(1)

Pfingsten unternimmt unsere Familie einen Ausflug zur „Kamminer Höhe". Meine Schwester und ich hatten das letzte Familientreffen in guter Erinnerung. Wir beschließen, mit unseren Cousins etwas Spannendes zu machen. Nach dem Kaffeetrinken gehen wir raus. Wir laufen den Berg hinunter bis zur Pferdekoppel. Von dort sind es nur noch wenige Meter bis zum Fluss.

(2)

Die Jungen rennen schnell, aber wir kommen mit. Eine Straße müssen wir überqueren. Plötzlich stolpere ich über eine Straßenbahnschiene. Schon schlage ich der Länge nach hin und falle hart auf meinen linken Arm. Tut das weh! Ich kann den Schmerz nur ertragen, wenn ich die linke Hand mit der rechten Hand anhebe.

(3)

Martin und Hannes bringen mich zurück. Mein Vater erkennt sofort, dass nur ein Arzt helfen kann. In der Straßenbahn schlafe ich ein und werde erst vor dem Krankenhaus wieder munter. Der Bereitschaftsarzt sieht auf den Arm und weiß gleich, dass er gebrochen ist. Das Röntgenbild zeigt dann den Bruch. So endet unser Pfingstausflug für mich mit einem Gipsverband.

2 Bildet Dreiergruppen. Teilt den Text auf und schreibt die Geschichte in der Vergangenheit. Verwendet dazu das Präteritum.

3 Tauscht die Hefte und kontrolliert die Texte. Achtet auf die Verbformen und die Rechtschreibung.

4 Übernimm die Tabelle in dein Heft. Trage die unterstrichenen Verbformen aus dem Text auf der linken Seite ein.

Präsens	Präteritum	Infinitiv
sie unternimmt	sie unternahm	unternehmen
wir beschließen	...	...
wir gehen	...	...

5 Ergänze jeweils das Präteritum und den Infinitiv.

6 Bilde das Präteritum von den folgenden Verben.
Verwende die Ich-Form, z. B.: ich entschied, ich riet ...

entschieden – raten – halten – fallen – rufen
schreiben – schweigen – erhalten – schlafen
schreien – erscheinen – steigen – verraten

Unterstreiche jeweils das *ie* in der Präteritumsform.

TIPP!
Wenn du unsicher bist, kannst du in der Liste unregelmäßiger Verben S. 260/261 nachsehen.

7 Bilde das Präteritum von den folgenden Verben. Verwende die Er-Sie-Es-Form, z. B.: messen – er maß, essen – sie aß, ...

messen – essen – vergessen – heißen
beißen – fressen – verlassen – lassen
gießen – fließen – schließen – reißen

Unterstreiche jeweils das *ss* und das *ß* in den Verbformen.

8 EXTRA Schreibe selbst eine kurze Geschichte zu den Bildern.
Schreibe im Präteritum.

Es geschah gestern

So hat Anastasia ihre Geschichte zu den Bildern auf Seite 39 begonnen:

Oliver sitzt am Computer und schreibt einen Text. Er muss zur nächsten Deutschstunde eine Geschichte erfinden. Plötzlich klingelt nebenan das Telefon. Wer ruft da an? Er steht auf und verlässt das Zimmer. In diesem Moment kommt Kater Wanja aus seiner Ecke. Er verfolgt eine Fliege, die auf den Computer fliegt. Wanja springt hinauf auf den Computertisch und wieder hinunter. Die Fliege fängt er nicht. Als Oliver das Zimmer wieder betritt, sieht er mit Entsetzen den dunklen, leeren Bildschirm. Gleich fällt ihm Wanja ein, der inzwischen wieder gemütlich in seiner Ecke liegt …

1 Schreibe den Geschichtenanfang in die Vergangenheit (Präteritum) um, z. B.: Oliver saß am Computer und schrieb einen Text …

→ **Seite 260/261,** Liste unregelmäßiger Verben

2 Prüfe mithilfe der Wörterliste am Ende des Buches, ob du alle Verbformen richtig gebildet hast.

3 Schreibe die Geschichte zu Ende. Achte darauf, dass du im Präteritum bleibst.

→ **Seite 260/261,** Liste unregelmäßiger Verben

4 Lege eine Kartei mit Verben an, deren unregelmäßige Zeitformen du dir schwer merken kannst. Schreibe so, dass du die Formen ergänzen kannst, z. B.:

sitzen: er sitzt – er saß – …
rufen: sie ruft – sie rief – …
springen: sie springt – sie sprang – …
verlassen: er verlässt – er verließ – …

Verbformen-Gedichte

Ich lese vor.
Du hörst zu.
Er setzt fort.
Sie setzt fort.
Wir fassen zusammen.
Ihr schreibt auf.
Sie werten aus.

Ich ärgere mich.
Du entschuldigst dich.
Er beruhigt sich.
Sie freut sich.
Wir vertragen uns.
Ihr streitet euch.
Sie wundern sich.

Ich frage dich.
Du antwortest nicht.
Er fragt sie.
Sie antwortet nicht.
Wir fragen euch.
Ihr antwortet nicht.
Sie staunen und schweigen.

Ich erzähle es dir.
Du sagst es ihm.
Er berichtet es ihr.
Sie übermittelt es uns.
Wir schildern es euch.
Ihr verratet es ihnen.
Sie flüstern es mir.
Es ist streng geheim!

Ich will es, kann es aber nicht tun.
Du kannst es, willst es aber nicht tun.
Er kann und will es, darf es aber nicht tun.
Sie kann und darf es, muss es aber nicht tun.
Wir wollen und dürfen es, können es aber nicht tun.
Ihr dürft es, könnt und wollt es aber nicht tun.
Sie wollen, können und dürfen es, müssen es aber nicht tun.
Sie wissen aber nicht, was sie tun sollen.

1 Lest die Gedichte. Besprecht, wie sie aufgebaut sind.

2 Schreibe die Gedichte in die Vergangenheit um.
Verwende das Präteritum, z. B.:
Ich las vor.
Du hörtest zu.
...

3 Versuche, selbst ein Verbformen-Gedicht zu schreiben.

4 Vorhang auf!

Viele träumen davon, einmal auf der Bühne zu stehen.
Die Zuschauer sind gebannt, Beifall ertönt, ...
Etwas von diesem Zauber könnt ihr schon bei einer kleinen Aufführung in der Schule spüren.

„Aufwärmung"

1 Tempolimit: Bestimmt eine Spielleiterin oder einen Spielleiter. Stellt euch im Kreis auf, ganz locker, ganz entspannt.
Alle gehen kreuz und quer durcheinander. Dabei darf keiner den anderen berühren. Gehen alle entspannt, bezeichnet der Spielleiter dieses „Gruppentempo" als „Tempo 50". Nach und nach kann er jetzt das Tempo verändern: Tempo 70, 100 oder auch 30, 10, ...

2 Das „aufblasbare Tier“: Der eine liegt als zusammengerollte Hülle auf dem Boden. Der andere berührt mit dem Zeigefinger die Schulter der Partnerin oder des Partners und pumpt durch den Schlauch (Arm) und das Ventil (Finger) geräuschvoll Luft in das „Gummitier“. Dieses richtet sich allmählich auf. Dann wird der Stöpsel herausgezogen und das Gummitier sackt wieder in sich zusammen.

TIPP!
Besonders lustig wird das Spiel, wenn man die Geräusche deutlich hören kann.

3 Frei sprechen: Stellt euch in einem Kreis auf. Sagt das Wort „hallo“ dreimal hintereinander. Zuerst sprechen alle gemeinsam in normaler Lautstärke, dann ganz laut, dann sehr leise, ...
Jetzt spricht einer das Wort „hallo“ allein: freundlich oder böse, lachend oder ... Dabei sieht sie oder er jemanden an, der „hallo“ in derselben Weise wiederholen soll. Dann darf derjenige „hallo“ vorsprechen ...

4 Stegreifspiel: Bildet Gruppen. Versucht, die unten abgebildete Situation in einem Stegreifspiel[1] darzustellen.
Jede Gruppe spielt der Klasse vor, was im Zugabteil passiert.
Die anderen beobachten:
- Wie haben sich die Spieler bewegt?
- Wie haben sie ihr Gesicht verändert?
- Wie haben sie gesprochen?

[1] das Stegreifspiel (die Stegreifspiele): eine Spielszene, die vorher nicht geprobt wird

Mit dem Körper sprechen

1 Das Handzeichenspiel: Zwei Spieler dürfen sich nur mit Gestik und Mimik verständigen. Einigt euch vorher, worüber ihr euch „unterhalten" wollt:

Kommst du mit ins Kino?

Nein, ich habe kein Geld.

Hast du Lust, mit mir Skateboard zu fahren?

Ja, aber erst muss ich noch einkaufen gehen.

Spielt die „Unterhaltung" der Klasse vor, stellt euch dabei weit auseinander. Die Zuschauer sollen erraten, worüber ihr euch unterhalten habt.

Merke

Körperbewegungen, die etwas ausdrücken sollen, nennt man **Gestik**. Gesichtsbewegungen, die etwas ausdrücken sollen, nennt man **Mimik**.

TIPP!
Schneidet keine Grimassen oder Fratzen. Versucht, die Gefühle deutlich, aber nicht übertrieben auszudrücken.

2 Das Spiegelbild: Die Partner stehen sich gegenüber. Einer beginnt. Er drückt mit dem Gesicht aus, dass er ängstlich, fröhlich, ärgerlich, … ist. Die Partnerin oder der Partner spielt den Spiegel. Wechselt euch ab.

Merke

Ein Spiel, bei dem alles ohne Worte, nur mit Gestik und Mimik ausgedrückt wird, nennt man **Pantomime**.

3 Schlafwandeln im Schlamm: Bestimmt wieder eine Spielleiterin oder einen Spielleiter. Alle laufen kreuz und quer durcheinander. Die Spielleiterin oder der Spielleiter gibt an,
- wie sich das Wetter verändert (es regnet, die Sonne scheint, es stürmt, es schneit, ...)
- auf welchem Untergrund ihr euch bewegt (auf Eis, auf heißem Sand, im Schlamm, im hohen Schnee, ...)
- in wen ihr euch verwandelt (in einen Roboter, in eine Schlafwandlerin,[1] in einen alten Mann, ...).

[1] der Schlafwandler / die Schlafwandlerin: jemand, der umhergeht, während er schläft

4 Möbelrücken: Ein Zimmer wird ausgeräumt. Ihr tragt einen riesigen Spiegel, eine große, kostbare Vase, ein Klavier, ... hinaus und kommt dann mit ganz anderen Möbeln wieder zurück: mit einer Kiste mit schweren Büchern, einer Stehlampe, ...
Die anderen erraten, was ihr alles getragen habt.

TIPP!
Überlegt: Welche Gegenstände sind schwer, welche leicht? Wie muss man sie tragen? Probiert es aus.

Sprechübungen

1 Zungenbrecher: Versucht, die Zungenbrecher fehlerfrei zu sprechen.
Neun Nähnadeln nähen neun Nachtmützen.
Der dünne Diener trägt die dicke Dame durch den dicken Dreck.
Blaukraut bleibt Blaukraut und Brautkleid bleibt Brautkleid.

2 Kürzer geht es nicht: Sprecht den Dialog mit einer Partnerin oder einem Partner vor. Die anderen erklären, was mit „Morgen“ jeweils gemeint war.

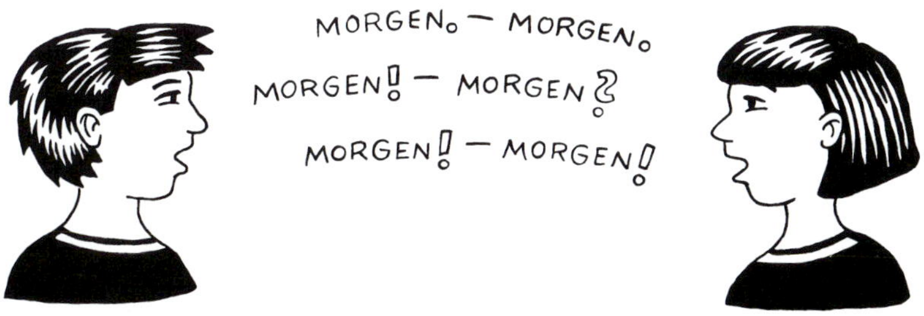

Auf andere eingehen

1 Schau dir das Bild genau an. Beschreibe, was hier passiert sein könnte.

2 Zeichne eine große Sprechblase in dein Heft.
Stell dir vor, dass du an Stelle der Puppe wärst. Was denkt sie? Was fühlt sie? Schreibe in die Sprechblase.
Wenn du dir nicht sicher bist, suche dir unten ein passendes Adjektiv aus und schreibe damit einen Satz in die Sprechblase.
ängstlich, zufrieden, einsam, wütend, glücklich, hilflos, elend, lustig, krank

3 Besprich dein Ergebnis mit deiner Nachbarin oder deinem Nachbarn.

4 Welcher der folgenden Sätze kommt dir besonders bekannt vor?
Beurteile: Welche Sätze würden dir helfen, wenn du ein Problem hättest? Welche eher nicht? Schreib auf und begründe.

Was man so sagt

„Kopf hoch, wird schon wieder."
„Ich hab's dir ja gleich gesagt!"
„Das hast du nun davon."
„Hey, was ist los?"
„Typisch! Das passiert nur dir."
„Kann ich dir helfen?"
„Jammern bringt auch nichts."
„Ruf mich an, wenn du Hilfe brauchst."

5 Überlegt euch eine Situation, die zu einem der Sätze auf der linken Seite passt. Spielt verschiedene Möglichkeiten in der Klasse vor.

Was dich stark macht

Auf andere eingehen

1. Achte auf die Menschen in deiner Nähe.
2. Wenn du den Eindruck hast, dass es jemandem nicht gut geht, frage nach, wie es ihm oder ihr geht.
3. Wenn der andere offen antwortet, höre aufmerksam zu. Du kannst deine Hilfe anbieten oder andere bitten, dir zu helfen.
4. Wenn der andere jetzt nicht mit dir sprechen möchte, kannst du später noch einmal nachfragen.

6 Lies dir den Kasten oben durch. Sieh dir das Bild der Puppe noch einmal an und schreibe ein Gespräch zwischen dir und der Puppe auf.

7 Teilt euch in mehrere Gruppen auf. Überlegt euch jeweils eine Situation, in der ein Mensch Hilfe braucht, z. B.: Jemand kommt mit dem schweren Koffer nicht die Treppe hoch oder jemand sucht auf dem Stadtplan den Marktplatz.
Stellt die Situation ohne Worte (pantomimisch) dar.
Lasst die Mitschüler erraten, worum es geht.

8 Wählt eine Situation aus. Diese Situation wird nun (mit Worten) weitergespielt; einer der Mitspieler spielt einen Helfer.

9 Besprecht, welches Verhalten ihr hilfreich fandet. Ihr könnt auch verschiedene Möglichkeiten durchspielen, dem anderen zu helfen.

10 **Erkenne dich selbst: So gut kann ich auf andere eingehen!**
Lies dir die folgenden Punkte durch und überlege, wie viele Smileys du dir geben würdest.

☺ Meine Freunde fragen mich öfter um Rat.
☺ Ich achte auf die Menschen in meiner Umgebung.
☺ Ich merke am Ausdruck oder am Verhalten, in welcher Stimmung jemand ist.
☺ Wenn ich das Gefühl habe, dass etwas nicht stimmt, frage ich nach.
☺ Ich hole mir Hilfe, wenn ich allein nicht weiterhelfen kann.

Szenen ohne Worte

1 Bereitet diese Szenen für eine Aufführung vor.

Die Fliege

Ein Spieler kommt auf die Bühne, setzt sich auf einen Stuhl und liest in einem Buch. Eine Fliege macht ihn ganz nervös, er versucht, sie zu fangen, was ihm nicht gelingt. Er zieht ein Bein auf den Stuhl, dann das zweite, neigt sich nach vorn, legt die Arme an und sitzt nun als Frosch auf dem Stuhl. Sein Blick verfolgt aufmerksam die Fliege und er leckt sich die Lippen. Plötzlich ein großer Sprung, er landet als Frosch auf dem Boden, lächelt genüsslich, stößt auf, hopst wieder auf den Stuhl, wo er sich in einen Menschen zurückverwandelt und das Buch weiterliest.

Frisch gestrichen

Ein Spieler kommt auf die Bühne und streicht eine Parkbank frisch an. Dann geht er weg. Ein zweiter Spieler kommt, genießt frische Luft und schöne Landschaft und setzt sich auf die Bank. Der erste kommt zurück und ist entsetzt. Er eilt zur Bank und versucht, den zweiten wegzuziehen. Doch dieser klebt bereits fest. Der erste Spieler ist verzweifelt und setzt sich ratlos ebenfalls auf die Bank. Beide sitzen fest.

Der Wettkampf

Ein Schwächerer und ein Stärkerer ziehen Seil. Der Schwächere verliert, fordert aber eine Wiederholung. Wenn der Stärkere scharf anzieht, lässt der Schwächere sofort los und der Stärkere purzelt nach hinten. Er ärgert sich und fordert eine Wiederholung. Der Schwächere lässt wieder plötzlich los und der Stärkere purzelt zu Boden. Wütend fordert er noch eine Runde. Der Schwächere bindet jetzt heimlich sein Ende an einen Baum. Der Stärkere achtet darauf, dass er beim ruckartigen Ziehen nicht nach hinten fällt, kann aber den Schwächeren auch nicht zu Boden ziehen, weil dieser ja sein Ende festgebunden hat. Der Schwächere ist stolz, weil er sich beim letzten Kampf als gleich stark gezeigt hat.

Szenen mit Worten

1 EXTRA **Lest die Abschnitte 1 bis 5 in der linken Spalte und gebt der Geschichte eine passende Überschrift.**

1.
Ein Schwächerer und ein Stärkerer ziehen Seil. Der Schwächere verliert, fordert aber eine Wiederholung.

2.
Wenn der Stärkere scharf anzieht, lässt der Schwächere sofort los und der Stärkere purzelt nach hinten. Er ärgert sich und fordert eine Wiederholung.

3.
Der Schwächere lässt wieder los und der Stärkere purzelt zu Boden. Wütend fordert er noch eine Runde.

4.
Der Schwächere bindet heimlich sein Ende an einen Baum. Der Stärkere achtet darauf, dass er beim ruckartigen Ziehen nicht nach hinten fällt, kann aber den Schwächeren auch nicht zu Boden ziehen, weil dieser ja sein Ende festgebunden hat.

5.
Der Schwächere ist stolz, weil er sich beim letzten Kampf als gleich stark gezeigt hat.

a)
B Unentschieden! Wer zuletzt lacht, lacht am besten.

b)
A *(Stärkerer)*: Na los, jetzt ziehn wir mal. Auf drei geht's los. Eins – zwei – drei!
B *(Schwächerer)*: Das war Betrug, du hast zu früh gezogen, das machen wir noch mal.
A *(großzügig)*: Meinetwegen.

c)
A Schon wieder – das dritte Mal, du bist gemein!
B Ich hab nun mal nicht so viel Kraft …
A Das lass ich mir von dir doch nicht gefallen. Einmal noch, und das gilt!

d)
B Beim zweiten Mal geb ich das Kommando: Eins – zwei – drei!
A Loslassen ist aber unfair. Wir ziehn noch mal! Dann wird sich schon zeigen, wer der Beste ist.
B Von mir aus.

e)
B Tu, was du nicht lassen kannst … *(leise)* Dir werd ich's zeigen!
A *(zu sich)*: Was der sich einbildet. *(laut beim Ziehen)* Verflixt und zugenäht![1] Das kann's ja wohl nicht geben!

[1] Verflixt und zugenäht!: ärgerlicher Ausruf

2 EXTRA **Ordnet jedem Abschnitt den passenden Dialog (a bis e) zu, z. B.:** 1b, 2 … **Spielt die Szene.**

Geistertheater

Josef Steck

In der Geisterbahn

Online-Link
Hörverstehen
313271-0056

Hast du Mut,
fahre mit der Geisterbahn.
Eingestiegen! Schon geht's an!
Heulend öffnet sich das Tor!
An dein Ohr dringt ein wilder Geisterchor,
heult und lacht durch die Nacht.
Plötzlich zucken aus dem Dunkel
Grüne Lichter. Im Gefunkel
steht der Tod im Nachtgewand,
streckt nach dir die Knochenhand,
grinst und winkt – und versinkt.
Flammen lodern, in den Schein
springt ein Teufel selbst hinein
und es heult und lärmt und kracht.
Eine ganze Hölle lacht!
Und es blitzt! Der Donner grollt!
Durch die Nacht der Wagen rollt.
Hexen reiten auf dem Besen!
Überall sind Zauberwesen,
schauen schreckliche Gespenster
durch ein aufgeriss'nes Fenster,
winken aus den Ecken,
furchtbar, zum Erschrecken.
Aus den Winkeln kriechen Schlangen.
Kröten kommen leis' gegangen.
Schrecklich klappern Totenknochen.
Langsam kommt die Angst gekrochen.
Eulen schauen starr dich an.
Weiter rast die Geisterbahn.
Eiskalt läuft's dir übern Rücken.
Du wagst kaum noch aufzublicken
Und dein Herz schlägt wild und bang.[1]
Dauert diese Fahrt noch lang?
Feueraugen – Geisterhände!
Schrecken, Schrecken ohne Ende.
Da – mit Heulen und Gebraus
ist die Geisterfahrt nun aus
und du weißt, was Gruseln ist,
wenn du ausgestiegen bist.

[1] bang: ängstlich

1 Lies das Gedicht und gib mit eigenen Worten wieder, worum es darin geht.

2 Übe den Gedichtvortrag ein.
Probiere dabei unterschiedliche Lesearten aus, z. B.:
- Verändere zunächst das Lesetempo, lies einiges schnell, anderes langsam.
- Versuche dann, die Teile des Gedichts in unterschiedlicher Lautstärke zu lesen.

→ **Seite 37,** Arbeitstechnik „Eine Rückmeldung geben“

3 Tragt das Gedicht in der Klasse vor. Gebt euch gegenseitig Rückmeldungen und denkt dabei an die Ampelfarben. Besprecht, welche Vorträge die Stimmung in der Geisterbahn besonders gut wiedergegeben haben.

Erich Kästner

Fauler Zauber

Der Zauberkünstler Mamelock
hebt seinen goldnen Zauberstock.
„Ich brauche“, spricht er dumpf,
„zwei Knaben[2],
die ziemlich viel Courage[3] haben.“

Da steigen aus dem Publikum
schnell Fritz und Franz aufs Podium[4].
Er hüllt sie in ein schwarzes Tuch
und liest aus seinem Zauberbuch.
Er schwingt den Stock ein paar Sekunden.
Er hebt das Tuch – sie sind verschwunden!

Des Publikums Verblüffung wächst.
Wo hat er sie nur hingehext?
Sie sind nicht fort, wie mancher denkt.
Er hat die beiden bloß – versenkt!

Fritz sagt zu Franz: „Siehst du die Leiter?“
Sie klettern abwärts und gehen weiter.
Der Zauberkünstler lässt sich Zeit,
nimmt dann sein Tuch und wirft es breit.

Er schwingt sein Zepter[5] auf und nieder, –
doch kommen Fritz und Franz nicht wieder!
Der Zaubrer fällt vor Schrecken um.
Ganz ähnlich geht's dem Publikum.

Nur Fritz und Franz sind voller Freude.
Sie schleichen sich aus dem Gebäude.
Und Mamelock sucht sie noch heute.

[2] der Knabe (die Knaben): früher die Bezeichnung für einen Jungen

[3] die Courage: der Mut

[4] das Podium (die Podien): die Bühne

[5] das Zepter (die Zepter): bedeutet hier Zauberstab, sonst der Herrschaftsstab eines Königs

1 Lies das Gedicht und gib mit eigenen Worten wieder, welche Geschichte hier erzählt wird.

2 Übe den Gedichtvortrag ein. Versuche,
- die direkte/wörtliche Rede treffend wiederzugeben,
- die Spannung durch entsprechende Pausen zu erhöhen.

TIPP!
Kopiere den Text. Unterstreiche darin die Stellen, die du besonders betonen willst, und markiere Pausen.

3 Tragt das Gedicht in der Klasse vor. Besprecht, in welchen Vorträgen die Geschichte am spannendsten „erzählt“ wurde. Denkt bei der Rückmeldung an die Ampelfarben.

→ **Seite 37,** Arbeitstechnik „Eine Rückmeldung geben“

4 EXTRA Die Geschichte kann man auch als Theaterstück spielen. Bereitet eine Aufführung dazu vor.
Besprecht, wie ihr das Verschwinden und Versenken der beiden Jungen darstellen könntet. Wer hat die beste Idee?

Zum Nachdenken und Spielen

1 Lies den Text. Achte besonders darauf, was du über Kemal erfährst.

Hanna Hanisch

Kein Freund für Kemal

Personen: Der Sprecher, Herr Öztak, Kemal, der Junge

Sprecher Ich erzähle eine Geschichte. Die Geschichte von Kemal, der einen Freund suchte. Sie ist irgendwo passiert, vielleicht hier bei uns. Dort kommt Herr Öztak, das ist Kemals Vater.
(Herr Öztak erscheint auf der Spielfläche.)
Guten Tag, Herr Öztak!

Herr Öztak Guten Tag. Ich habe keine Zeit für ein Gespräch. Leider. Ich muss zur Polizei gehen.

Sprecher Ja, ich weiß, Herr Öztak.

Herr Öztak *(erregt)* Ich habe nichts Böses getan. Warum muss ich zur Polizei gehen?
(Er schaut die Zuschauer an.)
Warum?

Sprecher Die Leute wissen es nicht. Wir müssen es ihnen erzählen.

Herr Öztak Ich habe in der Stadt einen kleinen Laden. Für Reparaturen. Sie verstehen?

Sprecher Herr Öztak ist Schneider. Er ändert und repariert Kleidungsstücke.

Herr Öztak Vor fünf Jahren bin ich in diese Stadt gekommen. Aus Istanbul. Wir hatten eine schwere Zeit.

Sprecher Sie haben einen Sohn?

Herr Öztak Er heißt Kemal. Ist acht Jahre alt.

Sprecher Es liegt eine Anzeige gegen Sie vor. Wegen Kindesmisshandlung.

Herr Öztak Ich liebe Kemal.

Sprecher Die Nachbarn haben gehört, dass er schrie.

Herr Öztak *(senkt den Kopf)* Einmal habe ich ihn geschlagen.

Sprecher Und warum?

Herr Öztak Er war immer ein gutes Kind. Aber er hat gestohlen. Eines Tages. Hat mir Geld weggenommen.

Sprecher Das war eine Enttäuschung für Sie.

Herr Öztak Kemal war immer allein. Er spielte auf dem Hof. Ohne Freunde. Manchmal sah ich aus dem Fenster und nickte ihm zu.
(Er tritt zur Seite. Von rechts kommt Kemal auf die Spielfläche. Er hat eine bunte Glaskugel in der Hand, die er betrachtet. Dann spielt er mit dieser

Kugel auf dem Boden, schiebt sie hin und her. Ein zweiter Junge kommt von links und beobachtet Kemal.)

Kemal *(blickt auf und lächelt erfreut)* Willst du mit mir spielen?

Der Junge Pah! Du hast ja gar kein Spielzeug.

Kemal *(hebt seine Kugel hoch)* Da!

Der Junge Diese dumme Kugel? Und weiter nichts?

Kemal Sie ist bunt. Man kann die Sonne darin sehen.

Der Junge Gib sie mir!

Kemal Bist du dann mein Freund?

Der Junge Vielleicht.

(Er geht mit der Kugel zur Seite. Auch Kemal geht einen Schritt seitwärts.)

Herr Öztak Kemal war sehr froh, einen Freund zu haben. Den ganzen Abend sprach er davon. Am anderen Tag saß er am Fenster und wartete auf den Jungen.

(Der Junge tritt wieder zur Mitte. Kemal geht glücklich auf ihn zu.)

Kemal Du bist gekommen. Wollen wir spielen?

Der Junge Was schenkst du mir heute?

Kemal *(erschrocken)* Ich habe dir alles gegeben.

Der Junge Dann habe ich keine Zeit. *(Er dreht sich um und geht seitwärts.)*

Kemal *(bittend)* Warte auf mich! Ich werde dir etwas Schönes schenken. Viel schöner als die Kugel.

Der Junge Gut. Du hast es versprochen. *(Beide gehen zur Seite.)*

Sprecher *(tritt mit Herrn Öztak wieder zur Mitte)* Wissen Sie, warum Kemal das Geld stahl?

Herr Öztak Ja. Er hat Spielsachen gekauft. Teure Spielsachen.

Sprecher Kemal wurde zum Dieb, weil er einen Freund suchte. Vielleicht geschieht das alles morgen schon wieder. Bei uns oder in einer anderen Stadt.

2 Wie beurteilst du das Verhalten von Kemal und dem anderen Jungen? Schreibe deine Meinung auf und begründe sie.

3 Was würdest du Kemal raten, um einen wirklichen Freund zu finden? Schreibe einen kurzen Brief oder eine E-Mail an Kemal.

4 Bereitet diese Szene zur Aufführung vor.
Geht so vor:
- Verteilt die Rollen. Ihr braucht mindestens vier Mitspieler.
- Lernt die Rollen auswendig.
- Beachtet die Anweisungen, die in Klammern stehen.
- Probt euer Spiel mehrmals. Bittet andere, euch Rückmeldungen zu geben, z. B. zu eurer Aussprache, zu eurem Gesichtsausdruck (Mimik) und zu euren Körperbewegungen (Gestik).

TIPP!
Andere können sich um die Bühne und die Kostüme kümmern.

Silbe für Silbe

Wie hängt das Sprechen mit dem Rechtschreiben zusammen? Beobachtet und testet euch selbst.

1 Ihr kennt bestimmt den folgenden Zungenbrecher. Probiert aus, wer ihn am schnellsten fehlerfrei sprechen kann.
Fischers Fritz fischt frische Fische.

2 Schreibe den Zungenbrecher nun auf. Sprich gleichzeitig halblaut etwas anderes mit, z. B.: blablabla.

3 Schreibe den Satz noch einmal und sprich beim Schreiben jedes Wort mit.

4 Besprecht: Welche Aufgabe fiel euch leichter? Welchen Satz habt ihr sauberer geschrieben? Habt ihr sonst noch etwas festgestellt?

5 Diktiert euch gegenseitig die Bandwurmwörter. Beobachtet euch beim Schreiben. Was macht ihr, um keinen Buchstaben zu vergessen?
Hamsterfutternapfherstellerschule
Löwenkrankenpflegerschule
Zirkuselefantenoberaufseherschule

TIPP!
So geht die Ro-bo-ter-spra-che!

Arbeitstechnik

Beim Schreiben mitsprechen

1. Schreibe bewusst langsam und deutlich.
2. Sprich beim Schreiben Silbe für Silbe wie ein Roboter mit.
3. Lies nach jedem Wort noch einmal genau, was du geschrieben hast.
4. Verbessere die Wörter, die du falsch oder undeutlich geschrieben hast.

6 Diktiert euch diese Sätze gegenseitig in der „Ro-bo-ter-spra-che“. Sprecht die Wörter so, dass euer Partner möglichst keine Fehler macht.

Rechtschreibschule für alle

In der Schule lernen hundert Kinder,
dazu
zwei Ameisen und eine Laus,
ein Puma und ein Löwe,
drei Raben und eine Amsel,
fünf Kater und eine Maus,
neun Hamster und ein Hase,
ein Wal und ein Karpfen,
ein Affe und eine Giraffe,
eine Forelle und eine Gazelle,
eine Eselin, aber kein Esel,
die Robotersprache.

7 EXTRA Schreibe das folgende Gedicht ab. Setze dabei die Wörter so ein, dass sich jeweils zwei Zeilen am Ende reimen.

Josef Guggenmos

Die Bären brummen,
Die Bienen ☐
Die Katzen ☐
Es krächzen die ☐
Die Mäuse ☐
Die Affen ☐
Die Löwen ☐
Es wiehern die ☐
Die Tauben ☐
Die Hunde ☐
Die Störche ☐
Die Kinder ☐
Und ginge das nicht in einem fort,
Kämen die Fische auch zu Wort.

plappern | gurren | pfeifen | klappern | knurren | summen | keifen | brüllen | Pfauen | Füllen[1] | miauen

[1] das Füllen (die Füllen): früher die Bezeichnung für das Fohlen, das junge Pferd

8 EXTRA Lies das Gedicht Silbe für Silbe wie ein Roboter.

Üben, üben, üben

1 Die Schulleiterin der Tierschule hat einen Aushang verfasst. Diktiert euch die Sätze gegenseitig in der „Ro-bo-ter-spra-che“.
Sprecht dabei die Wörter so aus, dass eure Partnerin oder euer Partner möglichst keine Fehler macht.

An alle Schülerinnen und Schüler

In letzter Zeit gab es öfter Beschwerden über euer Verhalten.
Daher bitte ich Folgendes in Zukunft zu beachten:
1. Schnecken müssen sich beeilen, um pünktlich zum Unterricht zu kommen.
2. Bei Feueralarm begeben sich alle sofort auf den Schulhof und stellen sich dort der Größe nach auf. In der ersten Reihe stehen die Flöhe mit den Ameisen, in der hintersten Reihe die Wale mit den Elefanten.
3. Bei Klassenarbeiten dürfen auch die Giraffen den Mitschülern nicht über die Schulter schauen.
4. In den Regenpausen bleiben alle in den Klassenzimmern, auch die Regenwürmer.
5. Die Bücher in den Leseecken sind nicht nur für die Ratten da.
6. Auch die Pferde lassen bitte im Unterricht das Schaukeln sein.

2 Ergänze die Reimwörter. Schreibe sie ab. Sprich beim Schreiben deutlich mit.

Katzen	sitzen	Mücke	decken
T...	sp...	Br...	schm...
schm...	r...	T...	w...
kr...	bl...	L...	r...
Sp...	spr...	Kr...	n...
Gl...	fl...		H...

3 Schreibe die Wörter mit **tz** aus dem Text in dein Heft. Markiere das **tz** farbig. Zeichne die Silbenbögen unter die Wörter und sprich die Silben, z. B.: Sät ze

1. Der Schauspieler ist nervös und wiederholt seine Sätze.
2. Ein anderer will eine Spritze gegen sein Lampenfieber.
3. Die starken Scheinwerfer erzeugen eine große Hitze.
4. Auf der Bühne lässt der Zauberer Blitze durch die Luft zucken.
5. Die Hetze beim Umkleiden in der Pause ist immer schrecklich.
6. Das Stück ist spannend und die Kinder können kaum ruhig sitzen.

4 **ck** oder **k**? Schreibe die Sätze ab und ergänze die fehlenden Buchstaben. Lies die Sätze. Sprich kurze Selbstlaute sehr kurz und lange übermäßig lang.

Frösche qua?en
Ziegen me?ern.
Hühner ga?ern.
Schafe blö?en.
Vögel pi?en.
Hähne ha?en.
Lamas spu?en.
Gespenster spu?en.

TIPP!
Bei einigen Wörtern kannst du die Schreibweise auch hören, wenn du sie nach Silben getrennt sprichst. Hörst du dann zweimal ein *-k-*, dann wird das Wort mit *-ck-* geschrieben.

5 **tz** oder **z**? Schreibe die Sätze und ergänze die fehlenden Buchstaben.

Krimi oder Liebesgeschichte?
Der Vorhang geht auf. Eine Mie?e sitzt auf der Matra?e. Ein großes Her? aus Plastik hängt an der Wand. Fran? tanzt mit seinem rei?enden Schatz einen Wal?er. Da stößt jemand die Tür auf und die Ka?e macht einen Riesensa?. Ein Mann mit einer Gla?e kommt hereingehe?t. Quer über seine Stirn zieht sich eine große Pla?wunde. Sein Gesicht ist vom Schmer? verzerrt. Dann lacht er: Die Verle?ung ist nicht echt.

TIPP!
Auch diese Eselsbrücke kann dir helfen, richtig zu schreiben: Nach *l*, *n*, *r*, das merk dir ja, steht nie *tz* und nie *ck*!

6 Bilde aus den Wörtern in den Kästen zusammengesetzte Nomen/Substantive, z. B.: Betttücher. Schreibe die Überschrift in dein Heft und die Begriffe darunter.
Formuliere eine Regel für die Schreibung solcher Wörter.

Was beim Theater alles gebraucht wird

Bett	Krepp	Papier	Fetzen
Stoff	Papp	Tücher	Polizisten

5 Geschichten über uns

Kurze Ich-Texte schreiben

Bestimmt habt ihr in der Klasse schon vieles von euch erzählt. Es macht aber auch Spaß, etwas über sich zu schreiben, besonders wenn man die besten Ich-Geschichten in einer Mappe sammelt und vielleicht Jahre später noch einmal liest.

TIPP!
Klebe deinen Text auf einen festen Karton. Mit einer Sicherheitsnadel kannst du ihn als Anstecker tragen.

[1] der Button (die Buttons): runder Anstecker

1 Ich-Anstecker: Mit einem Anstecker zu deinem Vornamen kannst du etwas über dich aussagen. Suche zu jedem Buchstaben etwas, was zu dir passt. Oder du suchst eine Eigenschaft, eine Tätigkeit oder einen Gegenstand. Schreibe alles so auf, dass es auf einen Button[1] passt.

SPORT
IST
MEIN
LIEBLINGSFACH
MATHE
KANN
ICH NICHT
LEIDEN

NASCHEN
INDIANER
COMPUTER
ORANGE
LAUBFRÖSCHE
EISLAUFEN

SELTEN
GEHE ICH
OHNE
MÜTZE
AUS DEM
HAUS

SKATEBOARD
VORLESEN
ESSEN
NICHTSTUN

OMA
SKATEBOARD
MUSIK HÖREN
AMERIKA
NUDELN

TIPP!
Hängt eure Texte im Klassenzimmer auf. Passen die Sätze zu den Verfassern?

2 EXTRA **Versteckspiel:** Die Buchstaben deines Vornamens kannst du auch in einem kurzen Text über dich verstecken. So hat Isabella das gemacht:
ICH SEHE ABENDS BESONDERS GERN LIEBESFILME AN.

3 Vielen fällt es leichter, eine Geschichte zu schreiben, wenn sie sie mit einem Wörternetz vorbereitet haben. Probiere es selbst aus:
- Wähle zunächst ein Wort aus deinem Ich-Anstecker oder aus deinem Versteckspiel-Text aus, über das du gerne schreiben willst.
- Knüpfe dazu ein Wörternetz wie in dem Beispiel.

Arbeitstechnik

Ein Wörternetz knüpfen

Mithilfe eines Wörternetzes kannst du Ideen für eine Geschichte sammeln.

1. Schreibe ein wichtiges Wort, das in der Geschichte vorkommen soll, in die Mitte des Blattes.
2. Überlege, welche Wörter dir dazu einfallen.
3. Schreibe sie um das Wort herum.

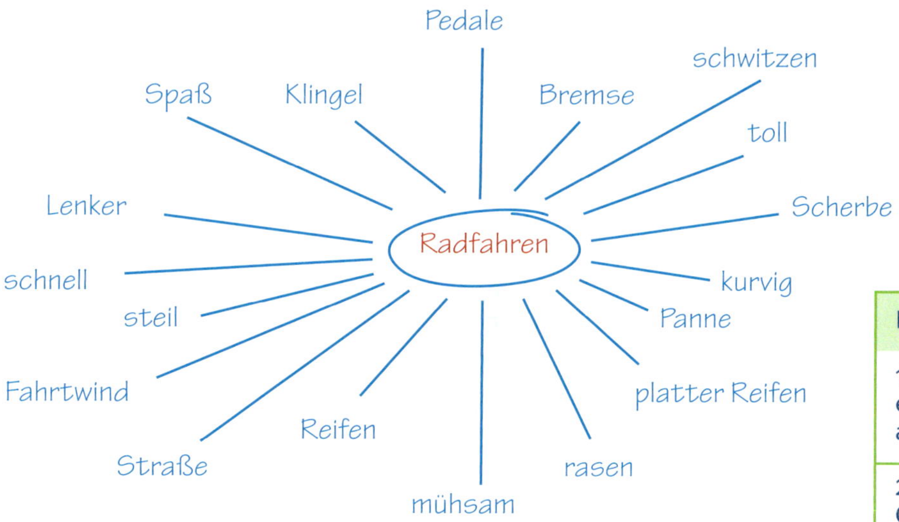

4 EXTRA Sicher kennst du schon diese Art von Gedichten. Sie heißen Elfchen. Schau dir den Bauplan und das Beispiel an. Schreibe mithilfe deines Wörternetzes ein Elfchen.

1. Zeile (1 Wort)	**Radfahren**
2. Zeile (2 Wörter)	Die Straße
3. Zeile (3 Wörter)	kurvig und steil –
4. Zeile (4 Wörter)	Ich trete die Pedale.
5. Zeile (1 Wort)	Mühsam!

Elfchen-Bauplan

1. Zeile:
eingerahmtes Wort aus dem Wörternetz

2. Zeile:
Gegenstand oder Person (Nomen aus dem Wörternetz)

3. Zeile:
Wie ist die Person oder der Gegenstand? (Adjektive aus dem Wörternetz)

4. Zeile:
Was tue ich?

5. Zeile:
ein Schlussgedanke

Eine Ich-Geschichte verfassen

1 Mithilfe eines Wörternetzes kannst du auch eine vollständige Geschichte schreiben. Überlege, ob du einen Gegenstand besitzt, der dich an ein bestimmtes Erlebnis erinnert: ein Stein, ein Foto, ein paar Briefmarken, ein Stück Gipsverband mit Unterschriften. Wähle einen Gegenstand für deine Geschichte aus.

2 Sinem hat zu dem Wort „Gipsverband" ein Wörternetz geknüpft und eine Geschichte geschrieben:

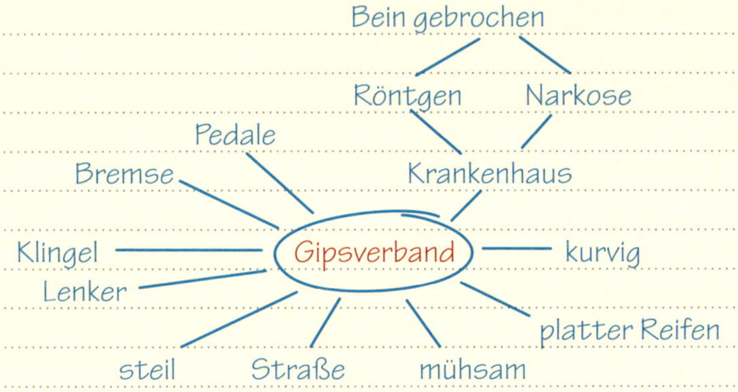

Ich heiße Sinem. Vor ein paar Wochen bin ich vom Fahrrad gestürzt und habe mir dabei mein linkes Bein gebrochen. Das ist so passiert: Eines Tages beschloss ich, meine Freundin Selina zu besuchen. Ich nahm mein Fahrrad, setzte meinen Helm auf und los ging es …

3 Versuche nun, zu deinem Gegenstand ein Wörternetz zu knüpfen und eine vollständige Geschichte zu schreiben. Beachte dabei die folgende Arbeitstechnik.

Arbeitstechnik

Interessant und spannend schreiben

1. Denke daran, dass die Leser deine Geschichte nicht kennen. Schreibe, wann und wo sie sich ereignet hat und wer daran beteiligt war.
2. Die Geschichte wird spannender, wenn du solche Zeitangaben verwendest: *plötzlich, auf einmal, gerade als, …*
   Auch durch Adjektive kannst du die Spannung erhöhen: *stockdunkel, gefährlich, …*
3. Erinnere dich daran, was du während des Erlebnisses gedacht und gefühlt hast, z. B.: *Was war das? Ob das gut geht? Ich hatte Herzklopfen. Ich zitterte, …*
4. Schreibe auch, was gesprochen wurde. Verwende die direkte/wörtliche Rede.
5. Gib deiner Geschichte eine Überschrift, die neugierig macht, aber nicht zu viel verrät.

4 EXTRA Lies Florians Geschichte.

Für den ersten Abend im Schwimmlager hatten sich unsere Sportlehrer etwas Besonderes ausgedacht. Ich hatte das Glück, dass ich eingeweiht wurde. Ich war ganz schön aufgeregt.
In der Zeit, in der sich alle auf die Nachtruhe vorbereiteten, schrieb ich heimlich einen Zettel. Darauf stand:

Ich habe keine Lust, eine ganze Woche im kalten
Kosenowsee zu schwimmen. Ich haue ab. Im Moor an
der Peene findet mich keiner!
Florian

Den Zettel legte ich auf mein Campingbett. Mit Herrn Markus ging ich in der Dämmerung Richtung Peene. Meine Anspannung stieg. In der Nähe der Alten Fähre fanden wir schnell ein trockenes Versteck. So spät am Abend war ich zum ersten Mal hier. Es war völlig still. Jetzt erst begann ich zu überlegen: Was konnte alles passieren? Der spitze Baumstumpf gegenüber erinnerte mich daran, dass es hier Biber gibt. Ich sagte mir jedoch: „Die sind scheu." Ein Glück, dass ich nicht allein war! Mir wurde trotzdem ziemlich gruselig, weil es so viele unbekannte Geräusche gab. Einmal knackte es hinter uns. Ich zuckte zusammen. Was war das? Dann mussten wir einfach darüber lachen.
Plötzlich wurde hinter den Erlen und Weiden ein heller Lichtschein sichtbar. Und wir hörten ein Gemurmel. Der Plan hatte also geklappt. Wie sich herausstellte, waren alle Schüler der drei Klassen und die Lehrer aufgebrochen, um mich zu suchen. Nun war ich schon erleichtert! Und böse war auch keiner über den Streich, weil der Heimweg eine fantastische Nachtwanderung wurde.

5 EXTRA Überlege dir eine Überschrift und schreibe die Sätze heraus, die die Geschichte spannend machen.

6 EXTRA Vergleicht eure Ergebnisse.

TIPP!
Prüfe, ob die einzelnen Punkte der Arbeitstechnik auf Seite 66 beachtet wurden.

1 Seht euch die Bilder und die Textüberschrift an. Besprecht, worum es wohl in dem Text geht.

Online-Link
Hörverstehen
313271-0068

Irina Korschunow

Vielleicht wird alles gut

Ich heiße Lena. Ich bin ziemlich schlecht in der Schule. Ich kann nicht gut lesen und beim letzten Diktat hatte ich achtzehn Fehler.
„Achtzehn Fehler, Lena!“, hat Frau Kammer gesagt. „Ich glaube, du musst dich etwas mehr anstrengen, sonst wirst du womöglich nicht versetzt.“
Ich habe einen großen Schrecken bekommen, als ich das hörte. Ich will nicht sitzen bleiben. Ich will in keine andere Klasse gehen. Ich mag Frau Kammer gern. Und ich möchte weiter neben Regine Ohme sitzen, so wie jetzt.
„Bitte doch deine Mutter, dass sie jeden Tag mit dir lernt“, hat Frau Kammer noch gesagt. „Dann wird es schon werden.“
Aber meine Mutter kann nicht mit mir lernen. Sie geht nachmittags arbeiten. Ich bin die Älteste, ich muss aufräumen und einkaufen. Um vier kommt mein Vater, der schimpft so viel. Er stellt auch gleich den Fernseher an und meine Geschwister toben herum und dabei soll ich Schulaufgaben machen. Mein Bett steht im Wohnzimmer und meistens kann ich nicht einschlafen, weil der Fernseher läuft.
Das alles hätte ich gern Frau Kammer erzählt. Ich traute mich nur nicht. „Was bei uns los ist, braucht niemand zu wissen“, sagt meine Mutter immer.
Als die Schule aus war, wollte ich am liebsten mit keinem reden. Doch Regine kam hinter mir hergerannt.
Regine ist noch nicht lange in unserer Klasse. Sie hat sich am ersten Tag ganz von allein neben mich gesetzt und mittags gehen wir oft zusammen bis zur großen Kreuzung.
„Sei doch nicht so traurig“, sagte sie. „Ich habe auch elf Fehler. Aber meine Mutter diktiert mir jetzt jeden Tag eine Seite, das hilft bestimmt. Das musst du auch machen.“
Plötzlich bin ich wütend geworden. Die hatte ja keine Ahnung! „Halt doch die Klappe!“, habe ich sie angebrüllt und dann musste ich heulen.
Regine ist neben mir stehen geblieben. „Was ist denn los?“, hat sie immer wieder gefragt. – Da habe ich ihr alles erzählt.
Sie hat zugehört und ein ganz komisches Gesicht gemacht und nichts mehr gesagt. Kein Wort. Nicht mal „Auf Wiedersehen“.

Zu Hause stand ein Haufen Geschirr herum, das musste ich abwaschen. Danach bin ich auf die Straße gegangen. Schularbeiten habe ich nicht gemacht. Ich habe mich auf die Treppenstufen gesetzt und gedacht: „Es hat ja doch keinen Zweck."
Auf einmal stand Regine neben mir.
„Tag, Lena", sagte sie. „Ich will dich abholen."
„Warum denn?", fragte ich und dachte: „Das meint sie ja doch nicht ernst."
„Du sollst mit zu uns kommen", sagte sie. „Dann können wir zusammen mit meiner Mutter Diktat üben."
„Warum denn?", fragte ich wieder und da sagte Regine: „Weil du versetzt werden sollst. Ich möchte gern mit dir in einer Klasse bleiben."
Wirklich, das hat sie gesagt. Genau so! Zuerst wollte ich es immer noch nicht glauben. Aber dann bin ich mit zu ihr gegangen und vielleicht wird jetzt alles gut.

2 Lies die Geschichte oder höre sie dir an. Beantworte die Fragen zum Inhalt:

1. Warum will Lena nicht sitzen bleiben?
2. Warum kann ihre Mutter nicht mit ihr lernen?
3. Wo steht Lenas Bett und was hat das für Folgen?
4. Was hat Lena Regine erzählt?
5. Warum holt Regine Lena ab?

3 Sprecht über die Geschichte:

- Könnt ihr die Reaktionen von Lena verstehen?
- Habt ihr schon einmal etwas Ähnliches erlebt? Erzählt.

4 EXTRA Untersuche, an welchen Stellen im Text Lenas Gefühle zum Ausdruck gebracht werden. Schreibe die Textstellen heraus.

5 EXTRA Schreibe eine Fortsetzung zu der Geschichte.

Im Team zusammenarbeiten

1 Schau dir die Zeichnung an. Wie verhalten sich die abgebildeten Personen?

2 Zeichne zwei große Sprechblasen in dein Heft; die obere gehört zu dem ersten Paddler, die untere zu dem zweiten.
Was könnte der erste Paddler sagen oder denken? Was könnte der zweite Paddler sagen oder denken? Schreibe in die Sprechblasen.

3 Arbeite mit deiner Nachbarin oder deinem Nachbarn zusammen. Tauscht eure Hefte und vergleicht eure Texte.

4 Welche Einzelheiten der Zeichnung passen nicht zur Teamarbeit, wie ihr sie euch vorstellt? Erläutert alle Punkte und schreibt sie auf.

Eine chinesische Geschichte

Es war einmal ein alter Mann, der hatte zehn Söhne. Als er im Sterben lag, rief er seine Söhne zu sich und nahm zehn Ess-Stäbchen zur Hand. Er gab jedem Sohn ein Stäbchen und forderte ihn auf, es zu zerbrechen. Jeder Sohn zerbrach sein Stäbchen ohne Schwierigkeiten.
Dann griff der alte Mann zu weiteren zehn Stäbchen. Diesmal band er sie zusammen und forderte jeden Sohn auf, wiederum zu versuchen, diese zu zerbrechen. Keiner von ihnen konnte die zusammengebundenen Stäbchen brechen, sosehr er sich auch bemühte. Sie sahen einander erstaunt an.

Da sagte der alte Mann: „Seht, jeder von euch ist wie ein Ess-Stäbchen: Ein Stäbchen ist leicht zu brechen. Wenn ihr euch vereint und zusammenarbeitet, dann seid ihr so stark, dass niemand euch leicht vernichten kann.“

5 Welche Aussagen passen zu der chinesischen Geschichte?
Schreibe die passenden Sätze ins Heft.

1. Der Vater will sehen, wer der Beste ist.
2. Wenn alle gemeinsam arbeiten, kommen alle zum Ziel.
3. Nur der Stärkere wird sein Ziel erreichen.
4. Zusammen geht vieles leichter und besser.
5. Kleine Schwächen lassen sich durch Stärken der anderen ausgleichen.

6 Fasse die Lehre dieser chinesischen Geschichte mit eigenen Worten zusammen.

Was dich stark macht

Im Team zusammenarbeiten

1. Halte dich an das, was ihr vereinbart habt.
2. Grenze niemanden aus und lass auch andere Meinungen gelten.
3. Bringe deine Ideen ein.
4. Sei bereit, Schwächeren zu helfen.
5. Stelle deine Interessen für das gemeinsame Ziel zurück.

7 Arbeite mit einer Partnerin oder einem Partner zusammen.

1. Lest den Kasten durch und schaut euch die Zeichnung auf der linken Seite noch einmal an.
2. Entwickelt gemeinsam ein Streitgespräch zwischen den beiden Personen.
3. Spielt das Gespräch in einem Rollenspiel.

8 **Erkenne dich selbst: So gut kann ich mit anderen zusammenarbeiten!**
Lies dir die folgenden Punkte durch und überlege, wie viele Smileys du dir geben würdest.

☺ Ich beachte die Regeln, die wir vereinbart haben.
☺ Meist gelingt es mir, auf andere Rücksicht zu nehmen.
☺ Ich bringe gern meine Ideen ein und unterstütze andere bei ihren Vorschlägen.
☺ Um das gemeinsame Ziel zu erreichen, würde ich mit jedem in der Gruppe zusammenarbeiten.

Und ich dachte ...

Online-Link
Hörverstehen
313271-0072

1 Lies den Text oder höre ihn dir an.

Rüdiger Severin

Handy-Verbot

Bei Herrn Fischer hatten wir Sport und Englisch. Er war einer von den strengen Lehrern. In keinem anderen Fach waren wir so ruhig wie bei ihm. Und mittwochs, nach den beiden Doppelstunden Sport und Englisch, hatte die neue Musiklehrerin dann keine Chance mehr ...
In Sport gab es klare Regeln. Inzwischen „vergaß" niemand mehr das Sportzeug und keiner meuterte[1] wenn nicht gerade seine oder ihre Lieblingssportart dran war. Denn das wussten wir: Wenn wir uns an die Regeln hielten, konnten wir einmal in der Woche eine Stunde frei spielen.
Seit einiger Zeit gab es eine neue Regel: Vor Beginn des Sportunterrichts mussten wir unsere Handys abgeben und auf die Bank neben der Lehrerumkleide legen. Eigentlich hatten gar nicht so viele von uns ein Handy, aber seit Fischer diese Regel aufgestellt hatte, kamen immer mehr mit Handy in die Schule. Und so brachten wir die Handys mit, damit wir sie in Sport abgeben konnten. Das sah dann jeder und machte mächtig Eindruck.
Ich hatte mir das Handy von meiner Schwester ausgeliehen und legte es dann an einem Mittwoch voller Stolz auf die Bank. Es war gutes Wetter und die Sonne schien durch die Fenster der Turnhalle. An dem Tag klappte sogar der Felgaufschwung, Fischer und ich waren mit mir zufrieden und Anja hatte mich zwei Mal angelächelt. Als die Stunde fast zu Ende war und wir auf dem Weg in die Umkleide waren, wollte ich das Handy mitnehmen, doch da stockte mir plötzlich der Atem:[2]
Viktor, der heute wegen einer Knieverletzung nicht mitmachen konnte, stand seelenruhig da und spielte – mit meinem Handy! Ich kochte vor Wut und wollte sofort auf ihn los. Dieser Viktor! [...] Vor ein paar Wochen war er aus der Auffangklasse in unsere Klasse gekommen. Eigentlich ein netter Kerl, wenn er auch überhaupt nicht auf Markenkleidung steht. Und jetzt spielte dieser Typ mit meinem Handy. [...] Na ja, vom Angucken geht das Handy ja nicht kaputt. [...] Also blieb ich stehen und sah ihn gönnerhaft[3] an. Der hätte wohl nie gedacht, dass ich so ein modernes Teil mit WAP-Funktion hätte. Aber jetzt traute ich meinen Augen nicht: Der Typ setzte noch einen drauf. Er blickte mir dreist[4] in die Augen, drückte auf die Tasten und fing an, wie selbstverständlich mit irgendwem zu telefonieren. Ich Idiot hatte vergessen, das Ding auszustellen, und so konnte Viktor ohne PIN-Nummer auf Kosten meiner Schwester telefo-

[1] meutern: sich weigern, protestieren

[2] mir stockte der Atem: ich hielt vor Schreck die Luft an

[3] gönnerhaft: von oben herab

[4] dreist: unverschämt

nieren. Dachte der, wir hätten so viel Geld und würden ihm das Telefonieren bezahlen? Das ging zu weit.

Als ich mich gerade auf ihn stürzen wollte, lächelte Viktor mich an und sagte ganz cool: „Hey, leg dein Handy aus der Sonne, so werden die Batterien schnell leer!“

Mit roten Ohren sah ich mein Handy auf der Bank liegen. Viktor hatte das gleiche Modell wie meine Schwester. „Und ich dachte, du hättest dir einfach mein Handy genommen!“, sagte ich noch schnell.

„Ich weiß“, antwortete Viktor, „sollen wir nachher in Musik ein paar SMS texten?“

2 Beantworte schriftlich die Fragen zum Inhalt der Geschichte.

1. Warum waren die Schüler im Sportunterricht besonders diszipliniert?
2. Warum brachten die Schüler zum Sportunterricht mehr Handys mit in die Schule?
3. Was erfährst du in der Geschichte über Viktor?
4. In der Geschichte geht es um ein Missverständnis. Wodurch wird dieses verursacht?

3 Schreibe die Stellen heraus, in denen die Gefühle des erzählenden Jungen deutlich werden, z. B.: *Zeile 23: … doch da stockte mir der Atem …*

4 Wie könnte die Geschichte weitergehen? Schreibe eine Fortsetzung dazu. Beachte dabei die Arbeitstechnik „Interessant und spannend schreiben“ (S. 66).

TIPP!
Ihr könnt auch eine Schreibkonferenz durchführen.

5 Stellt eure Fortsetzungen in der Gruppe vor und besprecht sie.

→ **Seite 93,** Arbeitstechnik „Eine Schreibkonferenz durchführen“

. . . hat Frau Kammer gesagt

1 Lies noch einmal diese Sätze aus der Geschichte auf Seite 68.

„Achtzehn Fehler, Lena!“, hat Frau Kammer gesagt.
Ich habe einen großen Schrecken bekommen.
Regine hat sich am ersten Tag neben mich gesetzt.
Plötzlich bin ich wütend geworden.
„Halt doch die Klappe!“, habe ich sie angebrüllt.
Regine ist neben mir stehen geblieben.
Sie hat zugehört und ein ganz komisches Gesicht gemacht.
Danach bin ich auf die Straße gegangen.

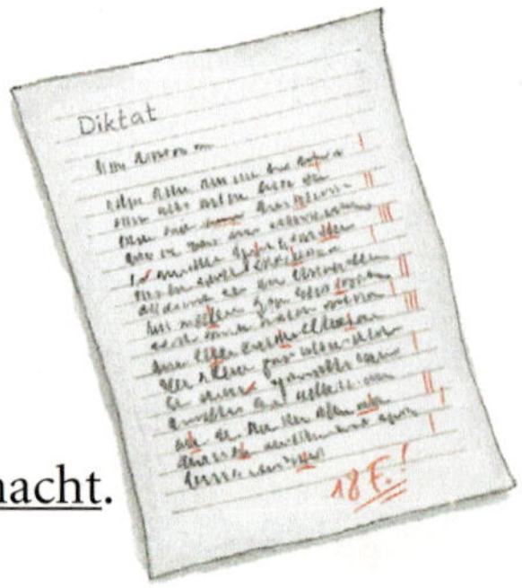

2 Schreibt die verwendeten Verbformen an die Tafel.

hat gesagt
habe bekommen
...

3 Wie habt ihr diese Zeitform bisher genannt?

4 Was ist beim Perfekt anders als beim Präteritum?

→ **Seite 43,** Zeitformen des Verbs: Präsens und Präteritum

5 Übernimm die Tabelle in dein Heft. Trage die unterstrichenen Verbformen aus Aufgabe 1 ein. Ergänze die Eintragungen wie im Beispiel.

Präsens	Präteritum	Perfekt	Grundform/Infinitiv
(sie) sagt	(sie) sagte	(sie) hat gesagt	sagen
...	...	(ich) habe bekommen	...
...	...	...	...

Merke

Das **Perfekt** verwendet man, wenn man über etwas Vergangenes erzählt. Beim Bilden des Perfekts helfen die Verben *haben* und *sein*. Sie heißen deshalb Hilfsverben.

... hat Dany erzählt

Dany hat folgende Geschichte über sein Hobby erzählt.

1 Lies Danys Geschichte.

„Wie bist du denn zum Segelfliegen gekommen?“, haben mich meine Freunde neulich gefragt. Ich habe ihnen erzählt:

Davon habe ich schon als kleiner Junge geträumt. Ich bin direkt neben einem Flugplatz aufgewachsen. Ich kann mich sogar noch daran erinnern: Schafe haben damals das Gras der Landebahn kurzgehalten. Ich bin zuerst immer mit meinem Bruder hingegangen; später bin ich direkt nach der Schule zum Flugplatz gelaufen.

Stundenlang habe ich zugesehen, wenn die Segelflugzeuge in großen Kreisen immer höher gestiegen sind. Den Tag, als ich zum ersten Mal mitgeflogen bin, habe ich bis heute nicht vergessen. Ich bin erst sieben Jahre alt gewesen, da hat mich mein Bruder im Flugzeug mitgenommen.

Eigentlich bin ich jede freie Minute auf dem Flugplatz gewesen. Ich habe mich dort auch nützlich gemacht. Zum Beispiel habe ich das Drahtseil mit eingeholt, damit der Nächste starten konnte. Später habe ich mit dem Rasentraktor den Platz gemäht. So ist allmählich mein Wunsch, Segelflieger zu werden, entstanden.

2 Erzählt, wie ihr zu euren Hobbys gekommen seid.

3 Schreibe die Perfektformen aus dem Text heraus, z. B.:

bist → gekommen   *haben → gefragt*

4 EXTRA Wandle die folgenden Sätze in Lawinensätze um, z. B.:

Er hat ... erzählt.
Er hat eine Geschichte erzählt.
Er hat eine Geschichte über sein Hobby erzählt.
Er hat seinen Freunden eine Geschichte über sein Hobby erzählt.

1. Er ist ... gelaufen.
2. Er ist ... gekommen.
3. Er hat ... geträumt.
4. Er ist ... gewesen.
5. Ich habe ... geholfen.
6. Ich bin ... gegangen.
7. Ich habe ... beobachtet.
8. Ich bin ... geflogen.

Was Emma geschrieben hat

Emma hat über die Lesenacht ihrer Klasse geschrieben.

1 In der Geschichte sind die Verben in Klammern angegeben. Sie stehen in der Grundform. Versuche, den Text trotzdem flüssig zu lesen.

(1)
Die Lesenacht hat mir besonders gefallen. Wir haben sie lange (planen). Sie hat in der Nacht vor den Ferien (stattfinden). Wir haben uns am Abend in der Schule (treffen). Jeder hat eine Luftmatratze, Schlafzeug und natürlich sein Lieblingsbuch (mitbringen). Unseren Raum haben wir extra mit Sitzkissen und Teelichtern (herrichten). Alle haben ihr Lieblingsbuch (vorstellen). Das Vorstellen der Bücher haben wir mit einem Lesewettbewerb (verbinden). Kati und Paul haben (gewinnen).

(2)
Manche haben zu ihren Büchern auch Bilder (malen). Wir sind natürlich die ganze Nacht wach (bleiben), haben Quatsch (machen) und uns Gruselgeschichten (erzählen). Bevor uns Frau Meyer am Morgen die Zeugnisse (ausgeben) hat, haben wir noch etwas (essen) und (trinken). Nur Stefan ist nicht dabei (sein). Er hat damals im Krankenhaus (liegen). Wir haben ihm einen langen Brief über unsere Lesenacht (schreiben).

2 Arbeitet zu zweit und teilt den Text auf. Schreibt den Text ab und setzt die Verben in der Perfektform ein, z. B.:
Wir haben sie lange geplant.

3 Kontrolliert gegenseitig eure Ergebnisse.

Rajus Geschichte

1 Raju stammt aus Indien. Er erzählt über sein Leben im Kinderheim. Lest die Geschichte und sprecht in der Klasse darüber, was Raju erlebt hat.

(1)
Im Kinderheim haben wir morgens Haferbrei mit Milch und abends mit irgendwas anderem drin bekommen. Außerdem nichts. Vor Hunger habe ich immer heimlich die weißen Blüten von den Büschen vor unserem Haus gegessen.

(2)
Einmal ist jemand gekommen, der eine Schüssel mit Reis und Soße in der Hand getragen hat. Der Geruch war so wunderbar. Ich habe kein bisschen davon abbekommen. Immerzu habe ich auf sein Essen gestarrt.

(3)
Im Kinderheim habe ich einmal mit zwei anderen Kindern Süßigkeiten gestohlen. Natürlich haben es die Erzieherinnen gemerkt und uns gefragt, ob wir sie genommen hätten. Die anderen beiden haben es sofort zugegeben. Sie mussten als Buße in der Ecke knien und ihre Ohrläppchen anfassen.

(4)
Ich wollte aber nicht bestraft werden. Deshalb habe ich alles abgestritten. Aber schließlich überführten mich die Erzieherinnen doch. Zur Strafe ließen sie mich im Essenraum eine Stunde lang auf einer hohen Kiste stehen, als alle anderen aßen. Weil das so scheußlich gewesen ist, ließ ich mich einfach fallen. Ich habe eine große Platzwunde an der Stirn bekommen …

2 Übernimm die Tabelle in dein Heft. Schreibe die Perfektformen aus dem Text heraus. Ergänze die anderen Formen wie im Beispiel.

→ **Seite 260/261,** Liste unregelmäßiger Verben

Perfekt	Präsens	Präteritum	Grundform/Infinitiv
wir haben bekommen	wir bekommen	wir bekamen	bekommen
ich habe gegessen	ich esse	ich aß	essen
…	…	…	…

6 Fantastisches

Fantasiefiguren

1 Welche fantastischen Figuren kennt ihr? Schreibt ihre Namen an die Tafel, z. B.:

Nixe
Flaschengeist
...

Sie sollen später in einer Fantasiekiste gesammelt werden.

2 Erzählt, was ihr über diese Figuren wisst.

Die Fantasiekiste

1 Von den Fantasiefiguren ist es nicht weit zu eigenen fantastischen Geschichten. In einer Fantasiegeschichte kommen aber noch viel mehr Dinge vor. Hier sind weitere Wörter für eure Fantasiekiste.

Honiginsel | Sternenstaub | Kleinmachertropfen | Ufo
Zauberstab | Feuerdrache | Waldlichtung
Spukschloss | Tarnkappe | Eisgebirge | Seeschlange
Bärenhöhle | Riesenschmetterling | Flugschuhe
Flugbesen | Windmühle | Feenschloss

Ordnet die Wörter an der Tafel den folgenden sechs Oberbegriffen zu:

1. Figuren, 2. Tiere, 3. Gebäude, 4. Landschaften und Orte,
5. Kleidungsstücke, 6. Gegenstände.

2 Die Fantasiekiste lässt sich schnell herstellen.
Ihr könnt dafür einen Schuhkarton verwenden. Schreibt die sechs Begriffe auf große Blätter. Kennzeichnet sie mit verschiedenen Farben an der rechten Ecke wie in der Abbildung.

3 Übertragt alle gesammelten Wörter einzeln auf Kärtchen.
Markiert sie ebenfalls mit den entsprechenden Farben.
Ordnet sie in eure Fantasiekiste ein.

TIPP!
Ihr könnt die Kärtchen auch in sechs Umschläge stecken.

4 Erfindet selbst Fantasiewörter, um eure Fantasiekiste aufzufüllen. Schreibt alle Wörter auf, die euch einfallen, z. B.:
Wunderei
Silberspiegel
Zauberhummel

Ordnet sie dann den sechs Oberbegriffen zu.

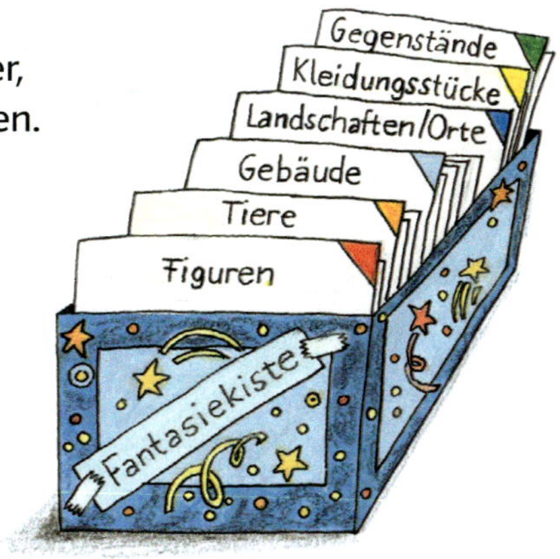

Fantastische Wörtergeschichten

→ **Seite 79,**
Aufgabe 1 bis 4

1 Erfindet gemeinsam eine Geschichte.
Sucht aus jedem Fach eurer Fantasiekiste oder aus jedem Umschlag einen Zettel. Legt alle sechs Zettel in die Mitte, z. B.:

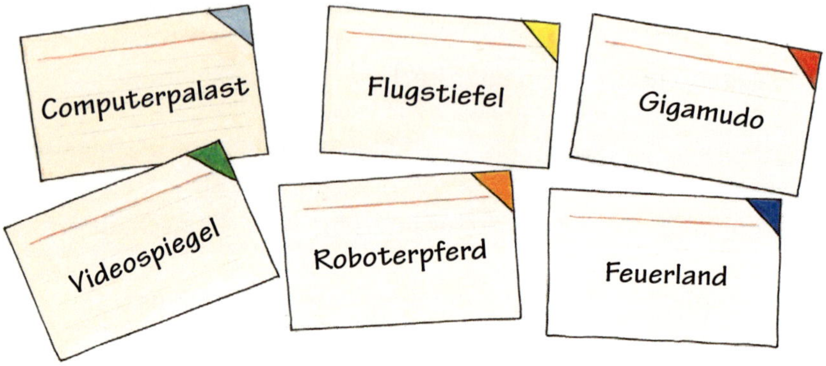

TIPP!
Am leichtesten geht das mit der Fantasiefigur.

2 Denkt darüber nach: Was fällt euch dazu alles ein?
Wer eine Idee für den Anfang der Geschichte hat, nimmt den Zettel, mit dem er beginnen will.

3 Erzählt nun die Geschichte nacheinander.
Wenn die Erzählerin oder der Erzähler nicht mehr weiterweiß, ist der Nächste dran. So geht es weiter, bis alle Wörter „verbraucht" sind und die Geschichte fertig ist, z. B.:

… Gigamudo stand vor dem Computerpalast und fragte sich, wer wohl darin wohnen könnte. Plötzlich öffnete sich der Monitor …

… Eine ganz in Silber gekleidete Frau kam auf einem Roboterpferd geritten. Sie bat Gigamudo herein …

… Zum Abschied schenkte sie Gigamudo einen Videospiegel, in dem man die ganze Welt sehen konnte …

4 Tauscht euch darüber aus, was bei dieser Art, Geschichten zu erzählen, einfach und was schwierig war.

5 Entwerft zu zweit eine Fantasiegeschichte.

→ **Seite 79,** Aufgabe 1 bis 4

1. Benutzt dazu eure Fantasiekarten. Einigt euch auf sechs Karten (aus jedem Bereich eine). Wählt solche Karten aus, zu denen euch gleich Ideen kommen.
2. Nehmt zuerst die Figurenkarte und überlegt, welche zweite Karte ihr für einen spannenden Anfang dazunehmen wollt. Denkt euch dazu in eure Fantasiegestalt hinein: Wie sieht sie aus? Was kann sie? Was hat sie vor? Notiert eure Ideen auf einem Stichwortzettel.
3. Wenn ihr euch entschieden habt, was am Anfang der Geschichte passieren soll, dann malt eine rote Linie auf ein großes Blatt. Das ist der „rote Faden" der Geschichte. Als erste Karte legt ihr die Figur an den Anfang der roten Linie. Darunter kommt die zweite Karte, die ihr ausgewählt habt.
   Jetzt überlegt euch genau, was nacheinander passieren könnte. Dabei ist es wichtig, dass ihr beide eure Ideen beitragt. Wenn ihr genügend Ideen entwickelt habt und euch einig seid, legt auch die übrigen Karten auf die rote Linie.
4. Wenn ihr wollt, könnt ihr euch Notizen zum Ablauf der Geschichte machen.

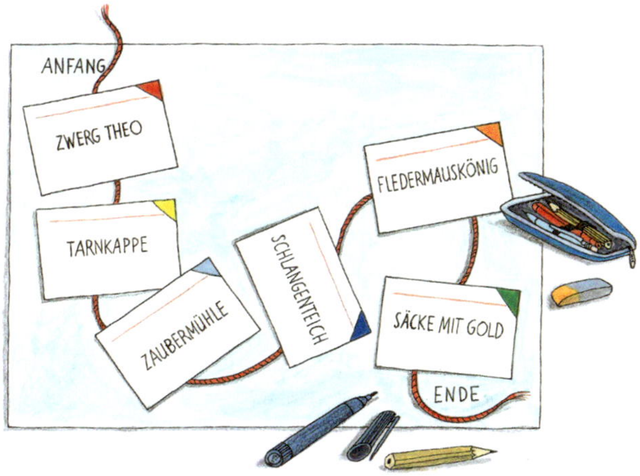

6 Nun könnt ihr den Anfang der Geschichte aufschreiben.
Wie beginnt sie? Entscheidet euch, wo die Hauptperson gerade ist: beim Schlafen, auf dem Pferd, auf einem fremden Stern, …
Dann lasst ihr etwas Ungewöhnliches passieren: Der Teller bekommt ein Gesicht und beginnt zu reden, die Katze verwandelt sich in eine Löwin, …

7 Schreibt die Geschichte zu Ende. Damit sie spannend wird, beschreibt die Personen und Gegenstände genau und schreibt auf, wie sie sich fühlen und was sie denken.
Behaltet beim Schreiben den Schluss im Auge. Er soll ja zur Geschichte passen. Überlegt euch einen passenden Schlusssatz, z. B.: *Bis heute weiß niemand …, Seitdem sieht man …*

→ **Seite 66,** Arbeitstechnik „Interessant und spannend schreiben"

8 Lest euch gegenseitig eure Geschichten vor.

9 EXTRA Besprecht eure Geschichten in einer Schreibkonferenz.

→ **Seite 93,** Arbeitstechnik „Eine Schreibkonferenz durchführen"

Verschwunden

1 Lies den Anfang der Geschichte von Bosse. Fasse in Stichworten zusammen, worum es in dem Text geht.

Astrid Lindgren

Mio, mein Mio (Anfang)

Hat jemand im vorigen Jahr am fünfzehnten Oktober Radio gehört? Hat jemand gehört, dass man nach einem verschwundenen Jungen forschte? So etwa sagten sie:

„Die Polizei in Stockholm sucht den neunjährigen Bo Vilhelm Olsson, der seit vorgestern Abend 18 Uhr aus der Wohnung Upplandsgatan 13 verschwunden ist. Bo Vilhelm Olsson hat helles Haar und blaue Augen und war mit kurzen Hosen, einem grauen Pullover und einer kleinen roten Mütze bekleidet. Mitteilungen über den Verschwundenen nimmt jede Polizeidienststelle entgegen."

Ja, so sagten sie. Aber es kamen niemals irgendwelche Mitteilungen über Bo Vilhelm Olsson. Er war fort. Niemand erfuhr jemals, wo er geblieben ist. Keiner weiß es. Außer mir. Denn ich – ich bin Bo Vilhelm Olsson.

Ich wünschte nur, dass ich zumindest Benka alles erzählen könnte. Mit Benka habe ich immer gespielt. Benka wohnt auch in der Upplandsgatan. Eigentlich heißt er Bengt, aber alle nennen ihn Benka. Und zu mir sagt natürlich niemand Bo Vilhelm. Sie sagen einfach Bosse.

Ich meine, sie sagten Bosse. Jetzt, da ich verschwunden bin, können sie gar nichts mehr sagen. Nur Tante Edla und Onkel Sixten sagten Bo Vilhelm zu mir. Ja, eigentlich sagte Onkel Sixten gar nichts. [...]

Ich war Pflegekind bei Tante Edla und Onkel Sixten. Ich kam zu ihnen, als ich ein Jahr alt war. Vorher wohnte ich in einem Kinderheim. Von dort hat mich Tante Edla geholt. Sie wollte zwar lieber ein Mädchen haben, aber es war keines da. Deshalb nahm sie mich. Dabei mögen Onkel Sixten und Tante Edla Jungen nicht leiden. Schon gar nicht, wenn sie acht, neun Jahre alt werden. Sie fanden, ich brächte zu viel Unruhe ins Haus und ich trüge zu viel Schmutz hinein, wenn ich draußen im Tegnérpark gespielt hatte, ich schmisse meine Kleider umher und ich redete und lachte zu laut. Tante Edla sagte immer, der Tag, an dem ich ins Haus gekommen bin, sei ein Unglückstag gewesen. Onkel Sixten sagte nichts. Doch, manchmal sagte er: „Du da, scher dich weg[1], damit ich dich nicht zu sehen brauche."

Meistens war ich bei Benka. Sein Vater sprach immer viel mit ihm, und er half ihm Modellflugzeuge bauen und machte Striche an der Küchentür, um zu sehen, wie Benka größer wurde, und all so etwas. Benka durfte lachen und sprechen und seine Kleider herumliegen lassen, so viel er wollte. Sein Vater hatte ihn trotzdem lieb. Und alle Jungen durften zu Benka nach

[1] scher dich weg: geh weg, hau ab

Hause kommen und spielen. Zu mir durfte keiner kommen. Tante Edla sagte: „Hier wird nicht geschrien und getobt." Und so dachte auch Onkel Sixten. „Der eine Lümmel[2], den wir haben, reicht uns", sagte er.
Wenn ich in meinem Bett lag, wünschte ich mir manchmal, Benkas Vater wäre auch mein Vater. Und dann grübelte ich, wer wohl mein richtiger Vater sein mochte und warum ich nicht bei ihm und bei meiner richtigen Mutter sein durfte, sondern zuerst in einem Kinderheim und danach bei Tante Edla und Onkel Sixten sein musste. Tante Edla hatte mir gesagt, meine Mutter sei gestorben, als ich geboren wurde. Wer mein Vater sei, das wisse niemand. Aber man könnte sich ja leicht ausrechnen, was das für ein Lump[3] sei. Ich hasste Tante Edla, weil sie so von meinem Vater sprach. Vielleicht stimmte es, dass meine Mutter starb, als ich geboren wurde. Aber mein Vater war kein Lump, das wusste ich. […]
Ein Mensch war gut zu mir, das war Tante Lundin im Obstgeschäft. Hin und wieder schenkte sie mir Leckereien und Obst.
Jetzt, hinterher, grüble ich, wer Tante Lundin eigentlich ist. Denn es war ja bei ihr, wo es anfing, damals im vorigen Jahr an dem Tag im Oktober.
An diesem Tag hatte Tante Edla schon ein paar Mal zu mir gesagt, es sei ein Unglück, dass ich ins Haus gekommen sei. Abends dann, kurz vor sechs Uhr, sagte sie zu mir, ich solle zur Bäckerei in der Drottninggatan laufen und ihr eine Tüte Zwieback holen, den sie so besonders gern mochte. Ich setzte meine rote Mütze auf und ging.
Als ich am Obstladen vorbeikam, stand Tante Lundin in der Tür. Sie fasste mich beim Kinn und sah mich lange, lange ganz seltsam an. Endlich sagte sie: „Willst du einen Apfel haben?" „Ja, bitte", sagte ich. Und sie gab mir einen schönen roten Apfel, der wunderbar aussah. Dann sagte sie: „Willst du eine Karte für mich in den Briefkasten werfen?" „Ja, gern", sagte ich. Da schrieb sie einige Zeilen auf eine Karte und gab sie mir. „Leb wohl, Bo Vilhelm Olsson", sagte Tante Lundin. „Leb wohl, leb wohl, Bo Vilhelm Olsson." Es klang so merkwürdig. Sonst sagte sie doch immer nur Bosse.
Ich rannte zum Briefkasten einige Straßen weiter. Gerade als ich die Karte in den Schlitz werfen wollte, sah ich, dass es um sie her leuchtete und strahlte wie von Feuer. Ja, die Buchstaben, die Tante Lundin geschrieben hatte, leuchteten wie Flammenschrift. Ich konnte es nicht lassen, ich musste sie lesen. Und das stand auf der Karte:

An den KÖNIG LAND DER FERNE Er ist auf dem Weg, er, den du so lange gesucht hast. Er reist durch Tag und Nacht, und er hält in seiner Hand das Zeichen, den goldenen Apfel. […]

[2] der Lümmel (die Lümmel): ein Junge, der sich schlecht benimmt

[3] der Lump (die Lumpen): früher die Bezeichnung für einen schlechten Menschen

2 Erkläre, weshalb die Geschichte im Kapitel „Fantastisches" steht.

3 Wie könnte die Geschichte weitergehen? Schreibe sie zu Ende.

Das Gespenst

1 Versuche, den folgenden Text vorzulesen.

Dasgespenst

Indenferienbesichtigteichmitmeinenelterndieruineeineraltenburg. Daswareinbesondereserlebnisundwirhattenvielspaß.Hierlernteichkunibertkennen. Kunibertisteingespenst. Eslebtschonseit500jahrenhier. Kunibertwareinritter,undseinzuhauseistdiefolterkammer. Dortsitzter, seitdemerseinefraukunigundeumgebrachthat. Nurummitternachtdarferdieburgverlassen. Dageistertundspukterumdasalteschlossundjagtdenmenscheneinenschreckenein.

2 Schreibe den Text in der richtigen Schreibweise auf.

3 Unterstreiche alle Nomen/Substantive. Wie viele Nomen/Substantive zählst du?

4 Vergleiche dein Ergebnis mit deiner Nachbarin oder deinem Nachbarn. Überprüft mithilfe der folgenden Tests, ob ihr alle Nomen/Substantive gefunden habt.

Arbeitstechnik

Tests zur Großschreibung von Nomen/Substantiven

So kannst du prüfen, ob ein Wort großgeschrieben wird:

1. Könnte man das, was das Wort bezeichnet, sehen oder anfassen?
2. Kann man das Wort mit einem der Artikel *der, die, das* kombinieren?
3. Endet das Wort auf *-keit, -nis, -schaft, -ung, -heit, -tum*?
4. Lässt sich direkt vor das Wort ein Adjektiv setzen, welches sich dabei verändert?

Kannst du eine dieser Fragen mit „ja“ beantworten, wird das Wort großgeschrieben.

Merke

Wörter am Satzanfang und Nomen/Substantive werden großgeschrieben.

5 Überimm die Tabelle in dein Heft und trage die Nomen/Substantive aus Aufgabe 3 ein.

männlich	**weiblich**	**sächlich**
der; ein	die; eine	das; ein
…	…	das Gespenst

6 Als Begleiter können auch die Wörter *mein, dein, sein, ihr, unser, euer* auftreten, z. B.: unser Erlebnis.
Kombiniere die folgenden Nomen/Substantive mit den besitzanzeigenden Fürwörtern *mein, dein, sein, ihr, unser, euer.*

→ **Seite 125,** Merksatz zu den Pronomen

Überraschung | Wünsche | Freunde | Traum | Geschichte

Idee | Kerzen | Abenteuer | Nachtwanderung | Erlebnis

7 Die meisten Nomen/Substantive können in der Einzahl und Mehrzahl stehen, z. B.: der Ritter – die Ritter, die Burg – die Burgen.
Wie verändern sie sich, wenn man sie in die Mehrzahl setzt?

8 Übernimm die Tabelle in dein Heft. Trage die Nomen/Substantive aus Aufgabe 3 ein.

Einzahl (Singular)	**Mehrzahl (Plural)**
das Gespenst	die Gespenster
…	…

Merke

Als Begleiter des Nomens/Substantivs treten auf:
- die **bestimmten Artikel** *der, die, das; die*
- die **unbestimmten Artikel** *ein, eine*

Die **besitzanzeigenden Fürwörter** (Possessivpronomen) *mein, dein, sein, ihr, unser, euer* können ebenfalls als Begleiter auftreten. Sie geben an, zu wem etwas gehört.

Sonderbares Geschlecht

Mark Twain

Substantive und ihr Geschlecht

In Deutschland fangen alle Substantive mit einem Großbuchstaben an. Das ist nun mal eine gute Idee; und eine gute Idee fällt in dieser Sprache notwendigerweise wegen ihrer Seltenheit auf. Ich halte die Großschreibung der Substantive für eine gute Idee, weil man daran fast immer das Hauptwort erkennen kann, sobald man es sieht. […]
Jedes Substantiv hat ein Geschlecht und in dessen Verteilung liegt kein Sinn […]; deshalb muss das Geschlecht jedes einzelnen Hauptwortes für sich auswendig gelernt werden. Es gibt keinen anderen Weg. Zu diesem Zwecke muss man das Gedächtnis eines Notizbuches haben. Im Deutschen hat ein Fräulein kein Geschlecht, während eine weiße Rübe eines hat. […]

1 Mark Twain schreibt, dass man in der deutschen Sprache das Geschlecht der Nomen/Substantive nicht erklären kann. So kann man z. B. nicht ableiten, warum *Sonne* weiblich, *Stern* männlich und *Wetter* sächlich sind. Nennt weitere Beispiele.

TIPP!
Der Artikel wird bei Namen nur selten gebraucht, dennoch haben sie einen.

2 Schreibe alle Nomen/Substantive, die im Text vorkommen, untereinander in dein Heft. Setze einen Artikel davor, z. B.:

- das Deutschland
- der Großbuchstabe
- das Substantiv
- die Idee …

3 *-heit, -keit, -ung, -nis* – Schreibe die Nomen/Substantive mit den richtigen Endbausteinen auf. Setze jeweils den Artikel dazu, z. B.:
die Spannung …

NEUKEIT | GEHEIMKEIT | ERLEBUNG | EINSAMNIS | EREIGUNG
ÄNGSTLICHHEIT | ERLAUBUNG | VERWIRRNIS | ERZÄHLKEIT
WAHRNIS | SPANNHEIT | SICHERNIS | KRANKUNG | EINLADHEIT
SCHÖNUNG | ZEUGHEIT | GRAUSAMHEIT | VERANSTALTNIS

4 Stelle fest, welches Geschlecht die Wörter mit den Endbausteinen *-heit*, *-keit* und *-ung* haben. Notiere Beispiele.

5 Lies einen Text und schreibe ihn richtig auf. **Wähle A oder B:**
A: Ein Text über Käpt'n Blaubär
B: Ein Text über das Gespenst von Canterville

A

Käpt'n Blaubär

Dort, wo das land dem meer am nächsten ist, steht auf einer einsamen klippe ein altes segelschiff. Da wohnt käpt'n blaubär. Er heißt nicht nur blaubär. Er sieht auch so aus. Er hat ein blaues fell, das von wind und wetter gegerbt ist. O ja, der käpt'n ist ein alter seebär,[1] der jahrelang unterwegs war und dabei schon die dollsten abenteuer erlebt hat, die allerdollsten. Überall ist er schon gewesen: unter der sengenden[2] sonne des äquators und eingefroren im ewigen eis der arktis. Sogar bei den mondmonstern war er schon, da hat er sich einfach von einer riesigen welle, wie sie immer bei ebbe und flut entsteht, auf den mond spülen lassen – jedenfalls behauptet käpt'n blaubär das. […]

[1] der Seebär (die Seebären): Bezeichnung für einen erfahrenen Seemann

[2] sengend: sehr heiß

B

Oscar Wilde

Das Gespenst von Canterville

Ein altes Schlossgespenst versucht, die neuen Bewohner des Schlosses wieder zu vertreiben:

Über das geräusch des regens und des sturmes hinweg hörte der geist das gleichmäßige schnarchen des botschafters […] Geräuschlos schlich das schlossgespenst weiter und weiter wie ein grausiger schatten. Einmal glaubte der geist, jemanden zu hören und hielt inne;[3] es war aber nur das bellen eines hundes. So ging er weiter, murmelte seltsame flüche des sechzehnten jahrhunderts und stach in einem fort mit seinem rostigen dolch in der mitternachtsluft herum. […] Dann glaubte der geist, seine zeit sei gekommen. Frohlockend warf er sich in die brust[4] und ging um die ecke. Doch kaum war er so weit, als er mit einem jämmerlichen schreckensschrei zurücksprang und sein erbleichtes gesicht mit seinen langen knöchernen händen bedeckte. Vor ihm stand ein riesiges gespenst […]

[3] innehalten: anhalten

[4] sich in die Brust werfen: sich stolz aufrichten

6 EXTRA Lies auch den anderen Text. Untersuche, in welchem Text mehr Nomen/Substantive vorkommen.

Täler und Berge – Riesen und Zwerge

1 Bilde die Mehrzahl, z. B.: Täler und Berge – Riesen und Zwerge

1. tal und berg – riese und zwerg
2. ratte und maus – floh und laus
3. gespenst und geist – lehrling und meister
4. fluss und see – hexe und fee
5. schloss und palast – diener und gast
6. burg und herd – ritter und pferd
7. wald und baum – wolle und schaum
8. mauer und wand – fuß und hand
9. haus und raum – wald und baum
10. prinz und fee – meer und see
11. märchen und traum – wiese und baum

TIPP!
Wenn du unsicher bist, wende die Tests zur Großschreibung auf Seite 84 an.

2 Lies die Reime flüssig vor.

3 Schreibe die Reime in richtiger Groß- und Kleinschreibung auf.

4 Schreibe den folgenden Text ab. Schreibe die Nomen/Substantive groß und unterstreiche sie.

Lippels fantasiegeschichte

Lippel heißt eigentlich philipp. Jede nacht liest er heimlich in seinem versteck die tollsten geschichten. Als seine eltern eines tages dienstlich nach wien fahren, soll frau jakob, eine bekannte, auf ihn aufpassen. Mit ihr kommt Lippel nicht besonders gut zurecht. Als er nachts wieder einmal heimlich in seinem versteck sitzt und in einem spannenden buch liest, erwischt ihn frau jakob und nimmt ihm das buch weg. Lippel weiß, dass sie es nicht mehr hergeben wird, bevor seine eltern zurück sind. Und dabei hätte er zu gerne gewusst, wie es in der geschichte mit dem prinzen weitergeht. Ob der prinz es schaffte, eine woche lang kein einziges wort zu sagen? Lippel nimmt sich vor, die geschichte einfach weiterzuträumen.

Nicht so einfach

1 Versuche, den Text flüssig zu lesen.

Mira Lobe

Deutsch ist schwer

deutsch ist schwer.
das kann ich beweisen,
bitte sehr!
herr maus heißt zum beispiel mäuserich,
herr laus aber keineswegs läuserich.
herr ziege heißt bock,
aber herr fliege nicht flock.
frau hahn heißt henne,
aber frau schwan nicht schwenne.
frau pferd heißt stute,
frau truthahn pute,
und vom schwein die frau heißt sau.
und die kleinen sind ferkel.
ob ich mir das merkel?
und herr kuh ist gar ein doppeltes tier,
heißt ochs oder stier,
und alle zusammen sind rinder.
aber die kinder sind kälber!
na, bitte sehr, sagt doch selber:
ist deutsch nicht schwer?

2 Schreibe den Text ab. Schreibe dabei die Satzanfänge und die Nomen/Substantive groß.

7 Geheimnisvolle Vorgänge

Was passiert hier?

1 Seht euch das Bild auf Seite 90 an. Was fällt euch dazu sofort ein?
Sammelt eure Ideen an der Tafel, z. B.:

Festessen auf dem Meeresgrund
Heute gibt es Fisch
...
...

Ihr könnt beim Sammeln von Ideen auch ein Wörternetz knüpfen.

→ **Seite 65,** Arbeitstechnik „Ein Wörternetz knüpfen“

2 Erfinde nun eine Geschichte zu dem Bild und schreibe sie auf.

3 Lest eure Geschichten in der Klasse vor.
Die Zuhörer machen sich Notizen.

4 Besprecht anschließend,
- was euch an den Geschichten gefallen hat,
- was man noch besser machen könnte.

Beachtet die Regeln für eine hilfreiche Rückmeldung.

→ **Seite 37,** Arbeitstechnik „Eine Rückmeldung geben“

Eine Geschichte planen ...

→ **Seite 65,** Arbeitstechnik „Ein Wörternetz knüpfen"

1 Manchmal muss man etwas länger überlegen und die Geschichte, die man schreiben will, planen.
Seht euch dieses Erzählbild genau an und sammelt eure Ideen.
Ihr könnt dazu wieder ein Wörternetz benutzen.

2 Ordnet eure Ideen. Ihr könnt dabei so vorgehen:

TIPP!
Achtet auch auf Kleinigkeiten!

Wie alt ist der Junge?
Wie heißt er?
Was denkt er?
Was fühlt er?

Wo spielt die Geschichte?

Was geschah vorher?
Was geschieht nachher?

Wie sieht das Paket aus –
Größe, Form, Farbe, ...?

... schreiben und besprechen

1 Bevor ihr mit dem Schreiben beginnt, überlegt gemeinsam einen ersten Satz. Der erste Satz einer Geschichte ist wichtig, z. B.:
Heute ist für den kleinen Alfred Long ein besonderer Tag.
oder: *So hatte sich Alfred das nicht vorgestellt.*

Besprecht, was euch an den Beispielsätzen gefällt.
Wie würdet ihr den ersten Satz formulieren?

TIPP!
Stell dir beim Schreiben einen „roten Faden" vor wie auf S. 81.

2 Nun schreibt jeder eine Geschichte zu dem Bild.
Du kannst dir zuerst Notizen zum Verlauf der Geschichte machen. Denke daran, dass du die Geschichte nicht nur für dich, sondern auch für andere schreibst. Sie muss verständlich sein. Vergiss deshalb nichts Wichtiges und mache keine Gedankensprünge, sonst entstehen „Erzähllöcher".

→ **Seite 66,** Arbeitstechnik „Interessant und spannend schreiben"

3 Gib deiner Geschichte eine passende Überschrift.

4 Besprecht eure Geschichten in einer Schreibkonferenz. Beachtet dabei die folgende Arbeitstechnik:

Arbeitstechnik

Eine Schreibkonferenz durchführen

1. Setzt euch in Gruppen zusammen.
2. Einer aus der Gruppe liest seine Geschichte vor. Dann können die anderen Fragen stellen, falls etwas in der Geschichte unklar sein sollte.
3. Besprecht gemeinsam folgende Fragen und gebt dem Verfasser eine Rückmeldung:
   Was hat euch besonders gut gefallen? Was hat euch nicht gefallen? Konntet ihr der Geschichte bis zum Schluss folgen oder gab es „Erzähllöcher"? Passt die Überschrift zum Text? Weckt sie das Interesse der Zuhörer/Leser?
4. Der Verfasser macht sich Notizen und überarbeitet anschließend seine Geschichte. Dabei achtet er auch auf die sprachliche Richtigkeit.

5 Übertrage deinen Text in sauberer Schrift auf ein Blatt Papier.
Du kannst auch den Computer nutzen.

Vom Bild zur Geschichte

1 Sieh dir das Bild an.

Denk dir Antworten auf folgende Fragen aus und schreibe sie auf.

1. Ist das Baby im Körbchen ein Junge oder ein Mädchen? Wie heißt es? Wie alt könnte es sein?
2. Wo steht das Körbchen?
3. Was geschah vorher: Wer hat das Körbchen gebracht? Wann wurde das Körbchen gebracht? Warum wurde das Körbchen mit dem Kind hier hingestellt? Wer hat den Brief geschrieben und was steht darin?
4. Was passiert nachher: Wer findet das Kind? Was geschieht mit dem Kind?
5. Was wird in einigen Jahren sein?

2 EXTRA Zehn Jahre später zeigen die Eltern dem Kind seine Babysachen und den Brief von seiner leiblichen[1] Mutter. Erfinde einen Brief, den das Kind daraufhin seiner Mutter schreibt.

[1] die leibliche Mutter: die Mutter, die das Kind geboren hat

3 EXTRA Schreibe eine Findelkind-Geschichte. So könntest du beginnen:
Die Notrufklingel läutete, als jemand das Körbchen mit dem friedlich schlafenden Kind abgestellt hatte. Neben dem Kind lag ein Brief.
Gib deiner Geschichte eine passende Überschrift.

→ **Seite 93,** Arbeitstechnik „Eine Schreibkonferenz durchführen“

4 EXTRA Besprecht eure Geschichten in einer Schreibkonferenz. Überarbeitet sie anschließend.

Von der Geschichte zum Bild

1 Ines Janke und Mareike Götte (beide 11 Jahre alt) haben folgende Geschichten geschrieben. Besprecht die Texte.

TIPP!
Nutzt dazu die Fragen aus der Arbeitstechnik auf S. 93, Punkt 3.

Das riesengroße Ei

Irgendwann, vor langer Zeit, legte ein Huhn ein Ei. Das war ja nichts Besonderes, aber dieses Ei wuchs und wuchs, und nach und nach hob es vom Boden ab. In diesem Ei aber wohnte ein Mädchen. Jeden Morgen, nachdem es aufgestanden war, öffnete es eine Klappe und guckte sich die Welt unter sich an. Das Mädchen war acht oder neun Jahre alt und hieß Susanne. Susanne hatte sich in dem Ei eine sehr gemütliche Wohnung eingerichtet. Ihr fehlte es an nichts und sie war sehr glücklich. Einmal im Jahr kam sie auf die Erde, um das Huhn zu besuchen, das das Ei gelegt hatte, in dem sie wohnte. Das Huhn war ja sozusagen ihre Mutter. Ihre Mutter erzählte ihr jedes Mal, wenn sie kam, folgende Geschichte: Irgendwann, vor langer Zeit, legte ein Huhn ein Ei. Das war ja nichts Besonderes, …

Jana im Ei

Jana war in ihrer Klasse eine Außenseiterin. Keiner wollte etwas mit ihr zu tun haben, denn sie war verträumt, sehr verträumt.
Jana dachte nie an die Realität, sondern sie dachte, sie wäre ein Hund oder ein Baum. Aber sie selbst war sie nie.
Eines Nachts kam ein kleiner Drache zu ihr. Er sagte: „Jana, du musst du sein und kein Vogel und kein Baum. Du musst endlich zu dir finden, und deshalb sperre ich dich jetzt in ein großes fliegendes Ei, mit dem du die Erde von oben anschauen kannst, um endlich zu dir zu finden. Wenn du wieder du bist, darfst du unten auf der Erde leben." Doch auch im großen, fliegenden Ei fand sie nicht zu sich. Deshalb kam sie nie mehr auf die Erde, sondern schaute sie immer von oben an.

2 Wähle eine Geschichte aus und male dazu ein Bild.

Das Löwentreffen

1 Sieh dir das Bild an. Du sollst dazu eine Geschichte schreiben.

Überlege zunächst:

1. Wer soll die Hauptfigur in meiner Geschichte sein, einer der beiden Löwen oder das kleine Mädchen oder der Mann?
2. Was sollte man über die Hauptfigur wissen: Wie heißt sie? Wo lebt sie? Was tut sie normalerweise?
3. Was denkt, fühlt oder sagt hier die Hauptfigur? Was denken, fühlen oder sagen die anderen Figuren?
4. Wo und wann soll die Geschichte spielen?
5. Was geschah, bevor sich die beiden Löwen getroffen haben?
6. Was geschieht mit den Löwen bei ihrem Treffen?
7. Was passiert, nachdem sich die Löwen getroffen haben?

Notiere deine Antworten in Stichworten.

2 Entscheide, ob du aus der Sicht der Hauptfigur oder ob du über die Hauptfigur erzählen willst, z. B.:

- *Ich bin Leo Löwenmähne und lebe im Zirkus „Artelli“ …*
- *Im Zirkus „Artelli“ lebte ein mächtiger Löwe namens Leo. Er …*

Wenn aber beispielsweise das Mädchen die Hauptfigur ist, könnte deine Geschichte so beginnen:

- *Ich heiße Lisa und bin …*
- *Es war einmal ein Mädchen. Es hieß Lisa …*

3 Schreibe den Anfang deiner Geschichte, z. B.:
Im Zirkus „Artelli" lebte ein mächtiger Löwe. Er hieß … Bei jeder Zirkusvorstellung brüllte er gehorsam und sprang durch einen feurigen Reifen. Aber nachts dachte er immer nur an eines …
Oder:
Es war einmal ein Mädchen namens Lisa. Ihr Schulweg führte sie täglich an dem Löwendenkmal auf dem Marktplatz vorbei. Aber gestern traute sie ihren Augen nicht, als sie auf den Markt kam …

TIPP!
Der Anfang sollte die Zuhörer oder Leser auf die Geschichte neugierig machen.

4 Erzähle nun, wie sich alles der Reihe nach ereignet hat. Suche passende Wörter für die Gefühle der Löwen und die der anderen Figuren. Lass deine Figuren auch denken und sprechen, z. B.:

→ **Seite 66,** Arbeitstechnik „Interessant und spannend schreiben"

„Wenn ich doch nur ein einziges Mal …"

„Ich bin so unglücklich! Immer muss ich armer Löwe hier …"

„Das glaube ich jetzt nicht, der Löwe ist …"

„Na so was, wo ist denn …"

5 Gib deiner Geschichte eine passende Überschrift.

TIPP!
Beachtet dabei die Fragen auf Seite 93, Punkt 3.

6 Besprecht eure Geschichten.

7 Lest, was für einen Schluss Fatima und Valentin ihrer Geschichte gegeben haben. Entscheidet, welcher Schluss euch besonders gut gefällt.
Fatima:
23 Uhr. Stolz lag Leo auf dem Sockel und blickte in die Sterne. Niemand hatte den Tausch bemerkt. Wenn die Marktuhr 12-mal schlägt, wird Otto wie jede Nacht hier sein.
Valentin:
Wir sind müde und hungrig vom langen Weg. Aber in der letzten Nacht ist es uns gelungen, uns auf einem Schlachthof satt zu fressen. Wir beide, Leo und ich, werden weitertraben, wenn die Menschen schlafen. Irgendwann erreichen wir Afrika.

8 Notiert in Stichworten, wie die Ereignisse in Fatimas oder Valentins Geschichte abgelaufen sein könnten.

p, t, k oder b, d, g? – Ableiten hilft!

1 Wie schreibt man das Wort am Ende? Überlegt:

Problem:	Hilfe:	Lösung:
Wie schreibt man das Wort am Ende?	Kann man das Wort verlängern? Ja!	Jetzt kann man erkennen, wie man das Wort schreibt:
Spu? – mit g oder k?	spu ken	spuken und Spuk mit k
Zwer? – mit g oder k?	Zwer ge	Zwerge und Zwerg mit g
Gel? – mit d oder t?	Gel der	Gelder und Geld mit d
Wel? – mit d oder t?	Wel ten	Welten und Welt mit t
hal? – mit b oder p?	hal ben	halbe und halb mit b

2 Welche Buchstaben fehlen bei diesen Wörtern?

g oder k: Wer?, Bur?, Zwer?, We?
d oder t: Hun?, leich?, lau?, Wan?
b oder p: Lo?, gi?, Rau?, Kal?, Gra?

Sprich die Ableitungsschritte mit und schreibe jedes Wort mit Ableitung in eine neue Zeile, z. B.:
Werk ← k → Wer ke
Hund ← d → Hun de

3 Bei diesen Wörtern ist es noch etwas schwieriger, den richtigen Buchstaben herauszufinden. Warum? Wie kannst du dir hier helfen?

Ber?spitze, Bur?tor, Han?werker, Lan?schaft,
Gol?sack, Ra?haus, Ran?stein

Sprich die Ableitungsschritte beim Schreiben mit, z. B.:
Bergspitze: Berg lässt sich verlängern zu Berge, also mit g.

Schreibe so:
Bergspitze ← g → Ber ge

ä oder e, äu oder eu? – Ableiten hilft!

1 Überlege:

Problem:	**Hilfe:**	**Lösung:**
Schreibt man das Wort mit ä oder e, mit äu oder eu?	Gibt es verwandte Wörter mit a oder au? Ja!	Jetzt weißt du, ob man ä oder äu schreibt.
W?lder – mit **ä** oder **e**?	W**a**ld	Wälder (W**a**ld) mit **ä**
B?me – mit **äu** oder **eu**?	B**au**m	Bäume (B**au**m) mit **äu**
f?llt – mit **ä** oder **e**?	f**a**llen	fällt (f**a**llen) mit **ä**
L?fer – mit **äu** oder **eu**?	l**au**fen	Läufer (l**au**fen) mit **äu**

2 Schreibe zu jedem Wortpaar eine Erklärung, wie man die Wörter ableiten kann, damit aus *a* ein *ä* und aus *au* ein *äu* wird, z. B.:
Mann → Männer: a (Einzahl) → ä (Mehrzahl)
Mann – Männer, Mann – Männchen, lang – länger, Traum – träumen, Tag – täglich, backen – Bäcker, halten – er hält, verkaufen – Verkäufer, kam – käme, gesamt – sämtlich, laufen – du läufst

3 **ä-äu-Wettbewerb:** Wer findet die meisten Begriffe mit **ä** und **äu** zu folgenden Wörtern? Zum Beispiel: Land – Länder – Länderspiel …
Land, Band, Wald, Garten, Angst, Anfang, Ball, Dach, Stadt, Mantel, Hals, Kamm, schlafen, Schrank, Kraft, tragen, anfangen, fallen, graben, waschen, Baum, Haut, Raum, laufen, Kraut, kaufen, außen

Arbeitstechnik

Die richtige Schreibung ableiten

Wenn du nicht sicher bist, ob am Ende des Wortes oder der Silbe *b, d, g* oder *p, t, k* geschrieben werden, dann verlängere das Wort. Bilde bei Verben die Grundform, bei Nomen die Mehrzahl und bei Adjektiven die erste Steigerungsform *(gib? → geben; Berg? → Berge; rund? → runder).*
Wenn du nicht sicher bist, ob du *ä* oder *e*, *äu* oder *eu* schreiben sollst, dann leite das Wort ab: Suche ein Wort aus der Wortfamilie, das dir die Frage beantwortet.

Das ableitbare h

1 Überlege:

Problem:	**Hilfe:**	**Lösung:**
Wie schreibt man das Wort am Ende?	Verlängere das Wort oder bilde die Grundform und sprich in Silben:	Jetzt kann man das h sprechen:
Re**?** – mit **h**?	Re he	Rehe und Re**h** mit **h**
ge**?** – mit **h**?	ge hen	gehen und ge**h** mit **h**
ste**?**– mit **h**?	ste hen	stehen und ste**h** mit **h**

2 Suche zu den markierten Befehlsformen die Grundform des Verbs. Sprich die Verben beim Schreiben in Silben mit, z. B.:
zieh ← h → zie hen.

Zieh am Glockenseil! Sieh nicht zu den Sternen! Dreh am Knopf! Näh eine neue Zauberkappe! Leih mir deine Wunschkugel! Geh zum Turm! Droh mir nicht mit dem Schwert!

3 Schreibe kurze Sätze mit den Verben in der zweiten oder dritten Person (*du* oder *er-sie-es*).

mähen, blühen, drohen, fliehen, verzeihen, verstehen, bemühen, wehen, wiehern, geschehen

Markiere das *h*, das du jetzt nicht mehr sprechen kannst, mit einem Farbstift, z. B.: Der Bauer mäht die Wiese.

4 Auch in zusammengesetzten Wörtern versteckt sich manchmal ein *h*.
Rate, was das ist. – Eine G☐
Wie viele Buchstaben hat das Wort?

5 Suche möglichst viele zusammengesetzte Nomen/Substantive zu den folgenden Wortbausteinen.
Schreibe das *h* im Wort ganz besonders groß, z. B.:
SchuH-, SchuHmacher, SchuHgeschäft, ...

Schuh-☐	Floh-☐	Mäh-☐	Geh-☐
Näh-☐	Kuh-☐	Steh-☐	Reh-☐

Unheimlich große Familien!

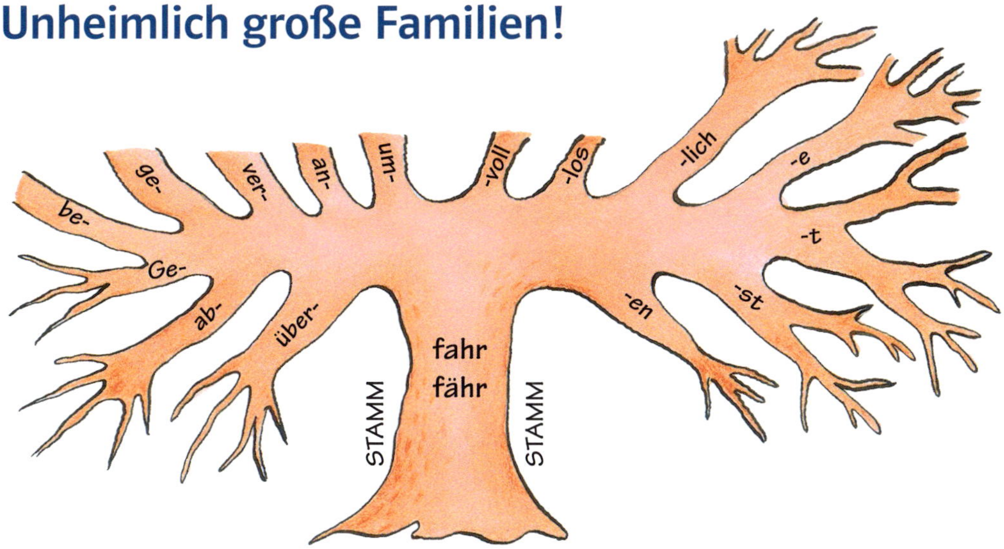

1 Suche verwandte Wörter mit dem Wortstamm *-fahr- (-fähr-)*, z. B.:
ab<u>fahr</u>en, ge<u>fähr</u>lich, ...
Schreibe sie auf und unterstreiche den Wortstamm.

2 Hier haben sich drei Wortfamilien vermischt. Schreibe die Wortfamilien auf und unterstreiche den Wortstamm.

beängstigend | geistern | spuken | spukt | Geist
spukhaft | angstvoll | entgeistert | Ängste | angsterfüllt
Angst | geisterhaft | Angsthase | ängstigen | Waldgeist
Geisterstunde | Angstgefühl | Spukschloss | Angstschweiß

3 EXTRA Wer findet die meisten Wörter zu folgenden Wortstämmen?

-zaub- | -hex- | -glück-

Merke

Wortfamilie
Alle Wörter, die von einem gleichen oder ähnlichen Wortstamm herkommen (abstammen), sind verwandt. Sie gehören zu einer Wortfamilie, z. B. *<u>träum</u>en*, *<u>traum</u>haft*, *<u>Träum</u>er*, *<u>Traum</u>*, *Alb<u>traum</u>*.

b oder p – d oder t – g oder k?

1 Im folgenden Text fehlen einige Buchstaben. Versuche, den Text trotzdem richtig zu lesen.

Geheimnisvoller Mann aus dem Ötztal

Der Tote liegt heute in einer Spezial-Kühlbox in Bozen (Italien). Über 5000 Jahre lang la**?** er im Eis eines Gletschers in den Ötztaler Alpen. Sein Fun**?** am Ran**?** des Gletschers war eine Sensation. Vieles blie**?** bis heute rätselhaft. Was trie**?** „Ötzi“, der vor etwa 5300 Jahren le**?**te, in die eisigen Höhen der Tiroler Alpen? Bisher ga**?** es wenig Material, um den Grun**?** für Ötzis Ber**?**tour zu erklären.
Der 1,60 Meter große und etwa 45 Kilogramm schwere Mann tru**?** einen Fellmantel und Filzstiefel. Alles ist noch in gutem Zustan**?**. Er muss ein sportlicher Ty**?** gewesen sein, denn sonst hätte er sich nicht allein auf den We**?** in diese Gegen**?** gemacht.

→ **Seite 99,** Arbeitstechnik „Die richtige Schreibung ableiten“

2 Übernimm die Tabelle in dein Heft. Trage die Wörter, bei denen Buchstaben fehlen, in die richtige Tabellenspalte ein. Suche jeweils eine verlängerte Wortform.

b oder p?	d oder t?	g oder k?
…	…	lag – lagen

Merke

Wenn man am Ende eines Wortes *p, t, k* spricht, wird trotzdem oft *b, d* oder *g* geschrieben. Um das zu überprüfen, kann man das Wort verlängern, z. B.: *Fund — Funde*. Dann hörst du, wie es am Ende geschrieben wird.

ä oder e – äu oder eu?

1 Übernimm die Tabelle in dein Heft. Fülle auch die leeren Spalten mit verwandten Wörtern. Unterstreiche jeweils den Wortstamm.

Nomen/Substantiv	Verb	Adjektiv
die Gefahr	fahren	gefährlich
der Träger	...	erträglich
...	ängstigen	...
...	...	gefällig
...	erklären	...
...	...	gebräuchlich
der Läufer	...	geläufig
...	läuten	...
...	...	käuflich
...	...	geräumig

2 Präge dir die Schreibung folgender *ä*-Wörter ein. Bei ihnen lässt sich das *ä* nicht ableiten. Schreibe lustige Sätze, in denen du möglichst viele *ä*-Wörter verwendest.
Bär – Gerät – Käfer – Käse – Lärm – Mädchen – März – rückwärts – sägen – schräg – spät – Träne – vorwärts – während

3 Schreibe die Wörter mit *eu* heraus. Finde zu jedem *eu*-Wort ein verwandtes Wort, z. B.: Eule – Eulenaugen, Scheune – Scheunentor

Die Eule und die Maus

Die Eule freute sich heute.
Die Maus schien sichere Beute.
In der Scheune, versteckt im Heu,
war für die Maus die Lage ganz neu.
Ihre Haut war lieb ihr und teuer und sie grübelte ungeheuer.
Sie mocht' nicht das Abenteuer.
Schließlich schrie sie: „Feuer! Feuer! Man rette sich aus der Scheuer!"
Und schleunigst floh die Eule
mit leerem Magen und Geheule.

8 Und wie geht es weiter?

Freunde finden

Online-Link
Hörverstehen
313271-0104

1 Kennt ihr Geschichten des Jugendbuchautors Paul Maar? Lest den Anfang seiner Geschichte „In der neuen Klasse“ oder hört ihn euch an.

TIPP!
Ihr könnt im Internet nachlesen, wer Paul Maar ist und welche Bücher er geschrieben hat.

Online-Link
313271-0104

Paul Maar

In der neuen Klasse

Nun ist Robert schon drei Wochen in der neuen Klasse. Aber Freunde hat er immer noch nicht. Manche aus seiner Klasse kann er gut leiden. Aber die haben alle schon einen Freund. Am besten gefällt ihm die Simone aus der zweiten Bank. Simone hat kurze, dunkle Haare.
Wenn Simone lacht, werden ihre Augen ganz schmal. Wie bei einer Eskimofrau. Simone lacht oft.
Das gefällt Robert so gut an ihr. Ihm hat sie auch schon einmal zugelacht.
Aber Simone ist ausgerechnet mit Frank befreundet. Und den kann Robert überhaupt nicht leiden.
Frank ist der Stärkste aus der Klasse. Das will er jeden Tag beweisen.
Außerdem ist er ein Angeber. Robert kann gar nicht verstehen, was Simone an Frank findet.

2 Was meint ihr, wie fühlt sich Robert in der neuen Klasse? Sprecht darüber.

3 Abends fragt die Mutter von Simone sie nach Robert. Was könnte Simone erzählen?

In der großen Pause

1 Lies jetzt die Geschichte weiter.

In der großen Pause, als Frank gerade mit Jürgen rauft, geht Robert zu Simone. Sie steht am Zaun und isst ihr Pausenbrot. „Was meinst du, wer gewinnt?", fragt Robert, „Frank oder Jürgen?"
„Ist mir doch egal", sagt Simone.
„Das ist dir egal?", fragt Robert erstaunt. „Frank ist doch dein Freund. Willst du nicht, dass er gewinnt?"
„Wer sagt denn, dass Frank mein Freund ist? Außerdem kann ich Schlägereien sowieso nicht leiden."
„Ach so", sagt Robert. Er kramt in seiner Jackentasche und holt eine Dose heraus. Er öffnet sie. Sie ist bis an den Rand gefüllt mit lauter weißen Kügelchen.
„Magst du ein Bonbon?", fragt Robert und hält Simone die Dose hin.
„Das sind Bonbons? Die sehen aus wie Kopfschmerztabletten", sagt Simone.
„Das sind Pfefferminzbonbons. Probier doch mal! Sie schmecken gut", sagt Robert.
Als Simone gerade in die Dose greifen will, kommt Frank zurück. Er schlägt von unten gegen die Dose. Alle Bonbons fliegen heraus und liegen auf dem Schulhof ...

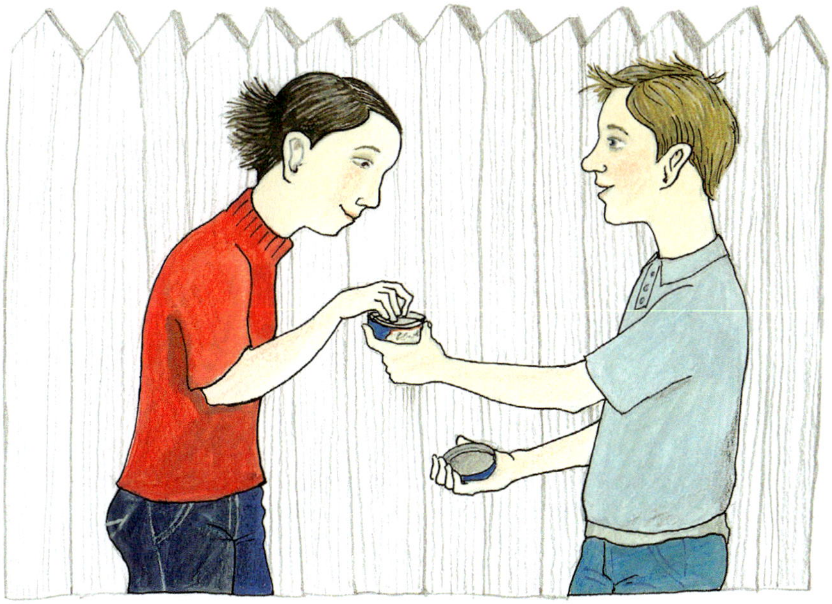

2 Erzähle mit eigenen Worten, was im zweiten Abschnitt der Geschichte passiert.

Die Fortsetzung

TIPP!
Überlegt auch, wann und wo die Geschichte endet: nach der Pause, im Klassenzimmer, am Nachmittag, Tage später, …

1 Überlegt in Gruppen, wie die Geschichte weitergehen könnte. Es kommt darauf an, welche Personen dabei sind, wie sie handeln und reagieren. Besprecht verschiedene Möglichkeiten.

Frank

- lacht
- schlägt zu
- entschuldigt sich
- …

Robert

- dreht durch
- bleibt gelassen
- weint
- …

Simone

- lacht Robert aus
- stellt sich gegen Frank
- …

Hausmeister

- …

Lehrerin/Lehrer

- …

Klassenkameraden

- mischen sich ein
- helfen Robert
- rufen die Lehrerin
- …

2 Schreibt euren Plan in kurzen Sätzen auf, z. B.:
- *Robert dreht durch.*
- *Die Klassenkameraden lachen.*
- *Frank macht Witze darüber.*
- *…*

→ **Seite 174,** Zeichensetzung bei der wörtlichen Rede

3 Schreibt auf, was die Personen sagen. Verwendet die direkte (wörtliche) Rede.

→ **Seite 66,** Arbeitstechnik „Interessant und spannend schreiben"

4 Schreibt nun eure Geschichten auf.

5 Lest euch eure Texte gegenseitig vor. Besprecht, was euch gefallen hat und was ihr noch verbessern könnt.

6 Lies, wie die Geschichte bei Paul Maar weitergeht.

[…] Alle Bonbons fliegen heraus und liegen auf dem Schulhof.

„Schaut mal: Ein Wunder! Es hat geschneit!“, ruft Frank. „In diesem Jahr kommt der Winter schon im September. Eine Sensation! Das müssen wir gleich dem Fernsehen melden!“ Alle, die herumstehen, lachen. Sogar Simone muss unwillkürlich lachen. Dabei will sie es eigentlich gar nicht. Aber die weißen Bonbons auf dem Boden sehen wirklich wie Schnee aus.

Robert könnte heulen vor Wut. Er steckt die leere Dose in die Tasche und geht. Die Bonbons lässt er liegen. Er geht ganz schnell. Die anderen sollen nicht sehen, dass ihm die Tränen in die Augen steigen. Sogar Simone hat gelacht über ihn! So eine Gemeinheit.

„Die sind alle gemein“, murmelt Robert vor sich hin. „Ich will keinen von denen als Freund. Ich spiele nur noch mit Trebor[1]!“ Simone schaut hinter Robert her. „Jetzt ist er beleidigt“, sagt sie zu Frank. „Du bist schuld daran!“

„Na und“, sagt Frank und lacht. „Was kann ich dafür, wenn er so schnell beleidigt ist und keinen Spaß versteht?“

„Ich finde es trotzdem doof von dir, dass du die Bonbons ausgeschüttet hast“, sagt Simone.

„Du findest mich doof? Sag das noch einmal!“, sagt Frank drohend.

„Ja, ich finde dich doof!“, sagt Simone mutig und dreht Frank den Rücken zu. Aber all das hat Robert nicht gehört, weil er ja schon so schnell weggegangen ist. […]

[1] Trebor ist ein Freund, den Robert für sich erfunden hat.

7 EXTRA An welchen Stellen bringt Paul Maar die Gefühle von Robert zum Ausdruck? Schreibe die Sätze in dein Heft.
Tausche dich anschließend mit deiner Partnerin oder deinem Partner über eure Ergebnisse aus.

8 EXTRA Wieso muss Simone lachen, obwohl sie es nicht will? Notiere deine Gedanken.

9 EXTRA Überlege dir, was Simone als Nächstes tun könnte, und schreibe die Geschichte weiter.

→ **Seite 66,** Arbeitstechnik „Interessant und spannend schreiben“

Weitere Geschichtenanfänge

1 Lies die Geschichte und beantworte die Fragen zum Inhalt.

1. Warum legt Jürgen einen Stock über die Zaunpfähle?
2. Warum ist er „sauer"?
3. Warum fordert er Anke zum Ringkampf heraus?
4. Warum sagt er: „Ist ja auch nichts für 'n Mädchen?"

Gina Ruck-Pauquèt

„Ist ja auch nichts für ein Mädchen"

Eigentlich hatte es ganz friedlich angefangen. Jürgen war über den Zaun gesprungen und Anke ihm nach. „Prima!", sagte er. „Aber jetzt kommst du nicht mehr drüber." Und er hatte einen Stock oben über die Pfähle gelegt. „Das ist zu hoch für dich." Anke schaffte es aber doch. „Na ja", sagte Jürgen. Dann rannten sie los. Anke war schneller. Sie standen da, keuchten und schnappten nach Luft und Jürgen war sauer. Anke lachte. „Ruh dich aus", sagte sie und setzte sich ins Gras. Jürgen kaute auf einem Holzspan herum und spuckte ihn aus. Starrte in die Ferne.
„Für'n Mädchen bist du ganz gut", sagte er. „Aber wenn wir'n Ringkampf machen, verlierst du." Anke zuckte die Achseln. „Traust dich ja auch nicht." „Schon", sagte Anke. „Überhaupt nicht", sagte Jürgen. „Ist ja auch nichts für'n Mädchen." Anke stand auf. [...]

TIPP!
Du kannst deine Geschichte auch mit dem Computer schreiben.

2 Wie geht es weiter? Entscheide dich für eine Möglichkeit und schreibe die Geschichte zu Ende.

Möglichkeit 1
Anke: „Dass du auch so bist! Warum dürfen Mädchen nicht auch sportlich sein? Ich dachte, es macht einfach mal Spaß, seine Kräfte zu messen."– Sie lässt Jürgen dort sitzen. Jürgen ...

Möglichkeit 2
Anke geht auf Jürgen zu – sagt: „Wer sagt, dass ich mich nicht traue!" – Jürgen springt auf – Anke: „Na los, fang an!" Jürgen ...

→ **Seite 37,** Arbeitstechnik „Eine Rückmeldung geben"

3 Lest euch eure Texte gegenseitig vor. Besprecht, was euch an den Geschichten gefallen hat und was ihr noch verbessern könnt. Entscheidet auch, ob und wie ihr eure Geschichten veröffentlichen wollt.

4 Wähle A oder B: Schreibe zu dem gewählten Geschichtenanfang die Fortsetzung.

A

Manfred Mai

Eine schöne Geschichte

Ich heiße Bernhard Drechsler und gehe in die fünfte Klasse der Realschule. Wir sind 31 Schüler. Eberhard und Heinz gehören auch dazu. Sie sind die „Chefs" in der Klasse, was sie sagen, wird gemacht. Wir anderen mögen die beiden zwar nicht, aber keiner traut sich, etwas gegen sie zu sagen. Am allerwenigsten der kleine Wilhelm, obwohl er am meisten zu leiden hat. [...] Heute Morgen haben sie wieder so etwas Gemeines gemacht. Eberhard hat einen Luftballon an dem Wasserhahn in unserem Klassenzimmer festgebunden. Kurz bevor Herr Burger hereinkam, drehte Eberhard den Hahn ein wenig auf. Der Lehrer merkte es nicht und begann mit dem Unterricht. Wir schielten immer wieder zum Wasserhahn, wo der Luftballon größer und größer wurde. Auf einmal platzte er und das Wasser spritzte bis zu Herrn Burger.
„Wer war das?", wollte Herr Burger wissen. Er wartete eine Weile und schaute dabei jeden an. Als sich niemand meldete, sagte er: „Ihr habt bis zum Ende der Stunde Zeit." [...] Herr Burger wollte gerade mit dem Unterricht weitermachen, da meldete sich Heinz und sagte ganz laut: „Der Wilhelm war's. Ich hab's genau gesehen." [...]

B

Gunnel Linde

Der Neue

Pelle geht seit zwei Jahren in meine Schule, und wir kennen uns genauso lange. Es begann gleich am ersten Tag, als er in unsere Klasse kam. Kaum hatte Herr Nilsson ihn neben Love auf den Platz vor mir gesetzt, da drehte Pelle sich schon um und klaute meinen Radiergummi. Er ließ ihn auf den Boden fallen, hob ihn wieder auf und behauptete, ich würde ihn wiederbekommen, wenn ich auf die richtige Hand schlüge. Dann schummelte er natürlich, und die ganze Zeit lachte er. Es war ihm piepegal,[1] dass die ganze Klasse zusah. Mir war es auch piepegal. Ich versuchte, meinen Radiergummi mit Gewalt zu befreien. Da steckte er ihn in den Mund. [...]

[1] piepegal: ganz egal

Und noch ein Geschichtenanfang

1 Lies den Geschichtenanfang. Wie könnte die Geschichte weitergehen? Überlege dir eine Fortsetzung. Notiere sie in Stichworten.

Gina Ruck-Pauquèt

Mutter sagt immer Nein

Nie würde ihre Mutter das erlauben!
Franka trug die Schultasche über der Schulter. Der andere Riemen war schon wieder abgerissen. Nie würde ihre Mutter erlauben, dass sie die Radtour mitmachte. Nie.
Aber Franka war nicht gewillt, so leicht aufzugeben.
„Alle fahren mit“, würde sie sagen. „Alle meine Freundinnen. Die Jutta, die Mareile und die Christel auch.“ „Das ist mir ganz gleichgültig“, würde die Mutter sagen. „Du fährst trotzdem nicht!“ …

2 Lies die Fortsetzung, die Leila geschrieben hat.

„Warum?“, würde Franka die Mutter fragen. Wie immer wäre die Antwort der Mutter: „Das ist für dich zu gefährlich.“ „Die anderen Eltern erlauben es auch“, würde Franka der Mutter entgegnen. „Die Erlaubnis der anderen Eltern interessiert mich nicht“, würde die Mutter sagen. „Was du machst, geht die anderen Eltern nichts an, ich sage den anderen Eltern auch nicht, wie sie entscheiden sollen.“ Die Gedanken des Mädchens gingen immer weiter, den ganzen Schulweg. „Ich sollte den Vater anrufen“, dachte Franka. Der Vater hatte es dem Mädchen bisher immer erlaubt. Dem Vater würde Franka alles erzählen. Zu Hause telefonierte das Mädchen sofort. Die Antwort des Vaters lautete wie immer: „Ich werde mit der Mutter sprechen.“ Am Abend rief der Vater das Mädchen an: „Du darfst, Mutter erlaubt es.“

Merke

Wenn man Nomen/Substantive im Satz verwendet, dann verändert sich die Form des Begleiters und (manchmal) des Nomens/Substantivs. Diese Formveränderung nennt man **Deklination** (Beugung): *das Mädchen, des Mädchens, …*
Nomen/Substantive stehen im Satz in einem bestimmten Fall (Kasus). Welche Form das Nomen/Substantiv im Satz hat, richtet sich nach seinem Geschlecht (männlich, weiblich, sächlich) und nach der Zahl (Einzahl oder Mehrzahl).

3 Übernimm die folgende Tabelle in dein Heft. Trage die markierten Nomen/Substantive mit Begleiter aus dem Text von Aufgabe 2 ein. Drei Beispiele sind schon eingetragen.

Deklination der Nomen/Substantive	Einzahl (Singular)			Mehrzahl (Plural)
Fall (Kasus)	männlich	weiblich	sächlich	
Nominativ (1. Fall) *Wer? oder Was?*	…	…	…	die Eltern
Genitiv (2. Fall) *Wessen?*	…	der Mutter		…
Dativ (3. Fall) *Wem?*	…	…	…	…
Akkusativ (4. Fall) *Wen? oder Was?*	…	die Mutter	…	…

TIPP!
Die Frage nach dem Fall hilft dir bei der Einordnung:
Wen fragte Franka?
Sie fragte *die Mutter.*

4 Vergleicht die Ergebnisse in der Gruppe. Bildet auch von anderen Nomen/Substantiven die vier Fälle in der Einzahl und in der Mehrzahl.

5 Lies, wie die Geschichte „Mutter sagt immer Nein" bei Gina Ruck-Pauquèt ausgeht.

… „Du fährst trotzdem nicht!" „Warum nicht?", würde Franka fragen. „Weil es zu gefährlich ist", würde die Mutter antworten. „Aber wir sind doch keine kleinen Kinder mehr", würde Franka ihr entgegenhalten. „Du sagst doch selber, dass man lernen muss, sich in der Welt zurechtzufinden." „Ja", würde die Mutter sagen. „Aber langsam und vorsichtig. Nach und nach." „Warum dürfen denn die anderen?", würde Franka wieder anfangen. „Das weiß ich nicht", würde die Mutter sagen. „Und das ist mir auch ganz egal." An dieser Stelle spätestens würde Franka anfangen zu heulen. „Lass mich doch mit!", würde sie betteln. Und die Mutter würde sagen „Nein!" und „Basta![1]". Als Franka in ihren Gedanken so weit gekommen war, stand sie vor der Wohnungstür. Sie war so angespannt wie jemand, der losspringen will. „Na", sagte die Mutter. „Da bist du ja." Und jetzt fängt es an, dachte Franka. „Die anderen machen eine Radtour an den Steinsee", sagte sie. „Darf ich mitfahren?" „Ja", sagte die Mutter.

[1] Basta!: Schluss jetzt!

In der neuen Klasse

1 Schreibe die Sätze ab und setze dabei die Wörter in Klammern in der richtigen Form ein.

Nun ist Robert schon drei Wochen in *(die Klasse)*. Aber *(Freunde)* hat er immer noch nicht. Manche aus *(seine Klasse)* kann er gut leiden. Aber die haben alle schon *(ein Freund)*. Am besten gefällt ihm *(ein Mädchen)* aus der zweiten Bank. Simone hat kurze, dunkle Haare. Wenn sie lacht, werden ihre Augen ganz schmal, wie bei *(eine Eskimofrau)*. Simone lacht oft. Das gefällt Robert so gut an *(das Mädchen)*. Aber Simone ist bereits mit *(ein Schüler)* aus der Klasse befreundet.
Und *(dieser Schüler)* kann Robert überhaupt nicht leiden. Frank ist der Stärkste aus *(die Klasse)*. Das will er jeden Tag beweisen. Außerdem ist er ein Angeber. Robert kann gar nicht verstehen, was Simone an *(dieser Schüler)* findet.

2 EXTRA Bilde Wortgruppen. Verwende dabei das zweite Nomen/Substantiv im 2. Fall. Unterstreiche den Artikel und die Endung dieses Nomens/Substantivs, z. B.: das Haus des Nachbarn, …

1. das Haus – der Nachbar
2. die Eltern – der Junge
3. das Leben – der Mensch
4. die Frage – der Student
5. das Geschäft – der Türke
6. die Kuh – der Bauer
7. der Wunsch – der Kunde
8. das Schloss – der Graf
9. die Meinung – der Biologe
10. die Mähne – der Löwe

Merke

Einige wenige Substantive haben n-Deklination:

Nominativ (1. Fall)	der Nachbar
Genitiv (2. Fall)	des Nachbarn
Dativ (3. Fall)	dem Nachbarn
Akkusativ (4. Fall)	den Nachbarn

Achtung: des Herzens, des Buchstabens, des Gedankens.

3 Fasse die folgenden Sätze jeweils zu einem Satz mit einer Aufzählung zusammen, z. B.: *Robert ist neu in der Klasse, hat noch keinen Freund und möchte Simone zur Freundin haben.*

1.
Robert ist neu in der Klasse. – Robert hat noch keinen Freund. – Robert möchte Simone zur Freundin haben.

2.
Simone hat schöne Augen. – Simone hat dunkle Haare. – Simone hat ein bezauberndes Lächeln.

3.
Frank ist der Stärkste. – Frank ist ein Angeber. – Frank ist ein Dummkopf.

4.
Simone steht am Zaun. – Simone isst ihr Pausenbrot. – Simone beobachtet Frank.

5.
Robert spricht Simone an. – Robert kramt in seiner Hosentasche. – Robert holt eine Dose heraus. – Robert öffnet sie. – Robert hält sie Simone hin.

6.
Frank verprügelt Jürgen. – Frank kommt zu Simone. – Frank sieht Roberts Bonbondose. – Frank schlägt von unten dagegen. – Frank verspottet Robert.

7.
Robert sieht auf die Bonbons. – Robert kämpft mit den Tränen. – Robert steckt die Dose in die Tasche. – Robert schweigt. – Robert geht.

8.
Simone hört Franks Spott. – Simone muss unwillkürlich lachen. – Simone macht Frank Vorwürfe. – Simone wendet sich von ihm ab.

Merke

Die Glieder einer **Aufzählung** werden durch ein **Komma** voneinander getrennt.
Achtung: Ein *und* und ein *oder* ersetzen das Komma.

Wo? oder Wohin?

1 Erkläre mithilfe einer kleinen Skizze den Unterschied:
Sie laufen in der Schule. Sie laufen in die Schule.

2 Schreibe die Sätze ab und setze die richtigen Formen ein, z. B.:
Robert ist neu in die Klasse gekommen. Robert ist neu in der Klasse.

1. *die Klasse*
   Robert ist neu in ... gekommen.
   Robert ist neu in ... Klasse.
2. *das Mädchen*
   Er würde gerne neben ... mit den lachenden Augen sitzen.
   Er würde sich gerne neben ... mit den lachenden Augen setzen.
3. *der Schulhof*
   Frank und Jürgen raufen sich auf ...
   Frank und Jürgen rennen hinaus auf ...
4. *der Schuleingang*
   Die anderen Schüler stellen sich an ...
   Die anderen Schüler stehen an ...
5. *seine Jackentasche*
   Robert kramt in ...
   Robert greift in ...
6. *der Boden*
   Die Bonbons fliegen auf ...
   Die Bonbons liegen auf ...
7. *das Haus*
   Simone und Robert laufen bis vor ...
   Simone und Robert treffen sich hinter ...

Merke

Nach den Wörtern *an, auf, hinter, in, neben, unter, über, vor, zwischen* steht:
- der **Dativ** (3. Fall) auf die Frage **Wo?**
- der **Akkusativ** (4. Fall) auf die Frage **Wohin?**

Beispiele:
Neben wem (wo?) will er sitzen? Neben dem Mädchen. (Dativ)
Neben wen (wohin?) setzt er sich? Neben das Mädchen. (Akkusativ)

Wie geht es weiter?

1 Schreibe Aufzählungen. Bilde vollständige Sätze, z. B.:
Trägt Robert ein rotes, gelbes, weißes oder blaues T-Shirt?

1. Trägt Robert ein … *(rotes – gelbes – weißes – blaues)* T-Shirt?
2. Simone interessiert sich für … *(Pferde – Hunde – Katzen – Vögel).*
3. Roberts Lieblingsfächer sind … *(Englisch – Deutsch – Sport).*
4. Werden sie morgen … *(schwimmen – skaten – joggen – Rad fahren)*?
5. Niemand sammelt … *(Briefmarken – Sticker – Ansichtskarten – Sportlerautogramme).*
6. Simone fragt sich, ob sie wohl eine *(Eins – Zwei – Drei – Vier)* bekommt.

2 Hier sind unterschiedliche Dinge abgebildet. Überlege, was einige Dinge gemeinsam haben. Schreibe Aufzählungen, z. B.:
Alles, was man essen kann: ein Ei, eine Birne, einen Apfel, … und einen Fisch.
Alles, was kriecht: …
Alles, was fliegen kann: …
Alles, was ungewöhnlich ist: eine Katze in einer Tasse, …
…

9 Briefgeheimnisse

1 Das kennt ihr alle:
Nachrichten werden gesendet und empfangen. Sprecht darüber, wie ihr Informationen weitergebt.

TIPP!
Aber nicht jeder darf hineinschreiben oder darin lesen!

2 Das kennen vielleicht nicht alle:
Einige Schülerinnen und Schüler tauschen Briefbücher in den Pausen. In diese Briefbücher schreiben sie Erlebnisse, kleine und große Geheimnisse, die sie ihren Freundinnen oder Freunden mitteilen. Oft werden auch gleich Antworten unter diese „Briefe" geschrieben.
Wie findet ihr diese Idee? Tauscht euch darüber aus.

Briefbücher

1 Diese Briefe stammen aus einem Briefbuch.
- Welche „Geheimnisse“ werden hier ausgetauscht?
- Welche Ausschnitte könntet ihr in einem kleinen, gefalteten Briefchen schreiben, welche nicht?

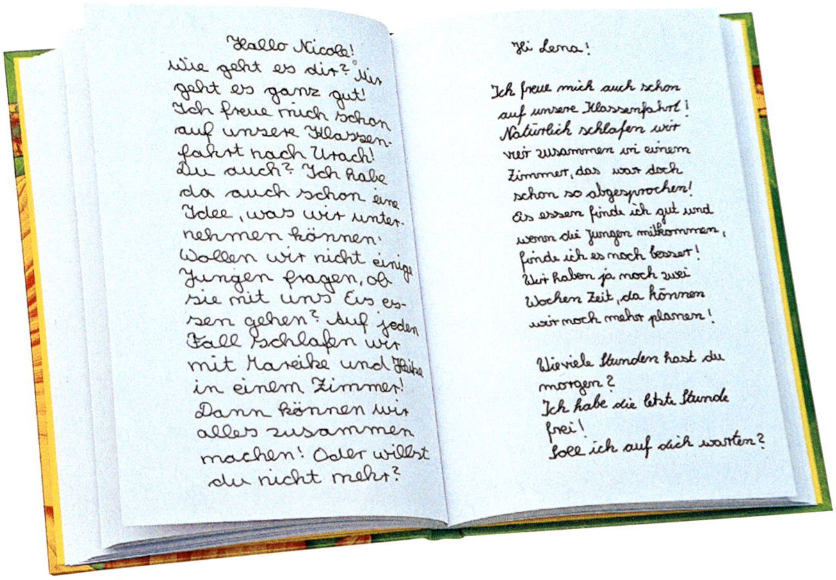

2 Probiert Briefbücher selbst einmal aus.
Suche dir eine Partnerin oder einen Partner. Schreibt euch gegenseitig einen Brief, in dem ihr ein Erlebnis erzählt.

3 Tauscht die Texte aus. Schreibt eine Antwort.
Geht dabei auf den Text eurer Briefpartnerin oder eures Briefpartners ein:
- Habt ihr alles verstanden oder möchtet ihr noch mehr wissen?
- Vielleicht habt ihr schon einmal etwas Ähnliches erlebt und wollt darüber in einem Antwortbrief schreiben.

TIPP!
Wenn ihr selbst Briefbücher anlegen wollt: Hefte mit festem Einband halten länger und verziert sehen sie noch schöner aus.

4 Lest die Briefe in der Klasse vor.
Beachtet: Beide Partner müssen einverstanden sein!

Briefe gehen auf die Reise

1 Stell dir vor, du willst einen Brief an deine ehemaligen Lehrerinnen oder Lehrer schreiben. Bestimmt gibt es über dich und die neue Klasse viel zu berichten.
Vielleicht möchtest du aber auch an Freundinnen oder Freunde, die weggezogen sind, schreiben.
Überlege zunächst, was für deine Leserinnen und Leser interessant sein kann. Notiere deine Ideen, z. B.: Klassenfahrt nach Aachen oder an den Bodensee, …

2 Überlege nun, wie du deinen Brief beginnen willst.
Sieh dir dazu die drei verschiedenen Briefausschnitte an und vergleiche sie. Probiere unterschiedliche Briefanfänge aus.

Münster, den 12. Oktober …

Sehr geehrte Frau Fossenberger-Roy,
wie geht es Ihnen? Jetzt bin ich schon
zwei Monate …

Lünen, den 30. November …

Lieber Herr Müller,
Sie werden sich sicher wundern, dass wir Ihnen …

Aachen, 1. 3. …

Liebe Friederike,
heute Mittag lag dein langer Brief im Briefkasten.
Ich habe mich riesig darüber gefreut …

→ **Seite 113,** Komma bei Aufzählung

Merke

Wenn du jemanden in einem Brief mit „Sie“ ansprichst, schreibst du die Anredepronomen **Sie, Ihr, Ihre, Ihnen** groß.

3 Du kannst deinen Brief unterschiedlich beenden. Achte darauf, dass der Schluss zum Briefanfang passt.
Probiere nun auch verschiedene Briefabschlüsse aus.

Schreib mal wieder!
Dein …

Mit lieben Grüßen
dein …

Mit lieben Grüßen
Ihr …

Mit freundlichen Grüßen
Ihre …

4 Schreibe jetzt deinen Brief an deine Lehrerin, deine Freunde, …
Vergiss nicht, die Rechtschreibung zu überprüfen.

5 Damit dein Brief schnell ankommt, ist es wichtig, dass du den Briefumschlag richtig und leserlich beschriftest. Gestalte einen Briefumschlag.

TIPP!
Denke auch an eine Briefmarke.

Friederike Kluge
Friedrich-List-Str. 13
59077 Hamm

Frau
Heike Esser
Goethestr. 7
59755 Arnsberg

Wir schreiben nicht nur Briefe

1 Informationen können auf vielen Wegen weitergegeben werden. Welche Möglichkeiten habt ihr schon genutzt? Tauscht eure Erfahrungen in der Gruppe aus.

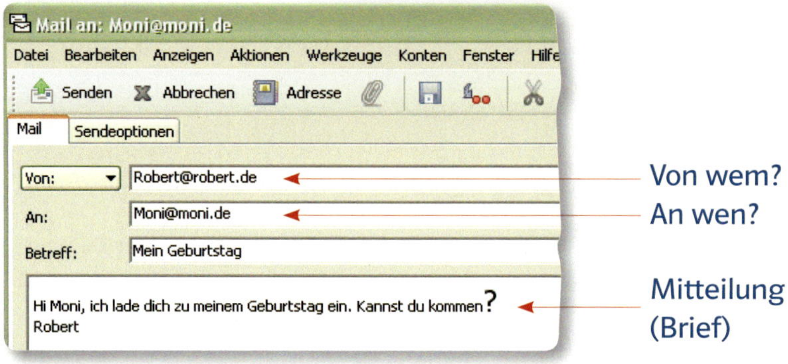

2 Schreibst du E-Mails? Hast du schon einmal gechattet? Berichte deinem Partner oder deiner Partnerin über deine Erfahrungen.

3 Bei welchen Gelegenheiten würdest du auf jeden Fall einen Brief schreiben?

4 Beschreibe die Unterschiede zwischen Brief und E-Mail.

5 Übernimm die Tabelle in dein Heft. Benenne die jeweiligen Vor- und Nachteile.

Brief	E-Mail	Chat
Vorteil: Man braucht keinen Computer. Nachteil: …	…	…

6 Welche Möglichkeit nutzt du am liebsten für welche Gelegenheit? Schreibe auf und begründe deine Wahl.

Computer helfen richtig schreiben

Viele Programme für die Textverarbeitung haben eine Rechtschreibprüfung. Setzt euch zu zweit an einen Computer und findet heraus, wie man sie nutzen kann.

1 Die Rechtschreibprüfung nach dem Schreiben: Öffnet das Textverarbeitungsprogramm. Schreibt einen kurzen Text. Wo könnt ihr in dem Programm die Rechtschreibprüfung einschalten? Notiert in Stichworten, welche Schaltflächen ihr dazu anklicken müsst. Überprüft dann euren Text.

2 Die Rechtschreibprüfung während der Eingabe: Viele Textverarbeitungsprogramme haben eine automatische Rechtschreibkontrolle. Sie prüft gleich beim Schreiben, ob die Wörter richtig geschrieben sind. Stellt fest, wie ihr diese Rechtschreibkontrolle ein- und ausschalten könnt. Notiert in Stichworten, welche Schaltflächen ihr dazu anklicken müsst.

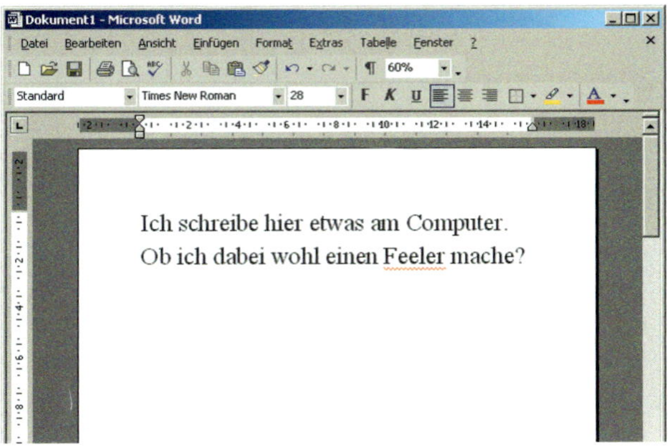

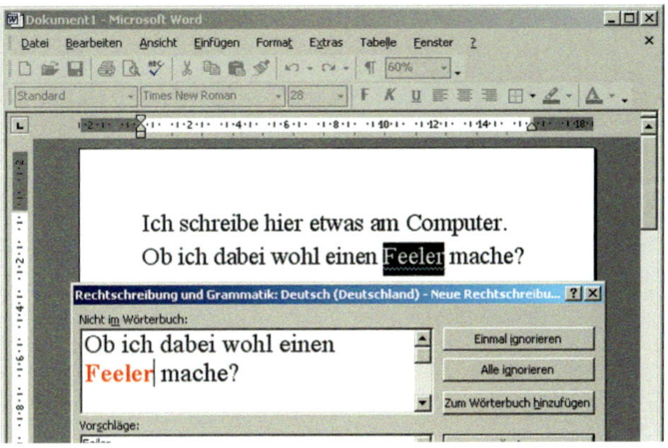

3 EXTRA Es gibt auch Fehler, die die Rechtschreibprüfung nicht findet! Schreibe den Text mit dem PC ab. Verbessere dabei alle Fehler – es sind insgesamt vier!

Hallo Fine,
du glaubt es nicht. Vorhin hätte ich fasst die Bahn verpasst, weil der Marco sich alles meine Fotos von der Fete anschauen wolte! Bis morgen, Nicki

Ein Brief mit Folgen

Susanne Kilian

Der Brief

In der Deutschstunde stieß Karin die Ingrid an. „Guck mal, der Oliver schaut mich schon wieder so an!“, flüsterte sie ihr zu. Sie sahen beide zum Oliver hin. Der drehte sich weg. Er hatte die ganze Zeit die Karin angestarrt. Jetzt sah er nach vorne zur Tafel.

Die Karin und die Ingrid kicherten hinter vorgehaltenen Händen. Verdammt! Jetzt hatte die Lehrerin sich zu ihnen umgedreht. Und sie wollten bei dem blöden Gedicht auf keinen Fall drankommen. Gerade fing der Klaus an: „Mietegäste, vier im Haus, hat die alte Buche …“ Die Mädchen setzten sich ordentlich zurecht und machten aufmerksame Gesichter. Inzwischen sagte die Gerti weiter: „Weiter oben im Geäst, pfeift ein winzig kleiner …“

„Der Oliver ist verliebt in dich!“, wisperte Ingrid. Karin wischte ihr unterm Tisch eins gegen die Beine: „Aber ich nicht in ihn!“, zischte sie. Klar, dass der Oliver sie mochte, wusste sie schon lange. Immer wartete er, bis sie zum Schultor reinging. Zum Glück hatte sie immer all ihre Freundinnen um sich rum. Und sie beachtete den Oliver gar nicht. Nie. Auch wenn er mittags, zehn Schritte Abstand, hinter ihr herging. Er wohnte nur eine Ecke weiter. Sie fand Jungs an sich schon blöd. Aber der Oliver, wie er sie immer ansah, er war einfach Luft für sie.

In der Pause beriet Karin sich mit ihren Freundinnen. Sie wollten dem Oliver eins auswischen. Der würde die Glotzerei schon bleiben lassen. Sie drängelten sich in eine Schulhofecke. Machten einen Kreis um Karin, dass man nicht sehen konnte, was die machte. Sie benutzte die Mauer als Unterlage und krakelte auf einen Fetzen Butterbrotpapier, was die Freundinnen ihr flüsternd diktierten:

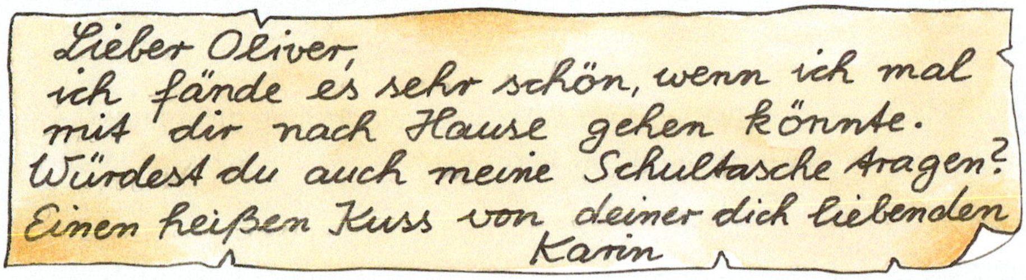

In der Erdkundestunde schrieb Karin den Text sauber auf ein Blatt aus dem Rechenheft. Sie faltete es zusammen. Schrieb darauf: An Oliver! und schickte es los. Sie saß am vierten Tisch in der letzten Reihe, und der Oliver am zweiten Tisch in der ersten Reihe. Sie konnte den Weg des Briefchens gut verfolgen. Die Freundinnen, mit denen alles ausgemacht war, gaben ihn sehr vorsichtig von Tisch zu Tisch. Damit ihn die Lehrerin ja nicht erwischte.

Jetzt musste der Brief beim Oliver sein. Ingrid und Karin sahen, wie er unterm Tisch herumkramte, etwas auseinanderfaltete, es in seinen Erdkundeatlas schob und las. Langsam stieg ihm vom Hals hoch Röte ins Gesicht. Sie konnten es von hinten deutlich sehen. Und jetzt drehte er sich zu Karin um und nickte. Karin hatte entsetzliche Mühe, ein todernstes Gesicht zu machen. Schließlich bekam sie's doch hin. Und nickte sogar zurück. Als Oliver sich wieder nach vorn drehte, platzte sie fast vor Lachen.

Sie konnte es kaum abwarten, bis die Schule aus war. Da klingelte es. Die Eingeweihten packten kichernd ihre Ranzen ein. Jetzt stand Karin das Schwierigste bevor: Sie packte langsam und mit ernstem Gesicht ihre Schultasche. Es war ausgemacht, dass die anderen vor der Schule auf sie warteten. Es klappte großartig. Oliver packte seine Sachen genauso langsam zusammen. Ab und zu schielte er zur Karin hin. Hintereinander gingen sie durch die Klassentür. Stumm gingen sie den Gang entlang. Als sie über den Schulhof liefen, schaute Oliver die Karin von der Seite an und fragte:

„War's wirklich ernst, was in dem Brief stand?“

Karin biss die Zähne zusammen. „Klar war's ernst!“, sagte sie hochnäsig und rannte los. Gott sei Dank! Ihre Freundinnen warteten am Schultor. Als Oliver vorbeigehen wollte, stellten sie sich kichernd in den Weg. Verbeugten sich vor ihm. „Möchtest du mit mir nach Hause gehen?“ – „Darf ich deine Schultasche tragen?“ schrien sie durcheinander. Und Karin machte die Augen zu und flötete: „Einen heißen Kuss von deiner dich liebenden Karin!“

Oliver wurde rot. Er sah die kichernden Mädchen an. Und die Karin, wie sie sich in die Hand biss vor lauter Lachen. Er sah nur noch die Karin an. Und sagte bloß: „Du bist richtig gemein!“

1 „Du bist richtig gemein!“ Mit diesem Satz endet die Geschichte. Warum sagt Oliver das? Erkläre seine Reaktion.

2 Briefe kann man nicht nur dazu nutzen, Nachrichten weiterzugeben, sondern auch dazu, jemanden zu ärgern oder schlechtzumachen. Kennst du das aus eigener Erfahrung? Berichte davon.

3 Nachmittags chatten Oliver und sein Freund Tom. Oliver erzählt:
Hi Tom, du weißt ja sicher noch, wer Karin ist. Jetzt ist etwas Oberpeinliches passiert:
Schreibe das Gespräch zwischen Oliver und Tom auf.

4 Würdest du so ein Erlebnis wie Oliver im Internet erzählen? Erkläre, was dagegenspricht und welchen Weg du nutzen würdest.

Ein Brief von ihm an uns

1 Lies, wie Ben seinen Brief beginnt.

Liebe deutsche Schülerinnen und Schüler,

ich heiße Ben und wohne in Glasgow. Ich gehe in die 5. Klasse.
Ich möchte euch kennenlernen.
Seit der 3. Klasse lernen wir Deutsch. Wenn wir gut lernen, werden wir in der 8. Klasse nach Deutschland fahren. Das verspricht uns unser Deutschlehrer. Er ist ein Deutscher. Für ihn ist Deutsch natürlich leicht. Lernt ihr auch eine Fremdsprache? Mich interessiert, was und wie ihr in der Schule lernt …

Was meint ihr, weshalb Ben einen Brief an Schüler in Deutschland schreibt? Tauscht euch darüber aus.

2 Schreibe den Text ab. Unterstreiche alle persönlichen Fürwörter (Personalpronomen).

3 Übernimm die Tabelle in dein Heft. Trage die persönlichen Fürwörter aus dem Brief an der richtigen Stelle ein.

	Einzahl				
	1. Person	**2. Person**	**3. Person**		
Wer? Was?	…	du		sie	es
Wem?	mir	dir	ihm	ihr	ihm
Wen? Was?	…	dich		sie	es

	Mehrzahl		
	1. Person	**2. Person**	**3. Person**
Wer? Was?	…	…	sie
Wem?	…	euch	ihnen
Wen? Was?	uns	…	sie

4 Lies, wie Ben seinen Brief beendet.

Meine Lieblingsfächer sind Sport und Musik. Das sind auch meine Hobbys. Ich spiele in der Auswahlmannschaft unserer Schule Fußball. Habt ihr an eurer Schule auch eine Fußballmannschaft? Ich bin ein Fan unseres Celtic-Glasgow-Fußballklubs. Das ist die beste Mannschaft der Welt! Ich sehe mir alle ihre Spiele an. Außerdem lerne ich in unserer Schulband Gitarre. Ich warte sehr auf eure Antwort.
Schreibt schnell! Euer Ben

5 Schreibe auch diesen Text ab und unterstreiche alle besitzanzeigenden Fürwörter (Possessivpronomen).

6 In dem folgenden Brief fehlen persönliche und besitzanzeigende Fürwörter. Versuche, ihn trotzdem zu verstehen.
Schreibe den Brief ab und ergänze die fehlenden Fürwörter.

> **TIPP!**
> Achte auf die Groß- und Kleinschreibung. Vergleiche mit Seite 118.

Sehr geehrter Herr Evers,
hiermit darf ich **Ihnen** mitteilen, dass ✎ der Gewinner des diesjährigen Preisausschreibens „Fly away" sind. Mit drei Personen **Ihrer** Wahl sind ✎ zwei Wochen lang Gast in einem ✎ schönsten Hotels auf Gran Canaria. Natürlich stehen ✎ nicht nur unsere schönsten Zimmer zur Verfügung, nein, ✎ können auch alle Sport- und Freizeitangebote kostenlos nutzen. Der Preis muss innerhalb eines Jahres eingelöst werden. Bitte teilen ✎ uns spätestens vier Wochen vor Beginn ✎ Reiseantritts mit, wie viele Zimmer ✎ benötigen. Im Namen ✎ gesamten Teams möchte ich ✎ zu diesem Preis gratulieren und hoffe, ✎ und ✎ Freunde oder Familie bald auf Gran Canaria begrüßen zu dürfen.
Mit freundlichen Grüßen

Cornelia Baldus, Serviceteamleiterin

Merke

Die Wörter *ich, du, er, sie, es, wir, ihr, sie* sind **persönliche Fürwörter** (Personalpronomen). Sie stehen im Text stellvertretend für Nomen/Substantive.
Die **besitzanzeigenden Fürwörter** (Possessivpronomen) *mein, dein, sein, ihr, unser, euer* können als Begleiter von Nomen/Substantiven auftreten. Sie geben an, zu wem etwas gehört.

Bei mir gibt es Neuigkeiten

Viktoria hat ihrer Großmutter folgenden Brief geschrieben. Darin kommen viele Wortwiederholungen vor. Deshalb liest er sich nicht so gut.

Blankenfelde, 25.10.2010

Liebe Oma!

Bei mir gibt es tolle Neuigkeiten!
Seit Montag habe ich einen Hamster. Der Hamster ist sehr niedlich. Der Hamster heißt Otto. Mama hat den Hamster von einer Kollegin bekommen. Der Käfig des Hamsters ist 90 mal 60 cm groß. Im Käfig des Hamsters ist ein Schlafkasten. Auch ein kleiner Sandkasten ist im Käfig. Außerdem haben wir für den Hamster noch ein Laufrad in den Käfig gestellt. Der Hamster wird nachts richtig lebendig. Dann hört man den Hamster im Laufrad turnen. Der Hamster nuckelt auch laut an der Wasserflasche. Deshalb muss ich den Hamster nachts auf den Flur stellen.
Hamster ernähren sich von Körnern und Zwieback. Man kann den Hamstern auch Erdnüsse oder Walnüsse geben. Der Hamster sieht süß aus, wenn er halbe Walnüsse in die Hamsterbacken steckt. Ich beobachte den Hamster gerne und spiele auch oft mit dem Hamster. Stell dir vor, der Hamster hat noch sieben Geschwister.
Die Geschwister leben noch bei Mamas Kollegin. Die Kollegin will die Geschwister noch verschenken.
Liebe Oma, so viel für heute. Jetzt muss ich mich um den Hamster kümmern.

Viele Grüße,
deine Viktoria

→ **Seite 125,** persönliche und besitzanzeigende Fürwörter (Pronomen)

1 Überarbeite den Text so, dass unnötige Wiederholungen vermieden werden. Nutze auch persönliche und besitzanzeigende Fürwörter, z. B.:
Seit Montag habe ich einen Hamster. Er ist sehr niedlich und …

Liebe Schulleiterin ...

Die Klasse 5a wünscht sich eine Spieltonne und hat beschlossen, die Schulleiterin um Unterstützung zu bitten. Tom, der aus England stammt, hat dazu einen Brief entworfen.

Liebe Schulleiterin, Frau Scheffler,

sicherlich ist dir auch schon aufgefallen, dass sich viele Kinder auf deinem Schulhof während der Pause langweilen. Nun hatte ich im Klassenrat die Idee, eine Spieltonne anzuschaffen, damit wir in den Pausen ordentlich toben können. Wie gefällt dir diese Idee? Bestimmt findest du sie auch super.
Leider haben wir aber dafür nicht genügend Geld in unserer Klassenkasse. Unser Klassenlehrer meinte, dass wir uns an dich wenden könnten. Du könntest uns helfen. Deshalb schreibe ich jetzt an dich: Kannst du uns unterstützen?

Herzliche Grüße,
dein Tom aus der 5a

1 Tauscht euch in einer Arbeitsgruppe aus: Wie gefällt euch der Brief? Welche Vorschläge findet ihr gut? Was muss überarbeitet werden?

2 Überarbeite den Brief am Computer. Achte dabei auf die passenden Anredepronomen. Überprüfe den Text mit der Rechtschreibkontrolle.

→ **Seite 118,** Anredepronomen in Briefen

3 EXTRA Entwirf am Computer einen Brief an den Inhaber eines Sportgeschäfts. Frage ihn, ob er Fußbälle und andere Spielgeräte für eure Spieltonne spenden könnte. Beginne so:
Sehr geehrter Herr Pauli, ...

Das will ich wissen!

→ **Seite 126,**
Brief von Viktoria

1 Formuliere die Sätze in Fragen an Viktoria um, z. B.:
Hast du den Hamster schon bekommen?

Frage nach,
1. ob sie den Hamster schon bekommen hat.
2. ob sie den Käfig schon eingerichtet hat.
3. ob sie den Hamster schon in das Laufrad gesetzt hat.
4. ob sie seinen Kasten schon mit Sand gefüllt hat.
5. ob sie ihm auch Körner gibt.
6. ob sie ihm Erdnüsse oder Walnüsse kauft.
7. ob sie sich noch einen Hamster wünscht.
8. ob sie ein Bild von ihm schicken kann.

2 Formuliere die Satzteile in Fragen an deine Lehrerin oder deinen Lehrer um, z. B.: Haben Sie sich schon Gedanken zum Klassenausflug gemacht?

Frage nach,
1. ob er/sie sich schon Gedanken zum Klassenausflug gemacht hat.
2. ob er/sie auch an einen Ausflug in den Zoo denkt.
3. ob er/sie an einer Waldführung interessiert ist.
4. ob er/sie schon einmal in einem Freizeitpark war.
5. ob er/sie die Klassenfahrt schon geplant hat.
6. ob er/sie auch eine Nachtwanderung machen würde.
7. ob er/sie auch Spiele mitbringt.
8. ob er/sie zum Frühstück Kakao bestellt.

3 Schreibe die Briefausschnitte ab. Ergänze dabei die fehlenden Fürwörter.

Liebe Frau Lehmann, zur Geburt ... Tochter Ida gratulieren wir ... ganz herzlich. Kommen ... doch bald mit ... Tochter in der Klasse vorbei ...

Liebe Tante Lene, ich danke ... für das Hamsterbuch. Ich habe durch ... Buch viel über Hamster gelernt. Gerne würde ich ... morgen besuchen ...

Sehr geehrter Herr Müller, ich möchte ... bitten, mit ... über den Vorfall zu sprechen. Ich werde ... erzählen, wie es passiert ist.

Ich lade dich zum Geburtstag ein

1 Schreibe die Frage und die verneinte Antwort auf. Setze dabei die passenden persönlichen Fürwörter in die Antwort ein, z. B.:
Hast du deine Lehrerin gefragt? – Nein, ich habe sie nicht gefragt.

1. Hast du deine Lehrerin gefragt?
2. Hast du den Briefkasten gefunden?
3. Hast du den Brief eingeworfen?
4. Hast du deine Idee vorgestellt?
5. Hast du den Reiseprospekt durchgelesen?

2 Versuche, den Lückentext flüssig vorzulesen, und sprich dabei die fehlenden Personalpronomen (persönlichen Fürwörter) mit.

TIPP!
Übe mit einer Partnerin oder einem Partner.

Nani Hallo, Maike!
Maike Hallo!
Nani Maike, ich lade ... zum Geburtstag ein, am Mittwoch.
Maike Am Mittwoch? Schade! Da habe ich Fußballtraining.
Nani Du kannst danach kommen. Wir feiern nicht bei ... zu Hause, wir gehen alle zum Bowlen ins Sportcenter. Dort sind wir bis acht Uhr.
Maike Oh toll!
Nani Und dein Bruder? Wie ist es mit ...? Kann ... auch am Mittwoch zu ... kommen?
Maike Keine Ahnung. Ich frage ... heute Abend.
Nani Schon gut, ich sehe ... ja nachher. Da frage ich ... selbst.
Maike Und was wünschst du dir von ...?
Nani Gar nichts!
Maike Dann kommen wir nicht zu ... ! Sag ... bitte, was wir ... schenken können.
Nani Ich sage es ... morgen.

3 Schreibe die Sätze ab und ersetze die markierten Wörter durch Personalpronomen (persönliche Fürwörter), z. B.: *Nani telefoniert mit ihr.*

1. Nani telefoniert mit Maike.
2. Sie lädt Maike zum Geburtstag ein.
3. Maike erzählt Nani vom Training.
4. Maike will nach dem Training mit den Freunden bowlen.
5. Nani möchte, dass Maikes Bruder auch kommt.
6. Maike kann ihren Bruder erst abends fragen.
7. Maike fragt, was sie Nani schenken könnte.
8. Nani will den beiden morgen sagen, was sie sich wünscht.

10 Der Traum vom Fliegen

Ideen und Erfindungen

Entwurf des Luftschiffs „Minerva“ (1784)

TIPP!
Nutzt dazu den Online-Link.

Online-Link
313271-0130

1 Informiert euch in einem Lexikon oder im Internet über die Entwicklung des Flugzeugs und der Luftfahrt. Tauscht euch über die Informationen aus.

2 Fritz Pillmann ist Erfinder. Er hat eine besondere Flugmaschine entwickelt. Schaut euch seine Flugmaschine auf der Abbildung unten an und tauscht euch darüber aus.

3 Lies, was der Erfinder über seine Maschine berichtet.

Günter Karl

Flugmaschine

Der Erfinder Fritz Pillmann berichtet:

Einen vollen Monat brauchte ich für meine Maschine. Ich schloss mich in meine Werkstatt ein und arbeitete fast ohne Unterbrechung Tag und Nacht.

Erbaut wurde meine Vogelmaschine aus Eisen, Blech und Stahl.

Dann kam der große Tag. Die Flugmaschine war fertig. Ich blieb beim Betrachten meines Werkes vor Erstaunen wie festgenagelt stehen, so fantastisch war es gelungen. Der Probeflug der „Robot“, so hatte ich meine Flugmaschine getauft, sollte am nächsten Tag stattfinden.

Früh am Morgen startete ich meine Flugmaschine. Mit ohrenbetäubendem Lärm schoss sie wie eine Rakete pfeilschnell empor. Robot zwinkerte mir noch einmal zu und rief: „Vielen Dank!“ Alsbald verschwand meine Flugmaschine als kleiner Punkt im Weltall und wurde nie mehr gesehen …

4 Wenn du eine Flugmaschine bauen würdest: Wie sollte sie aussehen? Was sollte sie alles können? Beschreibe die Maschine möglichst genau.

5 EXTRA Hast du auch schon einmal etwas erfunden? Berichte darüber:
- Was genau hast du erfunden?
- Wie bist du auf die Idee gekommen?
- Was hast du mit der Erfindung gemacht?

Flieger selbst gebaut

1 Habt ihr schon einmal ein Flugzeug gebastelt?
Berichtet über eure Erfahrungen.

2 Falte einen einfachen Flieger und erkläre deiner Partnerin oder deinem Partner, wie du vorgegangen bist.

TIPP!
Achtung! Ihr müsst die Arbeitsschritte erst in die richtige Reihenfolge bringen.

3 Sicher hast du bemerkt, dass es gar nicht so einfach ist, eine Bastelanleitung zu geben.
- Arbeitet zu zweit.
- Legt Schere, Papier im Rechteckformat, Lineal, Klebestreifen und Büroklammer bereit.
- Versucht, den Flieger nach der gezeichneten Anleitung zu bauen.

Der Gleiter

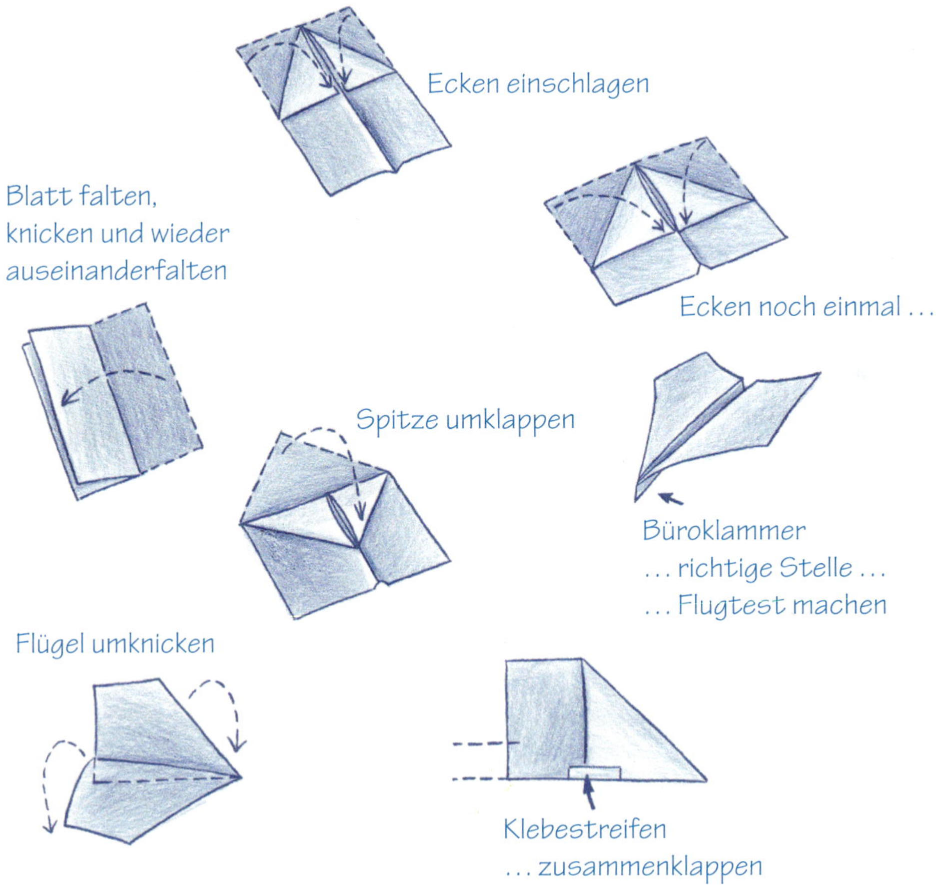

4 Schreibt die einzelnen Arbeitsschritte auf Kärtchen und nummeriert sie in der richtigen Reihenfolge von 1 bis 7. Für jeden Arbeitsschritt könnt ihr unterschiedliche Formulierungen verwenden, z. B. für den ersten:
- Du faltest das Papier der Länge nach in der Mitte.
- Falte zuerst das Papier der Länge nach in der Mitte.
- Man faltet das Papier der Länge nach in der Mitte.

TIPP!
Auf S. 132 findet ihr unter jeder Zeichnung kurze Hinweise, die später beim Formulieren nützlich sein können.

5 Vergleicht eure Ergebnisse mit denen anderer Gruppen.
Prüft, ob ihr die Kärtchen mit derselben Nummer von einer Gruppe zur anderen austauschen könnt.

6 Stellt fest, welche Formen (Du-Form, Befehlsform, Man-Form) die verschiedenen Partnergruppen gewählt haben. Erklärt die Unterschiede in den Formulierungen. Welche Lösung gefällt euch am besten?
Tauscht euch darüber aus.

7 Zeichnet und schreibt jetzt die vollständige Bastelanleitung.
Verwendet dabei die Form, die euch am besten gefallen hat.
Verbindet die einzelnen Schritte sprachlich miteinander.

Zuerst …/Als Erstes …

Anschließend …

Als Nächstes …

Dann …/Danach …

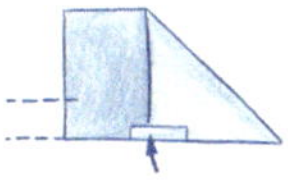
Jetzt …

Nun …

Schließlich/Zum Schluss/Als Letztes …

TIPP!
Im Internet findet ihr weitere Bauanleitungen für einfache Papierflieger. Nutzt dazu den Online-Link.

Online-Link
313271-0133

Wie ein Vogel in der Luft

Online-Link
Hörverstehen
313271-0134

1 Lest den Text oder hört ihn euch an.

Daidalos und Ikaros

Eine Jahreszahl weiß die Sage nicht, so lange ist es schon her. Auf der Insel Kreta herrschte der König Minos, und Daidalos, der Tausendkünstler, war sein Gefangener.
Denn der König wollte den geschickten Mann nicht mehr gehen lassen, von dem man sagte, er habe Axt, Bohrer und Wasserwaage erfunden, und der aus Holz und Quecksilber sogar künstliche Menschen geschaffen haben sollte, die sich bewegen und auch reden konnten. Eines Morgens saß Daidalos, wie schon so oft, am Strand und schaute einem Vogel nach, der mit langsamen Flügelschlägen über dem Meer dahinsegelte.
„Willst du eine haben?", hörte er da seinen kleinen Sohn rufen und sah, dass Ikaros beide Hände voll Vogelfedern gesammelt hatte. „Nicht nur eine", antwortete Daidalos und stand auf.
„Ich brauche alle, die du finden kannst." Und er dachte: Minos ist König über das Land und König über das Meer. Aber die Luft ist frei. Dort oben führt ein Weg fort von dieser Insel, den uns Minos nicht versperren kann. Machen wir es also den Vögeln nach!
Er legte die Federn, die Ikaros gebracht hatte, der Größe nach nebeneinander in den Sand, zeigte seinem Sohn, was für Federn ihm noch fehlten, und während die Sonne immer höher stieg, vollendete Daidalos seine kühnste Erfindung.
Aus seinem Gewand zupfte er Fäden und knüpfte die Federn zu dichten Schwingen zusammen – ein Paar für sich, ein kleines für den Sohn. „Sieh dort das verlassene Bienennest", sagte er zu Ikaros. „Bring mir die Wabe[1]!"
Er erweichte das Wachs am Feuer und verschmolz die Federkiele[2] so miteinander, dass die Schwingen, als das Wachs wieder kalt und fest war, gewölbt blieben und die Winde unter sich auffangen konnten. Jetzt stand die Sonne am höchsten und jetzt war das Wunderwerk fertig.
Mit den Riemen seiner Sandalen schnürte er Ikaros das Schwingenpaar an die Arme, zog seine eigenen Flügel ebenso an und sagte: „Folge nur immer mir nach, genau in der Mitte zwischen Himmel und Meer! Denn kommst du zu nahe ans Wasser, fassen die Wellen nach deinen Flügeln und ziehen dich in die Tiefe; kommst du der Sonne zu nahe, verbrennt ihre Glut deine Flügel und du fällst aus der Höhe herab. Halte dich in der Mitte wie ich!"
Leicht erhoben sich beide in die Luft, leicht flogen sie beide dahin. Inseln zogen unter ihnen vorüber wie Schiffe – Paros und Naxos links drüben, Kalymnos rechts drunten, schon tauchte vor ihnen Samos auf.

[1] die Wabe (die Waben): in den Waben aus Wachs sammeln die Bienen den Honig

[2] der Federkiel (die Federkiele): der feste Teil, der die ganze Feder durchzieht

Da vergaß Ikaros die Worte seines Vaters – zu herrlich war das Gefühl, fliegen zu können wie ein Vogel. Höher und höher schwang er sich empor. In der Nähe der Sonne aber schmolz das Wachs seiner Flügel, die Federn verloren den Halt, flatternd im flüchtigen Wind, und die Bewegung der Arme trug den Körper nicht mehr. Im Fall rief Ikaros noch: „Vater, ich stürze!"

Doch der Wind trug seine Worte davon, und das Wasser, in das er versank, verschloss ihm den Mund. Als Daidalos um sich blickte, war der Himmel leer. „Ikaros!", rief er. „Ikaros! Wohin bist du geflogen?" Dann sah er drunten im Meer die Federn schwimmen. Er senkte sich auf die nächste Insel nieder und stand dort am Ufer, bis die Wellen den toten Sohn ans Land spülten.

Nach Ikaros heißt das Wasser, in dem er ertrank, das Ikarische Meer, und Ikarien heißt noch heute die Insel, auf der ihn sein Vater begrub.

2 Lies den Text und beantworte die Fragen zum Inhalt der Sage:

1. Warum hielt König Minos Daidalos gefangen?
2. Warum wollte Daidalos fliegen?
3. Warum stürzte Ikaros ab?

3 Erkläre, was die Sage mit dem Thema dieses Kapitels zu tun hat.

4 Beschreibe, wie Daidalos seine „Flugmaschine" gebaut hat. Nutze die folgenden Satzanfänge:

Dann … | Zuerst … | Als Erstes … | Anschließend …

Nun … | Als Nächstes … | Danach … | Jetzt …

Schließlich … | Zum Schluss … | Als Letztes …

Wenn Fliegen fliegen …

1 Wer kann den Zungenbrecher am schnellsten deutlich und fehlerfrei vorlesen? Probiert es aus.

Wenn Fliegen fliegen, dann fliegen Fliegen Fliegen hinterher.

2 Suche Reimwörter mit *ie*. Schreibe sie in dein Heft.

1. fliegen 2. Fliege 3. schießen 4. Tier 5. tief

3 Lies das Gedicht laut und deutlich vor.
Schreibe alle Wörter mit lang gesprochenem *i*-Laut heraus.

Josef Guggenmos

Wenn Riesen niesen

Sieben Riesen,
die mit bloßen Füßen
über nasse Wiesen liefen,
niesten mit ihren Riesennasen so laut,
dass von diesem Riesenniesen
sieben Wieselkinder,
die in tiefen Zimmern schliefen,
aufwachten und „G'sundheit!" riefen.

4 Bilde die Präteritumsformen und schreibe vollständige Sätze.
Unterstreiche in den Verben die Buchstaben, die das lange *i* wiedergeben,
z. B.: Sie l<u>ie</u>fen über die Wiese.

1. Sie laufen …
2. Es schläft …
3. Sie rufen …
4. Sie schreibt …
5. Sie bleiben …
6. Er heißt …
7. Sie lässt …
8. Wir schweigen …
9. Sie steigen …
10. Es schreit …
11. Sie erhalten …
12. Wir entscheiden …
13. Er rät …
14. Sie fällt …
15. Es erscheint …

5 Ergänze die Sätze und schreibe sie auf.

Sie sieht … Es geschieht … Er flieht … Sie zieht …

Merke

Das lange ***i*** wird in der Regel als ***ie*** wiedergegeben, z. B. **fliegt, rief, lief,** … telefon**ie**ren, kap**ie**ren, …

Wie? Nur i?

1 Du hast gelernt, dass der lang gesprochene *i*-Laut in deutschen Wörtern in der Regel als *ie* geschrieben wird. In Fremdwörtern wird er jedoch meist als *i* geschrieben, auch wenn er lang gesprochen wird. Diese Ausnahmen musst du dir besonders gut einprägen.

Bibel, Biber, Detektiv, Fibel, Kilo, Kino, Klima, Klinik, Krise, Krokodil, lila, Linie, Medizin, Mimik, Mine, minus, prima, Risiko, Ski, Tiger, Titel, Video

2 Schreibe die Wörter aus der Liste auf Karteikarten. Schreibe auf die Rückseite eine knappe Erklärung, wie bei einem Rätsel. Übe damit.

3 Schreibe die i-Wörter alphabetisch geordnet auf, z. B.: Cousine, …

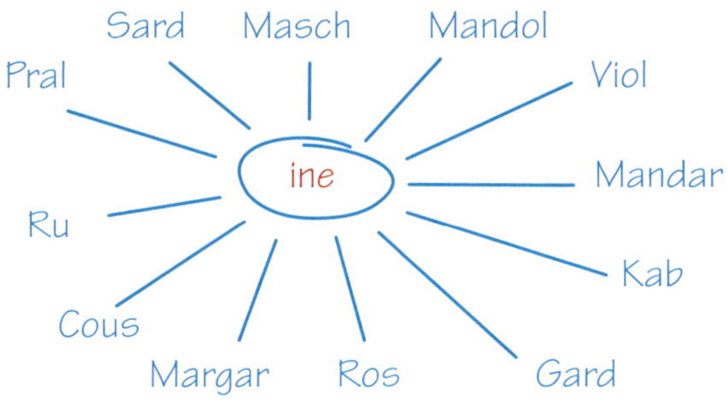

4 EXTRA Denk dir Reime mit *i*-Wörtern aus und schreibe sie auf, z. B.:
Meine Cousine fliegt eine Riesenmaschine.

5 EXTRA Gestaltet ein „ine-Maschine-Plakat“:
Zeichnet eine Maschine mit einem dicken roten **i** in der Mitte.
Schreibt Maschine dazu und malt Silbenbögen darunter: Ma schi ne
Dann malt jeder einen Gegenstand aus dem Wörterigel für das Plakat und schreibt den Namen mit Silbenbögen darunter.

ie oder *i*?

1 Wie heißen diese Begriffe aus dem Mathematik- und Deutschunterricht? Schreibe sie auf.

1. die Summe errechnen . . . ieren
2. etwas zum Mitschreiben vorsprechen . . . . ieren
3. eine Zahl durch eine andere teilen . . . . . ieren
4. die Personalformen eines Verbs bilden . . . . . . ieren
5. eine Zahl von einer anderen abziehen . . . . ieren
6. die Buchstaben eines Wortes der Reihe nach nennen . . . . ieren
7. eine Zahl mit einer anderen vervielfältigen . . . . ieren

2 Wie viele *ie*-Wörter findest du? Schreibe sie auf. Achte auch auf die Groß- und Kleinschreibung.

Die *ie*-Wörter-Schlange

3 *i* oder *ie*? Schreibe die Sätze ab und ergänze dabei in den Wörtern die fehlenden Buchstaben. Markiere die *ie* rot und die *i* grün.

Z?mlich schw?rig!

1. V?r Pap?rfl?ger fl?gen durch d? Klasse.
2. Das Flugzeug f?l in ein Luftloch, aber keinem pass?rte etwas.
3. Der rote Modellfl?ger ist sein L?blingssp?lzeug.
4. V?rzehn Fam?lienmitgl?der w?gen so v?l w? ein Segelfl?ger.
5. S? s?ht den Film „Das fl?gende Klassenzimmer".
6. Der Koffer wog s?ben K?lo zu v?l, das war ihnen noch n? pass?rt.
7. S? flogen eine geschwungene L?nie und sahen unter sich d? alte Ru?ne.
8. Trotz der Med?z?n wurde ihnen bei ihrem Flug z?mlich schlecht.
9. S? flogen in den Süden, weil dort das Kl?ma pr?ma ist.
10. D? Sonne scheint bei 2 Grad m?nus und meine Cous?ne wird bald landen.

Wer hat die meisten Punkte?
Für jedes richtig geschriebene ? gibt es einen Punkt.

Der schnelle Gleiter

1 Schreibe mithilfe der Punkte eine Bastelanleitung für den **„schnellen Gleiter"**. Verwende die Du-Form, z. B.:
Zuerst faltest du das Papier in der Mitte. Anschließend schlägst du die Ecken ein …

1. zuerst das Papier in der Mitte falten
2. anschließend die Ecken einschlagen
3. als Nächstes die Spitze umklappen
4. dann die Ecken noch einmal umknicken
5. jetzt die Flügel zusammenfalten
6. danach die Flügel umknicken
7. nun die Flügel auseinanderfalten
8. zum Schluss den Rand der Flügel hochknicken und die Spitze mit einer Büroklammer beschweren
9. nun einen Test machen

TIPP!
Achte auf die Großschreibung am Satzanfang.

→ **Seite 84,** Großschreibung

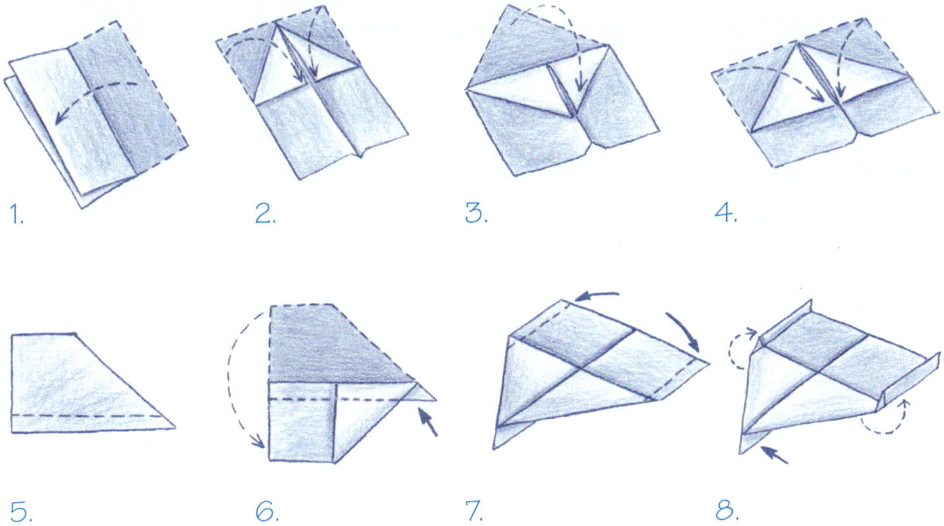

2 Formuliere die Bastelanleitung jetzt so:
Zuerst faltet man das Papier in der Mitte. Anschließend schlägt man die Ecken ein …

3 Vergleiche deine Bastelanleitung mit der deiner Partnerin oder deines Partners. Prüfe, ob die Verben jeweils in der richtigen Form verwendet wurden.

11 Handschriften

Dem Schreiber auf der Spur

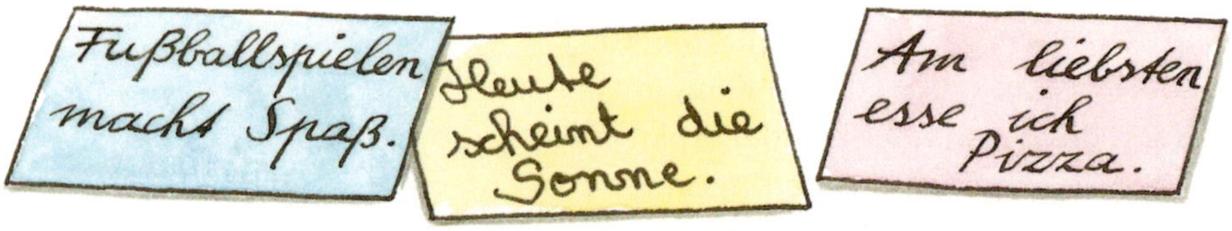

1 Teilt eure Klasse in zwei gleich große Gruppen auf. Jeder bekommt zwei Karteikarten und schreibt unterschiedliche Sätze darauf. Benutzt auch verschiedene Stifte. Mischt dann die Schriftproben in jeder Gruppe.

2 Anschließend tauscht ihr die Karteikarten zwischen den Gruppen aus. Vergleicht die Schriften und stellt in jeder Gruppe fest, welche beiden Karten jeweils von demselben Schreiber stammen.

3 Besprecht, woran ihr die Handschriften erkannt habt.

Um einen Kriminalfall aufzuklären, werden alle möglichen Spuren untersucht. Manchmal muss man dazu auch Handschriften untersuchen!
Es könnte zum Beispiel sein, dass jemand die Unterschrift unter einem Vertrag nachgemacht hat, um so an viel Geld zu kommen.
Wenn man herausfinden will, ob eine Unterschrift echt ist oder ob sie gefälscht wurde, muss man sie mit anderen Schriftproben vergleichen. Dabei gehen die Experten[1] so vor: Zunächst untersuchen sie nur andere Schriftproben der Person, von der die Unterschrift stammen soll. Sie vermessen alle Buchstaben: Wie weit dehnen sie sich in Höhe und Breite aus? Wie verhalten sich die Größen der verschiedenen Buchstaben zueinander? Sie schauen, ob es irgendwelche Besonderheiten bei bestimmten Buchstaben gibt, und überprüfen, ob die Schrift in der Zeile ansteigt oder eher nach unten geht. Als Nächstes untersuchen sie die umstrittene Unterschrift genauso gründlich.
Erst dann, nachdem beide Schriften getrennt untersucht wurden, werden Übereinstimmungen oder Unterschiede benannt.
Nach einem solchen Schriftenvergleich kann man ziemlich sicher sagen, ob eine Unterschrift von einer bestimmten Person stammt oder nicht.

[1] der Experte (die Experten): ein Fachmann auf einem bestimmten Gebiet

4 Lies den Text. Notiere in Stichworten, wie Experten bei der Schriftuntersuchung vorgehen. Vergleiche dein Ergebnis mit dem deiner Nachbarin oder deines Nachbarn.

Mit Schriften experimentieren

1 Hier findet ihr verschiedene Schriften. Probiert sie aus. Ihr könnt euren Namen schreiben, eine Anschrift, ein Gedicht oder ein Rätsel, …

→ **Seite 47, 56/57, 146/147, 157, 208** Sprüche und Gedichte

Sütterlin:	Schulausgangsschrift:	Lateinische Ausgangsschrift:
a b c d e f g h i j k l m n o	a b c d e f g h i j k	a b c d e f g h i j k
p q r s ſ ß t u v w x y z	l m n o p q r s t u v	l m n o p q r s t u v
A B C D E F G H I J K L	w x y z	w x y z
M N O P Q R S T U V	A B C D E F G H I J	A B C D E F G H I J
W X Y Z	K L M N O P Q R S T	K L M N O P Q R S
1 2 3 4 5 6 7 8 9 0	U V W X Y Z	T U V W X Y Z
Ä Ö Ü ä ö ü	1 2 3 4 5 6 7 8 9 0	1 2 3 4 5 6 7 8 9 0
(. , ; : - ! ? ' „ " + - = ·)	Ä Ö Ü ä ö ü	Ä Ö Ü ä ö ü

Computer-Gedicht

Enter
Komm rein
Break
Mach mal Pause
Return
Komm bald wieder

Wolf Harranth

Alissa

Alissa

Alissa

Welches Jahr dauert nur drei Monate?

2 Habt ihr eine eigene Unterschrift? Probiert verschiedene Unterschriften aus. Tauscht euch darüber aus, welche euch am besten gefällt.

Mit Schreibwerkzeugen experimentieren

1 Schreibe einen der Sprüche mit einem harten und einem weichen Bleistift, mit dem Kugelschreiber, mit dem Füllfederhalter, mit einem breiten und mit einem feinen Filzstift, mit dem Tintenstift und mit einem Pinsel, z. B.:

Es gibt nichts Gutes, außer man tut es. *Erich Kästner*

Das Fernsehen unterhält die Leute, indem es verhindert, dass sie sich miteinander unterhalten. *Sigmund Graff*

Es ist die Hoffnung, die den schiffbrüchigen Matrosen mitten im Meer veranlasst, mit seinen Armen zu rudern, obwohl kein Land in Sicht ist. *Ovid*

2 Besprecht: Mit welchem Werkzeug schreibt ihr am liebsten? Was gefällt euch daran? Welche anderen Schreibwerkzeuge kennt ihr?

3 Schreibt auf verschiedene Materialien:
- mit Kreide auf eine Tafel
- mit Folienstift auf eine Overhead-Folie
- mit dem Finger in den Sand oder in den Schnee
- mit dicken Faserschreibern auf ein Plakat
- mit Kreide in Riesenbuchstaben auf den Schulhof
- in Miniaturschrift auf eine beklebte Streichholzschachtel …

Mit Schrift gestalten

1 Ihr habt verschiedene Möglichkeiten des Schreibens mit der Hand ausprobiert. Gestaltet nun selbst etwas mit Handschrift.

Wählt A, B oder C:

A: Für euch selbst oder für eure Freunde
B: Für eure Klasse
C: Für eure Schule

A 1. eine originelle Beschriftung für eure Zimmertür, für einen Buchumschlag oder für Hefte
2. eine Grußkarte oder eine Geburtstagseinladung
3. einen Trinkbecher (Porzellanstift zum Einbrennen), ein Halstuch oder ein T-Shirt (Textilfarbe)

B 1. Beschriftung der Abfallbehälter
2. Beschriftung von Schränken und Regalfächern

C 1. Plakatausstellung zum Aushängen im Schulflur
2. Beschriftung der Türen zu den Klassenräumen und Fachräumen

2 Bringt die Ergebnisse eurer Arbeit in die Klasse mit und besprecht, was euch besonders gut gefällt.

Arbeitstechnik

Ein Plakat gestalten

1. Ein Plakat soll einen schnellen Überblick geben, auch aus größerer Entfernung. Deshalb muss es sehr übersichtlich sein.
2. Probiere verschiedene Schriften, Schreibwerkzeuge und Materialien aus.
3. Teile den Platz ein: Wo soll die Überschrift stehen und wo der Text? Benutze Hilfslinien.
4. Nenne in der Überschrift das genaue Thema.
5. Schreibe nur die wichtigsten Informationen auf (möglichst wenig Text).
6. Schreibe so groß, dass man den Text auch aus einiger Entfernung lesen kann.
7. Wenn du Bilder und Zeichnungen einfügst, müssen sie auch groß und gut erkennbar sein.

Eine andere Schrift

Online-Link
Hörverstehen
313271-0144

1 Lest den Text oder hört ihn euch an.

Das Leben des Louis Braille

Im Jahre 1809 – schon fast 200 Jahre her – wurde in Frankreich ein kleiner Junge namens Louis geboren. Sein Vater war ein Handwerker und hatte eine eigene Werkstatt, in der er Lederarbeiten anfertigte. Als Louis drei Jahre alt war, geschah ein schlimmer Unfall. Er spielte in der Werkstatt mit einer Ahle, das ist ein spitzes Werkzeug, das einer Nadel ähnlich ist, und stach sich damit ins Auge. Dadurch wurde er blind. Obwohl er jetzt nicht mehr sehen konnte, ging er ganz normal in die Schule seines Wohnortes Coupvray. Louis war sehr schlau und konnte sich alles merken, was der Lehrer erzählte. Das hatte keiner vorher geglaubt! Könnt ihr euch vorstellen, dass er sogar Klassenbester wurde?

Aber etwas konnte er nicht, und das war das Lesen und das Schreiben. Das fuchste[1] ihn natürlich sehr. Deshalb kam er mit 10 Jahren nach Paris, wo es eine spezielle Blindenschule gab. Sogar Bücher fand er hier. Allerdings nur 14 insgesamt. Die hatte der Rektor der Schule selbst hergestellt: Er hatte aus Kupferdraht Buchstaben gebogen und sie auf Papier befestigt. Die Bücher waren aber wahnsinnig schwer und auf jede Seite passten nur ganz wenige Wörter. Louis musste nun mit seinen Fingern Buchstaben für Buchstaben ertasten und zu einem Wort zusammenfügen. Ihr könnt euch sicher vorstellen, dass dabei kein richtiger Lesespaß aufkam. Und schreiben konnte er natürlich auch nicht, weil er ja nicht wusste, ob er die Buchstaben richtig formte. Was sollte Louis bloß tun, um endlich zu Büchern zu kommen? Hättet ihr eine Idee gehabt?

1821 geschah dann etwas Wunderbares, das das Leben vieler Blinder veränderte.

Der Soldat Charles Barbier kam ins Blindeninstitut und führte eine Erfindung vor, die er für Blinde für geeignet hielt. Er hatte sich eine Schrift für die Soldaten ausgedacht, damit sie auch nachts ohne Kerzenlicht Nachrichten lesen konnten. Sie bestand aus 12 Punkten und Strichen, die ertastet werden konnten.

Um damit Bücher schreiben zu können, war sie leider immer noch zu groß, aber Louis war ja ein kluges Kind. In seinen Schulferien entwickelte er aus sechs Punkten eine Kombination für alle Buchstaben des Alphabets. Diese Schrift nahm wenig Platz ein, konnte schnell gelesen werden und die Blinden konnten sie sogar schreiben. Louis war damals erst 15 Jahre alt.

[1] es fuchste ihn: es ärgerte ihn

2 Erschließe den Text über Louis Braille, indem du folgende Fragen beantwortest:
1. Was erfährst du im ersten Abschnitt (Zeilen 1 bis 10) über Louis Braille? (Wann? Wo? Wer? Was?)
2. Was war der sehnlichste Wunsch von Louis Braille, als er Schüler der Blindenschule war?
3. Was erfährst du über die Erfindung von Louis Braille? (Wann? Wo? Wer? Was?)

→ **Seite 189,** Arbeitstechnik „Einen Text mithilfe von W-Fragen verstehen“

Dies ist Braillin, eine kleine Stoffpuppe, mit der blinde Kinder die Blindenschrift lernen. Auf ihrem Bauch kann man sechs Druckknöpfe befestigen, die sich leicht erfühlen lassen. So können blinde Kinder die Blindenschrift-Buchstaben leichter lernen. Blinde können auch einen Computer benutzen. Mit einer Zusatztastatur schreiben sie am Computer. Ein besonderes Programm liest die Texte vor. So können sich Blinde zum Beispiel E-Mails schreiben.

3 Lies die Überschrift mithilfe des Blindenschrift-Alphabets unten auf der Seite. Beachte auch die unterste Zeile.

4 Schreibe deinen Namen in Blindenschrift.

5 EXTRA Auf jeder Medikamentenpackung findest du etwas in Brailleschrift. Schau einmal zu Hause nach und versuche, die Aufschriften zu entziffern. Warum ist die Aufschrift in Brailleschrift so wichtig?

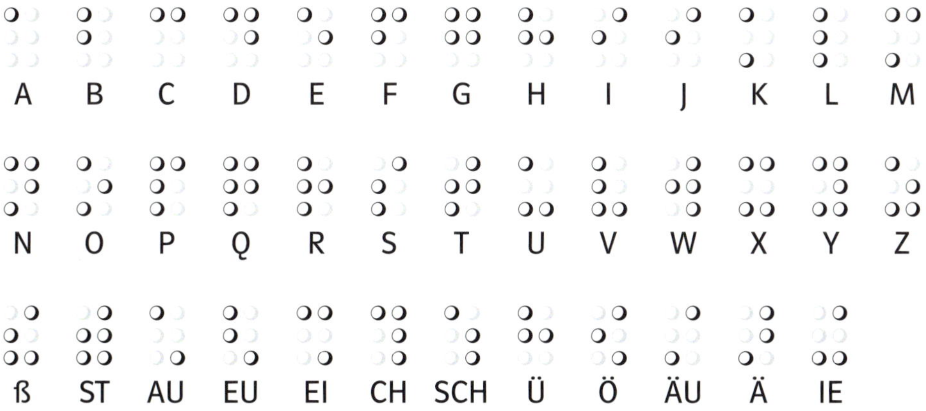

Echte Handarbeit

Online-Link
Hörverstehen
313271-0146

1 Gestalte ein Gedicht mit Handschrift. Gestalte auch das Blatt in passenden Farben. **Wähle A, B, C, D oder E:**

A

Frantisek Halas

Was der Frühling alles tun muss

Erst die Sonne höher heben,
dann die Gräser grün anstreichen,
allen, die auf Erden leben,
brüderlich die Hände reichen;

Für die Vögel Noten schreiben
und die Rosenblätter zählen,
mit Schulkindern Unfug treiben,[1]
Wäldern neue Farben wählen;

Schlangen häuten, Schatten schwärzen,
Felder kämmen, auch die Wiesen,
sorgen, dass Kastanienkerzen
brennen, Weidenruten schießen;

Käfern ihre Panzer putzen,
Zäunen Guten Morgen sagen,
Tau als Schmuck für Gras benutzen,
Licht in Mauselöcher tragen;

Weil die Bienen
gern was hätten,
Honig in die Blüten stecken,
alle Katzenfelle glätten –
und die Kinder morgens wecken!

[1] Unfug treiben: Blödsinn machen

B

Ilse Kleberger

Sommer

Weißt du, wie der Sommer riecht?
Nach Birnen und nach Nelken,
nach Äpfeln und Vergissmeinnicht,
die in der Sonne welken,
nach heißem Sand und kühlem See
und nassen Badehosen,
nach Wasserball und Sonnenkrem,
nach Straßenstaub und Rosen.

Weißt du, wie der Sommer schmeckt?
Nach gelben Aprikosen
und Walderdbeeren, halb versteckt
zwischen Gras und Moosen,
nach Himbeereis, Vanilleeis
und Eis aus Schokolade,
nach Sauerklee vom Wiesenrand
und Brauselimonade.

Weißt du, wie der Sommer klingt?
Nach einer Flötenweise,
die durch die Mittagsstille dringt,
ein Vogel zwitschert leise,
dumpf fällt ein Apfel in das Gras,
ein Wind rauscht in den Bäumen,
ein Kind lacht hell,
dann schweigt es schnell
und möchte lieber träumen.

D

Johann Wolfgang von Goethe

Die Frösche

Ein großer Teich war zugefroren,
Die Fröschlein, in der Tiefe verloren,
Durften nicht ferner quaken noch springen,
Versprachen sich aber, im halben Traum,
Fänden sie nur da oben Raum,
Wie Nachtigallen wollten sie singen.
Der Tauwind kam, das Eis zerschmolz,
Nun ruderten sie und landeten stolz,
Und saßen am Ufer weit und breit
Und quakten wie vor alter Zeit.

C

Joachim Ringelnatz

Herbst

Der Herbst schert[2] hurtig[3] Berg und Tal
Mit kalter Schere ratzekahl.[4]
Der Vogel reist nach warmer Ferne;
Wir alle folgten ihm so gerne.

Das Laub ist gelb und welk geworden,
Grün blieb nur Fichte noch und Tann'.
Huhu! Schon meldet sich im Norden
Der Winter mit dem Weihnachtsmann.

[2] scheren: kurz schneiden

[3] hurtig: alter Ausdruck für „schnell"

[4] ratzekahl: völlig kahl

E

Josef Guggenmos

Ich male mir den Winter

Online-Link
Hörverstehen
313271-0147

Ich male ein Bild,
ein schönes Bild,
ich male mir den Winter.
Weiß ist das Land,
schwarz ist der Baum,
grau ist der Himmel dahinter.

Sonst ist da nichts,
da ist nirgends was,
da ist weit und breit nichts zu sehen.
Nur auf dem Baum,
auf dem schwarzen Baum
hocken zwei schwarze Krähen.

Aber die Krähen,
was tun die zwei,
was tun die zwei auf den Zweigen?
Sie sitzen dort
und fliegen nicht fort.
Sie frieren nur und schweigen.

Wer mein Bild besieht,
wie's da Winter ist,
wird den Winter durch und durch spüren.
Der zieht einen dicken Pullover an
Vor lauter Zittern und Frieren.

Merken – aber wie?

Manche Wörter sind nicht so einfach. Man muss sich einprägen, wie sie geschrieben werden. Hier findet ihr Übungen, die beim Einprägen und Merken helfen. Ihr könnt allein oder mit einem Partner üben.

1 Sieh zuerst deine letzten Diktate und Aufsätze durch. Sammle schwierige Wörter, die du üben willst. Lege eine Liste deiner Merkwörter an, z. B.:

verwechseln | Maifeier | wider | Verwandte

Rhythmus | allmählich | sympathisch

2 Gedächtnistraining: Merke dir zwei Wörter aus der Merkwörterliste. Decke sie zu und schreibe die Wörter aus dem Gedächtnis auf. Vergleiche mit der Vorlage.

3 Schriftproben: Wähle Wörter aus deiner Merkwörtersammlung aus und gestalte sie.

4 Geisterschrift: Schreibe die Wörter, die du dir merken willst, mit dem Finger auf den Tisch.

5 EXTRA **Buchstabengeschichten erfinden:** Erfinde Buchstabengeschichten zu besonders schwierigen Merkwörtern, z. B.:

Eines Tages trafen sich alle Buchstaben des Wortes **wider** zu einer Konferenz. Es gab Streit. Die anderen Buchstaben waren **dagegen**, dass das **e** zweimal vorkommen durfte. „Na gut", sagte das **e** und gab nach. Seit damals wird **wider** nur mit einfachem i geschrieben, wenn es **„gegen"** bedeutet.
An einem anderen Tag trafen sich die Buchstaben des Wortes **wieder**. „Ein Buchstabe soll sich **wiederholen**. Das passt besser zu unserer Bedeutung", sagten sie. „Na gut", sagte das **e**, „mich könnt ihr zweimal nehmen."

6 Wörter fühlen: Such dir ein Wort aus deiner Merkwörterliste aus. Schreibe die Buchstaben einzeln in BLOCKSCHRIFT mit dem Finger auf den Rücken deiner Partnerin oder deines Partners. Er oder sie schreibt die Lösung auf.

TIPP!
Ihr könnt die Übung auch schwerer machen: Baut einen Rechtschreibfehler ein. Probiert aus, ob euer Partner den Fehler findet.

7 Gedächtnisspiel: Stellt ein Gedächtnisspiel mit Merkwörtern her. Ihr braucht dazu Kärtchen oder Zettel. Schreibt die Merkwörter paarweise darauf, dreht sie um und spielt das Gedächtnisspiel. Ihr könnt das Spiel auch abwandeln: Schreibt auf die Rückseite einer der beiden Karten immer eine Rechtschreibbesonderheit, bei „sympathisch" z. B. „y–th". Welche Karte wird zuerst umgedreht? Überlegt euch Spielregeln.

8 Lauschwörter: Lies deiner Partnerin oder deinem Partner ein Wort von deiner Merkwörterliste vor. Merke dir die Anzahl der Buchstaben. Der andere buchstabiert das Wort und zählt die Buchstaben mit. Stimmt alles? Wechselt euch ab.

9 Wörter-Duett: Diktiere deiner Partnerin oder deinem Partner zwei Wörter aus deiner Merkwörterliste. Kontrolliere die Rechtschreibung. Tauscht die Rollen.

10 Lückenwörter: Wähle zuerst einige Merkwörter aus. Nimm dann ein Blatt und knick es in der Mitte. Auf die eine Hälfte zeichnest oder malst du etwas zu jedem Wort, sodass man das Wort erraten kann. Auf die andere Hälfte zeichnest du Buchstabenkästchen in der richtigen Anzahl. In diese Kästchen kann dann das erratene Wort geschrieben werden. Du kannst einen oder zwei Buchstaben vorgeben.

Merkwörter üben: aa – ee – oo

Mira Lobe

Die Purzelgeschichte

Ein Wichtel[1] namens Purzel fiel über eine Wurzel,
verlor dabei sein U und seinen linken Schuh.
Den Schuh fand er wieder, setzte sich nieder und band ihn zu.
Aber das U fand er nicht, P'rzel, der Wicht.
Er suchte und fluchte.
„Was ist los?", fragte das Moos. „Hab dich nicht so! Ich schenk dir ein O."
Porzel? „Fatal!"[2], sagte der Aal. „Ich schenk dir ein A, denn mir ist's egal."
Parzel? „Oder willst du ein E?", fragte der See.
P'rzel verneinte, schluchzte und weinte: „U u u u u …" Nanu?
Er weinte lauter U ins Gras, die waren alle tränen-nass.
P'rzel suchte sich das trockenste aus, war wieder Purzel und lief nach Haus.

[1] der Wichtel (die Wichtel): der Zwerg

[2] fatal: peinlich

1 Welche Wörter wollten P'rzel einen Buchstaben schenken? Schreibe sie heraus. Warum wollte ihm kein Wort ein *U* abgeben? Begründe.

2 Schreibe die Geschichte mit anderen Beteiligten, z. B.:
Ein Wicht namens Himpelchen verlor sein i am Meer.

TIPP!
Zuvor musst du natürlich die ausgelassenen Buchstaben ergänzen.

3 Übernimm die Tabelle in dein Heft. Ordne die Nomen/Substantive mit Begleiter ein.

aa	ee	oo
der Saal	…	…
…	…	…
…	…	…

S??l – B??t – T?? – ??l – B??re – Kl?? – Kaff?? – P??r – F?? – Z?? – Schn?? – H??r – S?? – M??r – T??r – W??ge – S??t – M??s – Sp??r – St??t

Drei Wörter kannst du zweimal in die Tabelle eintragen.
Stelle fest, welche das sind.

Merkwörter üben: chs, x, ks, cks, gs

1 In dem Gedicht kommen mehrere Wörter mit der Lautverbindung *ks* vor. Schreibe diese Wörter heraus und unterstreiche die Buchstaben, die die Lautverbindung *ks* wiedergeben, z. B.: Sachsen, ...

Es gab ein Gespenst mal in Sachsen
das machte auch tagsüber Faxen
schmiss Kekse herum
spuckt' Kleckse ringsrum
und wurde nie richtig erwachsen.

2 Schreibe aus dem folgenden Text alle Wörter mit **x** heraus.

Wörter mit dem Buchstaben x findet man nur wenige in Texten oder im Lexikon. Geh einmal extra auf eine „x-Suche“ und schreibe jedes Exemplar exakt auf. Und vergiss nicht so exotische Wesen wie die Hexen und die Nixen. Box dich durch!

3 Suche mit deiner Partnerin oder deinem Partner Wortverwandte von diesen Wörtern, z. B.: tagsüber – Tag – Tage – täglich ...

tagsüber | mittags | du lenkst | du parkst | du merkst

Besprecht, wie euch die verwandten Wörter helfen, euch die Schreibweise einzuprägen.

4 Diese Wörter musst du dir merken. Gestalte sie mit Schrift unterschiedlich, je nachdem, wie der ks-Laut geschrieben wird.

→ **Seite 141,** Handschriften ausprobieren

wachsen | Büchse | Dachs | Examen
Axt | Ochse | Hexe | Keks | Lexikon
Jux | Deichsel | Lachs | Wachs | Fuchs
wechseln | Echse | Taxi | Murks
Praxis | Achse | Luchs | Text

12 Lesen üben – mit Sprache spielen

Christine Nöstlinger

Warum Lesen wichtig ist

War einmal einer,
den liebte keiner.
Schrieb er auf ein Blatt Papier:
„Bin einsam! Wer ist nett zu mir?"
Faltete einen Flieger daraus,
warf ihn zum Fenster hinaus.
Westwind trug ihn zum Wald,
fand ihn ein Häschen bald.
Wär zur Liebe bereit gewesen,
konnt aber leider nicht lesen.

1 Warum ist es eurer Meinung nach wichtig, dass man lesen kann?

2 Stellt euch vor, ihr könntet nicht lesen. Welche Schwierigkeiten hättet ihr beispielsweise beim Einkaufen?

3 Lesen ist aber nicht nur wichtig, sondern macht auch Spaß.
Berichtet darüber, wo und wann euch das Lesen besonders viel Freude bereitet hat.

4 Sprecht auch darüber, warum einige von euch sehr gerne, andere aber nicht gerne lesen. Überlegt, welche Gründe es dafür gibt.

Geheim! Geheim! Geheim!

1 Beschreibe, warum die beiden Texte schwer zu lesen sind. Schreibe selbst ähnliche kleine Texte und lege sie deiner Partnerin oder deinem Partner zum Lesen vor.

EinschwerzulesenderText
DieserTextistziemlichschwerzulesen.
Findetihrnichtauch?
Worandaswohlliegenmag?

EinnochschwerererzulesenderText
unddiesertextistnochetwasschwererzulesen.
oderseidihranderermeinung?
daswürdemichsehrwundern!

2 EXTRA Versuche, in die Texte noch andere Leseschwierigkeiten einzubauen.

3 EXTRA Suche die geheime Botschaft, die in diesem Text versteckt ist.

Geheime Botschaft
MitwkNtdrceinwrnTpctwenignRgfhdkfÜbungptrztXtqkann
BtrNmanbqPtkauchxmtrzschwierigeNtrzHTexteZrtnlesen!

4 EXTRA Verstecke in ähnlicher Weise eine Botschaft an deine Partnerin oder deinen Partner.

5 In dem folgenden Text stehen nur der erste und der letzte Buchstabe jedes Wortes an der richtigen Stelle. Trotzdem kann man ihn lesen und verstehen. Probiere es aus.

Vor lnager Ziet letbe ein Kniög, der httae enie wnduerschnöe Tchtoer. Biem Schslos des Köigns lag ein dnukelr Wlad. In dem Wlad war utenr enier Lnide ein Bnunren. Drot speitle die Knisögtchtoer oft mit enier gloneden Kegul. Enies Tgeas feil die Kguel in den Bnurnen, der so teif war, dsas man kienen Gnurd sheen knonte …

Schreibe den Text in der normalen Schreibweise auf.

Lesespiele

1 Lies den Text so schnell wie möglich. Bitte deine Partnerin oder deinen Partner, die Zeit zu stoppen. Ihr könnt auch einen kleinen Wettbewerb veranstalten.

Unfallbericht

Neulich bin ich mit dem Fahrrad in einen Gemüsestand gerast und gestürzt. Ich hatte eine Platzwunde am Kopf, die blutete. Die Kürbisse am Stand sahen noch schlechter aus als mein Kopf. „Die müssen jetzt auf den Kompost[1] und du musst zur Behandlung ins Krankenhaus“, sagte der Gemüsehändler. Dann hat er einen Krankenwagen gerufen, der mich mit Tatütata ins Krankenhaus fuhr. Der Arzt hat die Wunde genäht und ein großes Pflaster darüber geklebt. Als ich nach Hause kam, hat meine Mutter gesagt: „Kannst du denn nicht besser aufpassen?“ Und Vater hat gemeint, er müsse endlich eine Haftpflichtversicherung für mich haben. Einen Tag später ist ein Vertreter von einer Versicherung gekommen und Vater hat mit ihm eine Versicherung für mich besprochen. Die Versicherung zahlt jetzt die Kürbisse, wenn ich mal wieder stürze. Als Vater den Versicherungsvertrag unterschreiben wollte, war manches darin so kleingeschrieben, dass er es ohne Brille gar nicht lesen konnte. Wozu das wohl gut sein soll? Kann mir das jemand verraten?

[1] der Kompost: Sammelstelle für pflanzliche Abfälle

2 Beantworte die Fragen am Ende des Textes.

3 Lies auch diesen Text so schnell wie möglich vor.
Wer ist am schnellsten?

Es war einmal ein Bandwurm, der lebte auf einem Rundturm. Auf dem Rundturm pfiff manchmal der Landsturm. Der Bandwurmrundturmlandsturm wehte den Rundturmbandwurm in die Bandwurmrundturmwanduhr. Die Bandwurmrundturmwanduhr schlug um Mitternacht, da hat der Rundturmlandsturmbandwurm bitter gelacht.

4 EXTRA Erfinde selbst Texte mit Bandwurmwörtern. So könnte ein solcher Text beginnen:

Ich fuhr einmal mit dem Dampfzug durch den Schwarzwald. Da kam der Schwarzwalddampfzugschaffner und wollte meine Schwarzwalddampfzugfahrkarte …

5 In diesen Texten ist etwas durcheinandergeraten. Es sind immer zwei Witze in einem Text miteinander vermischt. Versuche, die Witze einem Zuhörer richtig vorzulesen.

Elefant und Maus

Ein Elefant tritt einer Maus versehentlich auf den Fuß. Da hüpft die Maus wie wild im Dreieck. Eine Maus hat einen Elefanten in ihre Wohnung eingeladen. Dem Elefanten tut das leid und er entschuldigt sich pausenlos. Während die beiden über die Kellertreppe schleichen, sagt die Maus zum Elefanten: „Pass gut auf, da stehen Mausefallen!“ „Mach dir nichts draus“, sagt die Maus. „Das hätte mir auch passieren können.“

Im Restaurant

„Herr Ober“, ruft ein Gast. „Mein Kaffee ist eiskalt!“ Ein Gast regt sich auf: „Herr Ober! Unglaublich, da ist eine Fliege in meinem Bier.“ „Ach, seien Sie doch nicht so kleinlich“, sagt der Ober. „Was kann Ihnen so ein kleines Tierchen schon wegtrinken!“ „Gut, dass Sie das sagen“, meint der Ober. „Ein Eiskaffee ist nämlich teurer als ein Kaffee.“

Interessante Berufe

Im Zoo ist ein Arbeitsplatz frei. Es wird ein Wärter für besonders giftige Schlangen gesucht. Isidor meldet sich. „Tut mir leid“, sagt der überaus freundliche Direktor. „Vor fünf Minuten haben wir bereits jemanden eingestellt.“ Im Zirkus tritt ein Feuerschlucker auf. „Aber wenn Sie morgen wieder vorbeischauen möchten …“, ergänzt der Direktor. „Schade, dass der nicht letzte Woche da war, als bei Stemmrichs die Scheune gebrannt hat. Da hätte er sich mal so richtig satt essen können.“

Nicht nur Schrift

1 Hier kann man auf einen Blick erkennen, wovon das Gedicht handelt. Erklärt, wie es gemacht wurde.

In Flandern lebten zwei Flundern
Die mussten sich jeden Tag wundern
Sie sagten eine zur andern
Wir sind ja zwei
Flundern
In Flandern

Dann schwammen sie platt auf
Den Meeresgrund
Und sangen zwei Stunden
lang
Den hochberühmten
Gesang: Wundern hält
Flundern
In Flandern
Gesund

Rainer Kirsch
Die Flundern von Flandern [1]

[1] Flandern: Teil von Belgien

2 Auch dies sind Gedichte! Lies die beiden folgenden Texte. Beschreibe, wie sie gemacht wurden.

W
WWW
WWWWW
WWWWWWW
WWWWW
WWWWWWW
WWWWWWWWW
WWWWWWW
WWWWWWWWW
WWWWWWWWWWW
WWWWWWWWWWWWW
WWW
WWW
WWW

A
AAA
AAAAA
AAAAAAA
AAAAA
AAAAAAA
AAAAAAAAA
AAAAAAA
AAAAAAAAA
AAAAAAAAAAA
AAAAAAAAAAAAA
AAA
AAA
AAA

L
LLL
LLLLL
LLLLLLL
LLLLL
LLLLLLL
LLLLLLLLL
LLLLLLL
LLLLLLLLL
LLLLLLLLLLL
LLLLLLLLLLLLL
LLL
LLL
LLL

D
DDD
DDDDD
DDDDDDD
DDDDD
DDDDDDD
DDDDDDDDD
DDDDDDD
DDDDDDDDD
DDDDDDDDDDD
DDDDDDDDDDDDD
DDD
DDD
DDD

Gerri Zotter, Mira Lobe, Renate Welsh

undsoweiter

Wolfgang Schmidt

3 EXTRA Kannst du den Rap der Gruppe „Massive Töne“ trotz der Lücken lesen? Versuch es. Du kannst den Text auch rappen.

Text und Musik: Jean-Christoph Ritter/Joao Caiola Dos Santos

Traumreise

Ey yo Baby, p□ deine Sachen, wir f□ zum Flugplatz
Weil ich gebucht habe, damit wir endl□ durchstarten
Keine Panik, gl□ mir, es lohnt sich
Ich zeig dir die ganze W□, nur den Mond nicht
Es ist k□ Geheimnis, nun reisen wir rum,
wir b□de zum Eiffelturm
Doch deine Freundinnen ben□den dich drum

Ich hab keinen Cent, ich bin blank
Hab kein Geld auf der □
Ich bin total abgebrannt, doch nehm ich deine H□
Und ich mach mit dir ’ne Traumreise
Indem ich den Globus dreh und mit dem Finger drauf z□

4 Schreibt die Zeilen aus dem Drachenlied von Bertolt Brecht auf ein Blatt Papier. Schneidet sie aus und probiert zu zweit verschiedene Zeilenanordnungen aus. Entscheidet euch für eine Möglichkeit und begründet eure Wahl.

Bertolt Brecht

Fliege, fliege, kleiner Drache

Steig mit Eifer in die Lüfte

Schwing dich, kleine blaue Sache

Über unsere Häusergrüfte[2]

5 Male ein Bild zu dem Gedicht von Bertolt Brecht.

[2] die Häusergrüfte: die Häuser sehen aus wie Grabmäler auf einem Friedhof

Verschlüsselt

1 Mit dem Winkel- und Kästchencode kannst du einen Text verschlüsseln. Dazu brauchst du eine Ver- und Entschlüsselungstabelle. Mit ihrer Hilfe kannst du den oben verschlüsselten Namen herausfinden:

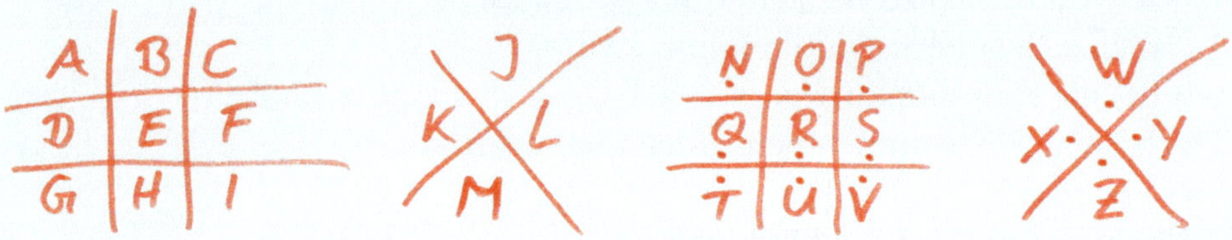

> **TIPP!**
> Mehr über Geheimschriften findet ihr im Internet. Nutzt dazu den Online-Link.

Online-Link
313271-0158

2 Die Buchstaben und Zeichen kann man auch anders anordnen. Schreibt eine eigene Ver- und Entschlüsselungstabelle. Schickt euch verschlüsselte Botschaften.

3 Stelle eine Caesar-Scheibe her und verschicke verschlüsselte Botschaften. Achtung: Nicht vergessen, dem Empfänger den Anfangsbuchstaben deines Geheimalphabetes mitzuteilen!

Die Caesar-Scheibe
Die Scheibe besteht aus zwei aufeinanderliegenden Scheiben. Die beiden Scheiben kannst du in der Mitte mit einem Druckknopf verbinden, sodass sie sich drehen lassen. Auf beiden Scheiben steht das Alphabet. Die äußere Scheibe stellt das echte Alphabet dar, mit der inneren Scheibe legst du dein „Geheimalphabet“ fest. Soll dein Alphabet zum Beispiel mit einem „G“ beginnen, so musst du das „G“ direkt unter das „A“ drehen. Das „B“ wird dann zum „H“, das „C“ zum „I“ usw.

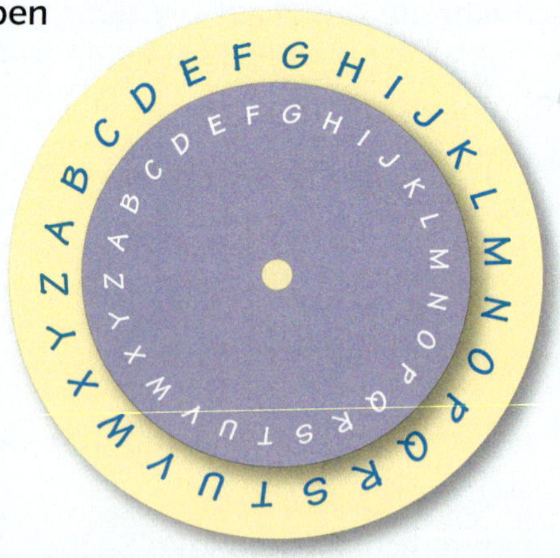

4 Warum heißt diese Scheibe „Caesar-Scheibe“? Suche die Antwort im Internet.

Na logisch!

1 Lies den Text. Entscheide, wie die Satzanfänge weitergehen.

Die Aquarien im Mannheimer Luisenpark

1. 350 Fischarten aus aller Welt erwarten den Besucher in den Aquarien des Mannheimer Luisenparks. Die 33 Süßwasserbecken

a sind besonders interessant.
b und die neun Salzwasserbecken sind mit insgesamt 80 000 Litern Wasser gefüllt.
c bekommen regelmäßig neues Wasser.

2. Eine besondere Attraktion sind die Piranhas mit ihren messerscharfen, spitzen Zähnen. Im Gegensatz zur freien Wildbahn

a sind sie auch im Aquarium gefährlich.
b sind sie im Aquarium sehr groß.
c sind sie im Aquarium eher scheu und zurückhaltend.

3. Die Nummer zwei auf der Beliebtheitsskala ist der Zitteraal. Über Monitore und Lautsprecher werden die Stromstöße, die dieses eigenartige Tier aussendet, gemessen und übertragen. Wenn er mal nicht zittert,

a dann ist die Enttäuschung der Besucher groß.
b dann kommen besonders viele Zuschauer.
c sind die Wärter froh.

4. Beeindruckt sind die Besucher aber auch von der Farbenpracht der Aquarienbewohner. Da sind zum Beispiel die Anemonenfische,

a die man zwischen den grünen Wasserpflanzen kaum erkennen kann.
b die weiß und orange leuchten.
c die sich im Aquarium wohlfühlen.

Das Fuchsgesicht ist eine gelb-blaue Schönheit, die im tropischen Südwest-Pazifik vorkommt. Ein Meeresbewohner, der zwischen Korallen lebt, ist der gelb und silbrig gebänderte Pinzettenfisch. Der blaue Kaiserfisch verändert sein Aussehen: Die Farben, die er im Alter hat, und seine Jugendfärbung sind ganz verschieden.

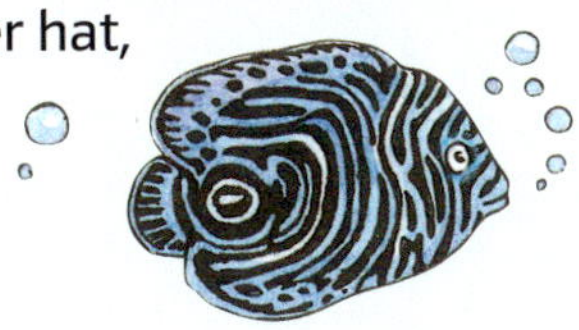

2 Schreibe deine Lösungen auf, z. B.: 1 b, 2 …

Ein Wörterpuzzle

TIPP!
Insgesamt ergeben sich vier Sätze.

1 Schreibe die Wörter mit derselben Farbe jeweils in einer Reihe auf. Bilde aus den Wörtern einen Satz und schreibe ihn auf. Ordne die Sätze so, dass eine kurze Geschichte entsteht.

2 Lest eure Geschichten vor. Vergleicht, ob ihr alle zu denselben Ergebnissen gekommen seid.

3 Sicher habt ihr festgestellt, dass man die Sätze der Geschichte unterschiedlich bilden kann. Das sollt ihr jetzt genauer untersuchen:

1. Schreibt die Wörter des ersten Satzes jeweils einzeln mit einem dicken Stift auf ein großes Blatt Papier.
2. Einige von euch nehmen die Wortschilder. Die anderen sagen den Wortschildträgern, wie sie sich aufstellen sollen, damit ein sinnvoller Satz entsteht. Schreibt diesen Satz an die Tafel.

Umstell-Spielereien

1 Stellt die Reihenfolge der Wörter so oft wie möglich um. Achtet darauf, dass der Satz grammatisch richtig bleibt und seinen Sinn nicht verändert.

TIPP!
Bestimmte Wörter bleiben immer in der gleichen Reihenfolge zusammen. Es geht leichter, wenn sich die Schülerinnen und Schüler mit diesen Wortschildern einhaken.

2 Schreibt alle Möglichkeiten, die ihr beim ersten Satz gefunden habt, an die Tafel. Kreist die Wörter ein, die immer zusammengeblieben sind, z. B.:
nach der Schule

3 Untersucht die drei anderen Sätze der Geschichte genauso.

4 Lest alle Umstellmöglichkeiten für die vier Sätze laut vor und besprecht, welche in der Geschichte am besten klingen.

Tim und Rita spielen nach der Schule in Ritas wildem Garten.

Nach der Schule spielen Tim und Rita in Ritas wildem Garten.

In Ritas wildem Garten spielen Tim und Rita nach der Schule.

Sie finden heute auf dem Nachbargrundstück alte Bretter.
Heute finden sie …

TIPP!
Beim Schreiben einer Geschichte kannst du oft durch Umstellen der Satzglieder Abwechslung in die Sätze bringen.

Merke

Wörter und Wortgruppen, die man in einem Satz umstellen kann, ohne dass sich dessen Bedeutung verändert, heißen **Satzglieder**.

Wie es mit dem Baumhaus weitergeht

1 Schreibe die folgenden Sätze auf. Finde durch Umstellen die Satzglieder heraus und markiere sie.

Jeden Tag erleben die Kinder etwas Neues in ihrem Baumhaus. Heute finden sie in einem leeren Vogelnest einen glitzernden Gegenstand. Die Nachbarin suchte ihre silberne Kette seit Tagen in der ganzen Wohnung. Am Abend bringen die Kinder der Nachbarin die silberne Kette. Die Nachbarin spendiert den Kindern einen riesigen Eisbecher.

2 Übernimm die Tabelle in dein Heft. Trage die Satzglieder ein.

1. Satzglied	Prädikat	2. Satzglied	3. Satzglied	4. Satzglied
Jeden Tag	erleben	die Kinder	etwas Neues	in ihrem Baumhaus
Heute	...	...	...	

3 Lies die Sätze und schreibe die Prädikate heraus. Untersuche, wie sie sich im Vergleich zum Text oben verändert haben, z. B.:
erleben – haben erlebt.

Jeden Tag haben die Kinder etwas Neues in ihrem Baumhaus erlebt. Heute haben sie in einem leeren Vogelnest einen glitzernden Gegenstand gefunden. Die Nachbarin hatte ihre silberne Kette seit Tagen in der ganzen Wohnung gesucht.

Merke

Das **Prädikat**
- bildet in jedem Satz den Satzkern, um den sich die Satzglieder gruppieren.
- wird aus einer Verbform gebildet.
- steht im Aussagesatz an der zweiten Stelle.
- kann auch aus zwei Teilen bestehen *(haben ... erlebt)* und Satzglieder wie in einer Klammer umschließen. Der zweite Teil steht dann am Satzende.

4 Ermittle mithilfe der Satzgliedfragen alle Subjekte, Dativ- und Akkusativobjekte in den folgenden Sätzen. Schreibe sie in eine Tabelle.

	Subjekt (Wer? Was?)	**Dativobjekt (Wem?)**	**Akkusativobjekt (Wen? Was?)**
1.	Rita und Tim	…	viele alte Bretter
2.	…	…	…

1. Rita und Tim finden viele alte Bretter.
2. Sie bauen daraus ein großes Baumhaus.
3. Ritas Vater hilft den Kindern.
4. Heute besichtigen Tims Freunde das neue Bauwerk.
5. Es gefällt ihnen sehr.
6. Sie haben den Hausbesitzern ein Einweihungsgeschenk mitgebracht.
7. Tom hatte eine tolle Idee.
8. Er hat eine Strickleiter gebastelt.
9. Am Nachmittag bringt die Nachbarin den Kindern einen großen Kuchen.
10. Sie dankt den Kindern für die zurückgebrachte Kette.

Merke

Das Subjekt
- besteht aus Nomen/Substantiv(en) oder persönlichen Fürwörtern *(ich, du, er, sie, es, wir, ihr, sie)* im Nominativ (1. Fall).
- erfragt man mit *Wer?* oder *Was?*

Das Dativobjekt
- besteht aus Nomen/Substantiv(en) oder persönlichen Fürwörtern im Dativ (3. Fall).
- erfragt man mit *Wem?*

Das Akkusativobjekt
- besteht aus Nomen/Substantiv(en) oder persönlichen Fürwörtern im Akkusativ (4. Fall).
- erfragt man mit *Wen?* oder *Was?*

Der Rat eines Freundes

1 Stelle die folgenden Sätze so oft wie möglich um. Achte darauf, dass die Sätze grammatisch richtig bleiben.

1. Christian und Dirk waren seit einiger Zeit Freunde.
2. Sie wanderten eines Tages durch einen dichten Wald.
3. Ein Bär richtete sich da plötzlich vor ihnen auf.
4. Christian kletterte sofort voller Angst auf einen Baum.
5. Dirk warf sich blitzschnell auf die Erde und stellte sich tot.
6. Der Bär beschnüffelte Dirk mit der Schnauze von den Ohren bis an die Fußsohlen.

2 Wie viele Varianten habt ihr von diesen Sätzen jeweils gefunden? Vergleicht eure Ergebnisse in der Gruppe.

3 Fügt nun eure Sätze so zusammen, dass sie als Geschichtenanfang gut klingen. Besprecht eure Geschichtenanfänge in der Gruppe.

4 Und so geht die Geschichte weiter:

… Aber weil Dirk sich nicht rührte und auch mit aller Kraft den Atem unterdrückte, hielt er ihn für tot und ging davon; denn der Bär, sagt man, rührt einen Toten nicht an.
Als der Bär längst außer Sicht war, kam Christian von seinem Baum herunter und wollte wissen, was ihm das Tier denn ins Ohr geflüstert habe. „Er gab mir einen guten Rat", bekam er zur Antwort, „nie wieder sollte ich mit Freunden zusammen wandern, die sich in der Gefahr so tapfer aus dem Staub machen.[1]"

[1] sich aus dem Staub machen: fliehen, verschwinden

Der Fahrraddiebstahl

1 Schreibe die Sätze auf. Suche dir die Objekte aus, die zu den Satzanfängen passen. Die Bilder helfen dir dabei.
Beispiel: *In der Pause erzählt Sebastian seinem Freund sein neuestes Erlebnis.*

	Wann?	Prädikate	Wer?	Wem?	Was?
1.	In der Pause	erzählt	Sebastian	der Polizei	den Hergang.
2.	Gestern	stahl	jemand	seinem Freund	das abgestellte Fahrrad.
3.	Sofort	meldete	er	dem Jungen	das Fahrrad.
4.	Dann	erklärte	er	Sebastian	sein neuestes Erlebnis.
5.	Am Nachmittag	entdeckte	ein Jogger		das abgeschlossene Fahrrad.
6.	Später	übergab	ein Polizist	einer Polizistin	den Diebstahl.

2 Schreibe den Text um. Ändere dabei die Sätze durch Umstellen so, dass sie nicht immer mit der Zeitangabe beginnen.

3 Lest euch die Texte gegenseitig vor und besprecht sie.

13 Fabelhaft

Handeln Tiere wie Menschen?

1 Was wisst ihr schon über Fabeln?
Tragt zusammen und formuliert einen Text.

- kurze Erzählungen
- Tiere handeln wie Menschen
- Fabeln sollen …

2 Welche Fabeln kennt ihr? Erzählt sie.

3 Lest, was über den Fabeldichter Äsop berichtet wird, oder hört es euch an.

Online-Link
Hörverstehen
313271-0167

Der Erfinder der Tierfabel

Äsop lebte Mitte des 6. Jahrhunderts vor Christus als griechischer Sklave auf der Insel Samos. Er gilt als der Erfinder der Tierfabel. Er war beim Volk wegen seiner Fabeln so beliebt, dass es seine Freilassung aus der Sklaverei durchsetzte. Als freier Mann ging er auf Reisen und erzählte auf den Märkten und Plätzen der Städte seine Fabeln. So kam er eines Tages nach Delphi. Die Priester von Delphi wollten Äsop loswerden, weil sie fürchteten, dass er in seinen Fabeln ihre Fehler und Schwächen aufs Korn nehmen[1] könnte. Sie versteckten eine goldene Schale in seinem Reisegepäck, und als Äsop weiterzog, eilten sie ihm nach und nahmen ihn als „Dieb" gefangen. Zur Strafe wurde er von einem Felsen ins Meer gestürzt. Kurz vorher soll Äsop noch folgende Fabel erzählt haben:

Eine Maus gewann einen Frosch lieb und lud ihn zum Nachtmahl[2] ein. Sie gingen miteinander in die Speisekammer eines reichen Mannes, in der sie Brot, Honig, Feigen und mancherlei leckere Sachen fanden. Sie konnten sich nach Herzenslust satt fressen. Der Frosch, der der Maus das gute Leben neidete, beschloss, sie umzubringen. Er sprach zu der Maus: „Nun sollst du auch meine Speisen versuchen. Komm mit mir! Weil du aber nicht schwimmen kannst, will ich deinen Fuß an meinen binden, damit dir kein Leid geschieht." Nachdem er die Füße zusammengebunden hatte, sprang er ins Wasser und zog die Maus mit sich hinab. Als die Maus merkte, dass sie sterben musste, begann sie zu klagen: „Ich werde ohne Schuld das Opfer gemeiner Hinterlist. Aber von denen, die am Leben bleiben, wird einer kommen, der meinen Tod rächt." Während sie das sagte, kam ein Habicht heran, ergriff die Maus und den Frosch und fraß sie beide.

Nach Äsops Tod sollen über die Stadt Hungersnöte und Seuchen hereingebrochen sein. Die Fabeln aber lebten weiter. Sie wurden später gesammelt und aufgeschrieben und von vielen Dichtern neu erzählt.

[1] aufs Korn nehmen: kritisieren

[2] das Nachtmahl (die Nachtmähler): alter Ausdruck für „Abendessen"

4 Gib den Inhalt der Fabel mit eigenen Worten wieder.

5 EXTRA Entwirf einen Steckbrief von dem Fabeldichter. Nutze dazu die folgenden Stichworte:

Name, Lebensort und -zeit, Tätigkeit, Meinung der Leute über ihn, Todesort/Todesart, einige seiner Fabeln.

→ Seite 8, Arbeitstechnik „Einen Steckbrief schreiben"

Von Ameisen, Löwen und anderen Tieren

1 Die Bilder neben dem Text erzählen eine Geschichte. Schreibe zu jedem Bild 1–2 Sätze, die genau beschreiben, was auf dem Bild dargestellt wird:
1. Eine Taube fliegt …

2 Der Text ist verwürfelt. Lies die Abschnitte und ordne sie den Bildern richtig zu, z. B.: 1. b), …

Die Ameise und die Taube

1. 

2. 

3. 

4. 

5. 

a) Die Taube flog näher heran und rief der Ameise zu. „Gib nicht auf! Ich werde dir helfen!“
Sofort flog sie zum nächsten Baum, brach einen kleinen Zweig ab und warf ihn der Ameise zu.

b) Eine Ameise fiel einmal in einen Bach. Die Strömung riss sie mit und die arme Ameise war nahe daran zu ertrinken. Da flog eine Taube vorbei. Als sie die Ameise so verzweifelt mit den Beinchen zappeln sah, bekam sie Mitleid.

c) Mit letzter Kraft konnte die Ameise auf den Zweig klettern. „Danke, liebe Taube! Du hast mir das Leben gerettet!“, rief sie. „Eines Tages werde ich dir auch helfen.“

d) Die Ameise aber hatte den Jäger beobachtet. Sie zögerte keine Sekunde, der Taube zu Hilfe zu eilen. Sie biss den Jäger mehrmals kräftig ins Bein, der Jäger zuckte zusammen und schoss daneben. Die Taube bedankte sich bei der Ameise und flatterte davon.

e) Einige Tage später kam ein Jäger in den Wald. Er zielte auf die Taube, die ahnungslos auf einem Baum saß.

3 Überprüfe, ob deine Sätze aus Aufgabe 1 zu den jeweiligen Textabschnitten passen.

TIPP!
Nutze dazu die Bilder.

4 Gib den Inhalt der Fabel mit eigenen Worten wieder.

5 Lies zuerst die Überschriften.
a) Der Besuch der Tiere
b) Die Idee des Löwen
c) Das Gejammer des Löwen
d) Der kluge Fuchs
e) Der alte, hungrige Löwe

Lies nun die **fett** gedruckten Wörter im Text. Ordne jedem Abschnitt die passende Überschrift zu, z. B.: *1. e), …*

6 Lies jetzt den ganzen Text. Prüfe, ob du richtig zugeordnet hast.

Die Höhle des Löwen

1.
Der **Löwe** war **sehr alt** geworden. Seine Beine waren schwach, so schwach, dass er **nur** noch **langsam gehen** konnte. Er konnte **nicht mehr auf die Jagd gehen** und seine Nahrung erbeuten.

2.
„Wie soll ich mich nur **vor dem Hungertod retten**?", **überlegte der Löwe**. Er zog sich in seine Höhle zurück und dachte nach. Da kam ihm die **rettende Idee**. Er **sagte allen Tieren**, dass er sehr krank sei und schon **im Sterben liegen** würde.

3.
Immer, **wenn jemand** an seiner **Höhle vorbeiging, jammerte er** fürchterlich: **„Will mich denn keiner besuchen?** Will keiner sehen, wie ein armer, alter Löwe stirbt? Muss ich wirklich mutterseelen**allein**[1] **sterben**? Gibt es kein barmherziges[2] Tier, das mir die Beichte abnimmt[3]?"

4.
Einige Tiere hatten **Mitleid mit dem alten Löwen** und **gingen** zu ihm **in die Höhle. Andere** kamen voller Schadenfreude, denn sie **wollten sehen, wie ihr alter Feind im Sterben lag. Sobald** sich aber ein **Tier** in die **Höhle** des Löwen wagte, **tötete der Löwe das Tier** und fraß es.

5.
Einmal kam ein **Fuchs** an der **Höhle** vorbei und hörte das Löwengejammer. Der Fuchs blieb stehen. **„He du, Fuchs!", rief** der **Löwe** ihm von drinnen zu. **„Warum kommst du nicht herein?"** – „Oh, dafür habe ich einen guten Grund", antwortete der **Fuchs**. „Ich höre dich schrecklich jammern und **ich sehe viele Fußspuren, die in deine Höhle führen. Aber ich sehe keine einzige, die wieder herausführt."**

[1] mutterseelenallein: völlig allein

[2] barmherzig: mitfühlend

[3] Der Löwe will seine Untaten jemandem erzählen und dadurch sein Gewissen erleichtern.

TIPP!
Nutze dazu die Überschriften als Stichworte.

7 Gib den Inhalt der Fabel mit eigenen Worten wieder.

Die Macht des Wortes

1 Lies nur die Überschrift und sieh dir die Illustration an. Überlege, was du schon über den Inhalt des Textes erfährst.

2 Lies nun den Text Abschnitt für Abschnitt. Beantworte beim Lesen folgende Fragen und notiere deine Antworten in Stichworten.
1. Warum wird Äsop zum König geschickt? (Abschnitt 1)
2. Wie reagiert der König, als er Äsop sieht? (Abschnitt 2)
3. Worum bittet Äsop den König? (Abschnitt 3)
4. Um wen geht es in Äsops Fabel? (Abschnitt 4)
5. Worum bittet Äsop den König? (Abschnitt 5)
6. Was geschieht, nachdem Äsop gesprochen hat? (Abschnitt 6)

Wie sich Äsop mit einer Fabel rettete

Zu Lebzeiten Äsops wollte König Krösus die Insel Samos erobern. Daraufhin schickten die bedrohten Inselbewohner Äsop zu Krösus, damit er ein gutes Wort für sie einlege[1] und den Krieg verhindere.

[1] ein gutes Wort für jemanden einlegen: für jemanden bitten

Als der König Äsop sah, sagte er zornig: „Welche Unverschämtheit, dass mich so ein kleiner Mann an der Eroberung einer so großen Insel hindern will! Für deinen Hochmut[2] musst du mit dem Leben bezahlen!“

[2] der Hochmut: die Überheblichkeit, die Unverschämtheit

Furchtlos entgegnete Äsop: „Großer König! Ich bin aus eigenem Antrieb und mit gutem Willen hierher gekommen. Schenkt mir einen Augenblick Eurer kostbaren Zeit und gestattet mir, vorher eine Fabel zu erzählen:

„Ein junger Mann, der sich die Zeit mit dem Fangen und Töten von Heuschrecken vertrieb, erwischte eines Tages auch zufällig eine Grille. Als er sie wie die anderen Tiere töten wollte, bat sie ihn: ‚Töte mich nicht ohne Grund. Ich schade niemandem. Im Gegenteil, durch die Bewegung einiger kleiner Häutlein mache ich anmutige Musik, an der sich die Vorbeigehenden erfreuen. Ich habe nichts anderes als meine Stimme zu bieten‘, fügte sie bescheiden hinzu. Daraufhin ließ der junge Mann die Grille frei.“

„Großer König“, fuhr Äsop fort, „ich bitte Euch, mich nicht grundlos zum Tode zu verurteilen, ich habe nie jemanden beleidigt. Mein einziges Verbrechen, wenn es eins ist, besteht darin, dass ich ein guter Redner bin, der jedoch niemandem schmeichelt.“

Äsops Rede berührte den König und er sagte: „Du hast es nicht mir, sondern der göttlichen Fügung[3] zu verdanken, dass ich dir das Leben

[3] die göttliche Fügung: die Entscheidung der Götter

schenken werde. Fordere nun frei, was du begehrst,[4] und du sollst es bekommen." „Ich verlange nur, großer König, dass ihr Samos verschont", entgegnete Äsop. „Es sei dir versprochen", antwortete der König.

[4] begehren: wollen, sich wünschen

3 Fasse den Inhalt kurz mit eigenen Worten zusammen. Nutze dazu deine Notizen aus Aufgabe 2.

4 EXTRA Lest den Text mit verteilten Rollen.

5 EXTRA Die Geschichte wurde weitererzählt und erst viele Jahre später aufgeschrieben. Erzählt sie auch. Dabei seid ihr einmal:
- der König, der zu Hause seiner Frau von dem Geschehen erzählt,
- ein Bewohner der Insel Samos, der dabei war,
- Äsop, der am selben Abend den Inselbewohnern erzählt, wie es ihm ergangen ist.

6 Besprecht: Warum hat Äsop wohl gerade diese Fabel erzählt? Was wollte er dadurch erreichen?

Arbeitstechnik

Einen längeren Text lesen und verstehen – für Einsteiger
1. Lies die **Überschrift**: Was erzählt sie dir?
2. Gibt es **Bilder** zum Text? Was zeigen sie dir?
3. Lies den ganzen Text **Abschnitt für Abschnitt**. Überlege nach jedem Abschnitt: „Was steht in diesem Abschnitt?" Wenn du die Frage nicht beantworten kannst, musst du ihn nochmals lesen.
4. Welche Wörter oder Sätze helfen dir, dir den **Inhalt** zu **merken**? Schreibe sie auf oder unterstreiche auf Folie.
5. Welche Wörter oder Sätze **verstehst du noch nicht**? Kläre sie!

Von Angebern, Lügnern und Neidern

Online-Link
Hörverstehen
313271-0172

1 Lies alle Texte auf dieser Doppelseite oder höre sie dir an. Vergleiche, welche Fabel am besten zur ersten Geschichte passt. Begründe deine Entscheidung.

Das neue Handy

Gerade hält Marie ihr neues Handy in der Hand, als ihr Jonas vor dem Jugendzentrum begegnet. Dieser hatte ihr vergangenes Jahr bei ihrer Geburtstagsfeier den CD-Player kaputt gemacht.
Er redet ganz freundlich mit ihr und bittet sie: „Lass mich doch mal schnell zu Hause anrufen! Keine Angst, diesmal passe ich gut auf."
Schon will er sich das Handy nehmen, da sieht Marie zwei Mitschüler aus ihrer Klasse, die um die Ecke kommen.
„Felix, Tom!", ruft sie laut.
Plötzlich will Jonas das Handy nicht mehr benutzen und ist blitzschnell verschwunden.

Äsop

Der aufgeblasene Frosch

Ein Frosch, der sich wunders wie[1] groß vorkam, hockte bei seinen Kindern im Sumpf, als er einen Ochsen erblickte, der am Ufer sein Futter suchte. Da wollte er gerne auch so groß sein und blies sich auf, so stark er nur konnte. „Bin ich nun so groß wie der Ochse?", fragte er. „Nein", antworteten die Kinder. Da blies er sich noch stärker auf und fragte abermals: „Bin ich jetzt so groß?" „Noch immer nicht!", antworteten die Kinder. Da blies der Frosch sich mit solcher Gewalt auf, dass er zerbarst.[2]
Wer es den Großen und Mächtigen gleichtun will, ohne die Kräfte dazu, der wird kläglich enden.

[1] wunders wie: unglaublich

[2] zerbarst: zerplatzte

Nach Friedrich von Hagedorn

Der ewige Friede

Ein alter Haushahn hielt auf einer Scheune Wache. Da lief ein Fuchs herbei und rief: „Freund, krähe! Ich bringe gute Nachrichten! Der Krieg der Tiere ist beendet. Man will nicht mehr streiten. Nun herrschen Ruhe und Frieden. Ich selbst bringe dir die Friedensbotschaft im Namen aller Füchse. Komm herab und lass dich umarmen. Aber was guckst du so?"

„Greif, Halt und Bellart, die Hunde kommen, du kennst sie doch", sagte der alte Hahn.

Da wollte der Fuchs schnell weglaufen und der Hahn fragte: „Was ist denn los? Was macht dir Angst?"

„Nichts", antwortete der Fuchs. „Der Krieg ist ja vorbei. Aber ich bin nicht sicher, ob die Hunde das schon wissen."

Gotthold Ephraim Lessing

Die Nachtigall und der Pfau

Eine Nachtigall fand unter den anderen Sängern des Waldes viele Neider, aber keinen Freund. Vielleicht finde ich ihn bei einer anderen Gattung, dachte sie und flog vertraulich zu dem Pfau herab.

„Schöner Pfau, ich bewundere dich!"

„Ich dich ebenso, liebe Nachtigall!"

„So lass uns Freunde sein", sprach die Nachtigall weiter. „Wir werden uns gegenseitig nie beneiden. Du bist dem Auge so angenehm wie ich dem Ohr."

Nachtigall und Pfau wurden Freunde.

2 EXTRA Entwirf eine kurze Geschichte, die zu einer der anderen Fabeln passt, und schreibe sie auf.

Verdammte Schmeichler!

Online-Link
Hörverstehen
313271-0174

1 Lies diese Fabel oder hör sie dir an. Fasse sie kurz mit eigenen Worten zusammen.

Nach Gotthold Ephraim Lessing

Der Rabe und der Fuchs

Ein Rabe trug ein Stück vergiftetes Fleisch, das der wütende Gärtner für die Katzen seines Nachbarn hingeworfen hatte, in seinen Klauen fort. Und eben wollte er es auf einer alten Eiche verzehren, als sich ein Fuchs herbeischlich und ihm zurief: „Ich grüße dich, Vogel des Jupiter[1]!“
„Für wen hältst du mich?“, fragte der Rabe.
„Für wen ich dich halte?“, erwiderte der Fuchs. „Bist du nicht der starke Adler, der auf der rechten Hand des Zeus[2] seinen Platz hat und täglich zu dieser Eiche herunterfliegt, um mich Armen mit Essen zu versorgen? Warum verstellst du dich? Sehe ich denn nicht in deiner siegreichen Klaue das erbetene Geschenk, das mir dein Gott durch dich bringen lässt?“
Der Rabe erstaunte und freute sich sehr, für einen Adler gehalten zu werden. „Ich muss“, dachte er, „den Fuchs nicht von diesem Irrtum abbringen.“ Großzügig dumm ließ er seine Beute herabfallen und flog stolz davon. Der Fuchs lachte über den dummen Raben und fraß das Fleisch mit boshafter Freude. Doch bald verwandelte sich seine Freude in Schmerz. Das Gift begann zu wirken und er starb unter schlimmen Schmerzen.
Hoffentlich bekommt ihr für ein falsches Lob nie etwas anderes als Gift, ihr verdammten Schmeichler!

[1] Jupiter: höchster Gott der Römer

[2] Zeus: höchster Gott der Griechen

→ **Seite 31,** Merkkasten zur direkten/wörtlichen Rede

2 Ordne allen Sätzen mit direkter/wörtlicher Rede das passende Muster aus dem Kasten unten zu.

3 Welche Sätze der direkten/wörtlichen Rede konntest du nicht zuordnen? Erkläre, warum.

Merke

Begleitsatz bei der direkten/wörtlichen Rede

1. Begleitsatz **vor** der direkten/wörtlichen Rede:
   __________: „〰〰〰.“
   __________: „〰〰〰?“
   __________: „〰〰〰!“

2. Begleitsatz **nach** der direkten/wörtlichen Rede:
   „〰〰〰“, __________.
   „〰〰〰?“, __________.
   „〰〰〰!“, __________.

3. Begleitsatz **zwischen** der direkten/wörtlichen Rede:
   „〰〰〰“, __________, „〰〰〰.“

4 EXTRA Lies die Fabel.
Überlege, was die Ziegen zueinander gesagt haben könnten. Schreibe die Sätze auf.

TIPP!
Achte beim Aufschreiben auf die Satz- und Redezeichen.

Nach Albert Ludwig Grimm

Die beiden Ziegen

Zwei Ziegen begegneten sich auf einem schmalen Steg, der über einen tiefen, reißenden Waldstrom führte. Die eine wollte hinüber, die andere herüber.
„Geh mir aus dem Wege!“, sagte die eine.
„ ... !“, rief die andere. „ ... “
„ ... !“, schrie die erste. „ ... “
„ ... !“, drohte die andere.
Keine wollte nachgeben. Jede wollte zuerst hinüber. Und so kam es zum Streit und zu Tätlichkeiten. Sie hielten ihre Hörner vorwärts und rannten zornig gegeneinander. Von dem heftigen Stoße verloren beide das Gleichgewicht. Sie stürzten von dem schmalen Steg hinab in den reißenden Waldstrom, aus welchem sie sich nur mit großer Anstrengung ans Ufer retten konnten.

5 EXTRA Lest die folgende Fabel. Besprecht, welche Lehre man daraus ziehen kann.

6 Arbeite die Fabel so um, dass möglichst oft die direkte/wörtliche Rede darin vorkommt.

Nach Äsop

Der Maulwurf und der Igel

Als es Winter wurde, kam der Igel zum Maulwurf und klagte, dass es kalt sei und er kein Zuhause habe, ob er ihm nicht ein Plätzchen in seiner Höhle geben könne.
Der Maulwurf war einverstanden.
Doch kaum war der Igel drinnen, da machte er sich breit. Der Maulwurf beschwerte sich, dass der Igel steche, und bat ihn, sich ein wenig zusammenzurollen.
Der Igel tat, als höre er nicht; und der Maulwurf konnte versuchen, was er wollte, immer stach er sich an den Stacheln des Igels.
Endlich wurde es ihm zu viel und er sagte zum Igel, er solle wieder hinausgehen, seine Wohnung sei zu klein für sie beide. Aber der Igel lachte nur und meinte, dass der, der nicht bleiben könne, eben gehen müsse.
Ihm sei das Haus groß genug, sodass er bleiben würde.

Wie im wirklichen Leben

→ **Seite 174,** Merkkasten zur direkten/wörtlichen Rede

1 Wähle A, B oder C:
Wähle eine Fabel aus und schreibe sie ab. Ergänze dabei die fehlenden Satz- und Redezeichen bei der wörtlichen Rede.

A

Marie von Ebner-Eschenbach

Die Doppelfreude

Am Ufer eines spiegelklaren Teiches spazierte eine Entenmutter mit ihren Kindern.
✎Ihr seid voll Staub✎ sagte sie zu ihnen. ✎Steigt ins Wasser und putzt euch✎ ✎Wir möchten gern✎ erwiderten die Entlein ✎der Staub juckt uns ja ganz fürchterlich. Aber es geht nicht✎ ✎Es geht nicht? Warum denn?✎ ✎Drüben, schau nur, drüben steht ein Schwein und lacht uns aus, wenn wir uns waschen✎
✎Umso besser! Da gibt es statt eines Vergnügens zwei. Macht euch die Freude, euch zu säubern, und gönnt dem Schwein die Freude, euch auszulachen✎

B

Günther Anders

Der Löwe

Als die Mücke zum ersten Male den Löwen brüllen hörte, da sprach sie zur Henne✎ Der summt aber komisch✎
✎Summen ist gut✎ fand die Henne.
✎Sondern✎ fragte die Mücke.
✎Er gackert✎ antwortete die Henne. ✎Aber das tut er allerdings komisch✎

C

Wilhelm Busch

Eule und Star

✎Guten Tag, Frau Eule!
Habt Ihr Langeweile✎
✎Ja, eben jetzt,
solang Ihr schwätzt✎

2 Übe, die Fabeln so vorzutragen, dass man erkennt, wer gerade spricht.

3 Schreibt die drei folgenden Fabeln von Äsop als Partnerdiktat.

TIPP!
Geht so vor:
- Lest jeweils den Text vollständig durch, bevor ihr diktiert.
- Sagt beim Diktieren an, wenn die wörtliche Rede beginnt und wenn sie zu Ende ist.

Die kleinen und die großen Fische

„Wir sind der Schrecken der Tiefe", prahlten[1] die großen Fische. „Alle leben in Furcht vor uns. Wir aber fürchten nichts. Ihr kleinen Fische seid nichts wert. Ihr könnt nicht kämpfen. Ihr seid leicht zu fangen." In diesem Augenblick ließen die Fischer ein neues Netz herunter. Die großen Fische wurden schnell gefangen und ins Schiff befördert. Die kleinen Fische aber konnten durch die weiten Maschen des Netzes entkommen.

[1] prahlen: angeben

Der Hahn und die Perle

Ein hungriger Hahn scharrte auf einem Misthaufen nach Körnern. Plötzlich fand er eine Perle. Verärgert stieß er sie beiseite und rief: „Was nützt einem Hungrigen solch eine kostbare Sache? Ihr Besitz macht wohl reich, aber nicht satt. Wie gerne würde ich diesen Schatz für einige Gerstenkörner hergeben!"

Die Fledermaus und das Wiesel

Eine Fledermaus fiel ins Gras. Sofort stürzte ein Wiesel herbei und drohte: „Mit Genuss werde ich dich verspeisen."
„Ach!", piepste die Fledermaus in Todesangst. „Was tust du nur? Lass mich doch am Leben!" „Ich kann nicht", fauchte das Wiesel. „Ich hasse dich, weil ich alle Vögel hasse."
Die Fledermaus überlegte kurz und rief: „Aber ich bin doch gar kein Vogel. Und ich kann die Vögel auch nicht leiden. Ich bin doch eine Maus!" Da ließ das Wiesel die Fledermaus am Leben.

14 Als das Wünschen noch geholfen hat

Märchenrätsel

1 Auf dem Bild sind verschiedene Märchen der Brüder Grimm versteckt. Welche Märchen erkennt ihr? Erzählt sie in der Klasse.

Seit Jahrhunderten werden „Märchen" erzählt, von Mund zu Mund, von Alten zu Jungen. Weil sie im Volk erzählt werden, nennt man sie „Volksmärchen". Erst zu Beginn des 19. Jahrhunderts begannen in Deutschland die Brüder Jakob und Wilhelm Grimm, Märchen, die sie von den Leuten gehört hatten, zu sammeln und aufzuschreiben. Diese Sammlung von Volksmärchen wurde unter dem Titel „Kinder- und Hausmärchen" (1812/1815) als Buch herausgegeben.

2 Stellt fest, aus welchen Märchen der Brüder Grimm diese Ausschnitte stammen.

1. … Und als ihm der Bäcker die Pfote bestrichen hatte, so lief er zum Müller und sprach: „Streu mir weißes Mehl auf meine Pfote." Der Müller dachte, der Wolf will einen betrügen, und weigerte sich, aber der Wolf sprach: „Wenn du es nicht tust, so fresse ich dich!" Da fürchtete sich der Müller und machte ihm die Pfote weiß. Ja, so sind die Menschen …

2. … Am anderen Tage, als sie mit dem König und allen Hofleuten sich zur Tafel gesetzt hatte und von ihrem goldenen Tellerlein aß, da kam, plitsch, platsch, plitsch, platsch, etwas die Marmortreppe heraufgekrochen, und als es oben angelangt war, klopfte es an der Tür und rief: „Königstochter, Jüngste, mach mir auf!" …

3. … Es dauerte nicht lange, so saß da eine Katze an dem Weg und machte ein Gesicht wie drei Tage Regenwetter.[1] „Nun, was ist dir in die Quere gekommen, alter Bartputzer?", sprach der Esel …

4. … Der Königssohn hatte aber eine List gebraucht und hatte die ganze Treppe mit Pech[2] bestreichen lassen: Da war, als es hinabsprang, der linke Schuh des Mädchens hängen geblieben …

5. … Der Älteste war zu einem Schreiner in die Lehre gegangen, da lernte er fleißig und unverdrossen, und als seine Zeit herum war, dass er wandern sollte, schenkte ihm der Meister ein Tischchen, das gar kein besonders Ansehen hatte[3] und von gewöhnlichem Holz[4] war: Aber es hatte eine gute Eigenschaft …

3 Erzählt Märchen in eurer Klasse.

4 Woran erkennt man, ob eine Geschichte ein Märchen ist? Sammelt die Merkmale, an denen ihr ein Märchen erkennt.

[1] ein Gesicht machen wie drei Tage Regenwetter: sehr ärgerlich aussehen

[2] das Pech (die Peche): eine schwarze, zähe, klebrige Flüssigkeit, ähnlich wie Teer

[3] das gar kein besonderes Ansehen hatte: das ganz normal aussah

[4] von gewöhnlichem Holz: aus ganz normalem Holz

Märchenhaft

1 Lies das folgende Märchen.

Nach den Brüdern Grimm

Tischlein deck dich!

Es war einmal ein Schneider, der hatte drei Söhne und eine einzige Ziege. Jeden Tag führte ein Sohn die Ziege auf die Weide. Abends fragte dieser Sohn die Ziege, ob sie satt sei. „Ich bin so satt, ich mag kein Blatt: mäh mäh!“, antwortete die Ziege. Doch als der Vater die Ziege abends noch einmal fragte, sagte die Ziege: „Wovon sollt' ich satt sein?
Ich sprang nur über Gräbelein
Und fand kein einzig Blättelein: mäh! mäh!“

Der Schneider war so wütend, dass er seinen Sohn aus dem Haus jagte.

So ging es auch an den nächsten zwei Tagen und jedes Mal jagte der Schneider einen Sohn davon. Da war der alte Schneider schließlich mit seiner Ziege allein.

Am nächsten Morgen führte er die Ziege selbst zur Weide und fragte abends, ob sie satt sei. Da antwortete die Ziege: „Ich bin so satt,
ich mag kein Blatt: mäh, mäh!“

Er führte sie in den Stall, band sie fest und sagte: „Nun bist du endlich einmal satt!“ Aber die Ziege rief: „Wovon sollt' ich satt sein?
Ich sprang nur über Gräbelein
Und fand kein einzig Blättelein: mäh! mäh!“

Da erkannte der Schneider, was geschehen war, und jagte die unehrliche Ziege davon.

Der älteste Sohn war in der Zeit zu einem Schreiner in die Lehre gegangen und bekam zum Abschluss ein besonderes Geschenk: einen unscheinbaren[1] Tisch, der aber mit Tischtuch und reich gedeckt vor einem stand, wenn man „Tischlein, deck dich!“ sagte.

Der Sohn wollte gern zurück zum Vater und machte sich auf den Weg. Er machte in einem Gasthaus Rast und erzählte von seinem Tischchen. Der Wirt hatte jedes Wort gehört, schlich sich in der Nacht in das Zimmer des ältesten Sohnes und tauschte das Tischchen aus. Der Vater freute sich über die Rückkehr seines ältesten Sohnes, doch als dieser ihm den Tisch vorführen wollte und nichts passierte, war er sehr enttäuscht.

Der zweite Sohn war zu einem Müller in die Lehre gegangen. Zum Abschluss der Lehrjahre bekam er von dem Müller einen Esel geschenkt. Dieser Esel konnte Gold speien[2], wenn man „Bricklebritt“ rief. Auf dem Weg nach Hause kam auch der zweite Sohn ins Gasthaus und erzählte von seinem wundersamen Goldesel. Wieder schlich sich der böse Wirt in der Nacht heran und tauschte den Goldesel aus.

[1] unscheinbar: sieht nicht aus wie etwas Besonderes

[2] speien: ausspucken

Der Vater freute sich über die Rückkehr seines zweiten Sohnes, doch als dieser ihm den Goldesel vorführen wollte und nichts passierte, war er sehr enttäuscht.
Der dritte Bruder war zu einem Drechsler[3] in die Lehre gegangen und bekam zum Abschluss einen ganz besonderen Knüppel geschenkt. Der sprang aus dem Sack, wenn man „Knüppel aus dem Sack" rief, und strafte alle, die dem Jüngsten Böses wollten.
Die anderen Brüder hatten dem Jüngsten von dem Gastwirt berichtet, und so ging der jüngste Sohn in die Gaststube und erzählte von den vielen Edelsteinen, die in seinem Sack seien. Der gierige Wirt schlich sich in der Nacht heran und wollte den Sack stehlen. Darauf hatte der jüngste Sohn gewartet. Er sprang auf und rief: „Knüppel aus dem Sack!" Der Knüppel schlug den Wirt grün und blau, und schließlich gab der Wirt das Tischchen und den Goldesel heraus.
Damit machte sich der Jüngste auf dem Weg zum Vater.
Der Vater und die Brüder freuten sich sehr über die Rückkehr des Jüngsten. Die Brüder bekamen das Tischchen und den Goldesel zurück und nun führte der älteste Sohn das Tischlein vor und sie konnten mit allen Verwandten essen und trinken. Der zweite Sohn sprach „Bricklebritt" zu dem Goldesel und es fielen so viele Goldstücke in die Stube, dass alle glücklich und zufrieden miteinander lebten.

[3] der Drechsler (die Drechsler): ein Handwerker, der aus Holz runde Gegenstände herstellt

2 Lies den Text jetzt noch einmal Abschnitt für Abschnitt. Überlege nach jedem Abschnitt, was darin steht, und notiere Stichworte, um dir den Inhalt zu merken.

→ **Seite 171,** Arbeitstechnik „Einen längeren Text lesen und verstehen"

3 Erzähle das Märchen mithilfe deiner Stichworte.

4 Welche Märchenmerkmale kannst du bei „Tischlein deck dich" finden? Arbeite zunächst allein und vergleiche dann mit deinem Partner.

Merke

Merkmale von Märchen

Bei vielen Märchen findet man diese Merkmale:
- Es gibt magische Figuren oder Dinge: zum Beispiel Hexen, Zauberer, Gegenstände mit Zauberkräften.
- Besondere Sprüche oder Zahlen sind wichtig (z. B. 3, 7 oder 13).
- Es kommen gegensätzliche Personen oder Tiere vor (gut – böse).
- Die Hauptfigur (Mensch oder Tier) muss Abenteuer bestehen.
- Meist siegt am Ende das Gute.

Ein Märchen der Brüder Grimm

Online-Link
Hörverstehen
313271-0182

Brüder Grimm

Die Bienenkönigin

Zwei **Königssöhne** gingen einmal auf Abenteuer und gerieten in ein wildes, wüstes Leben, sodass sie gar nicht wieder nach Haus kamen. Der Jüngste, welcher der Dummling hieß, machte sich auf und suchte seine Brüder: Aber wie er sie endlich fand, verspotteten sie ihn, dass er mit seiner Einfalt[1] sich durch die Welt schlagen wollte, und sie zwei könnten nicht durchkommen und wären doch viel klüger. Sie zogen alle drei miteinander fort und kamen an einen Ameisenhaufen. Die zwei Ältesten wollten ihn aufwühlen und sehen, wie die kleinen **Ameisen** in der Angst herumkröchen und ihre Eier forttrügen, aber der Dummling sagte: „Lasst die Tiere in Frieden, ich leids nicht,[2] dass ihr sie stört."

Da gingen sie weiter und kamen an einen See, auf dem schwammen viele viele **Enten**. Die zwei Brüder wollten ein paar fangen und braten, aber der Dummling ließ es nicht zu und sprach: „Lasst die Tiere in Frieden, ich leids nicht, dass ihr sie tötet."

Endlich kamen sie an ein Bienennest, darin war so viel Honig, dass er am Stamm herunterlief. Die zwei wollten Feuer unter den Baum legen und die **Bienen** ersticken, damit sie den Honig wegnehmen könnten. Der Dummling hielt sie wieder ab und sprach: „Lasst die Tiere in Frieden, ich leids nicht, dass ihr sie verbrennt."

Endlich kamen die drei Brüder in ein Schloss, wo in den Ställen lauter steinerne Pferde standen, auch war kein Mensch zu sehen, und sie gingen durch alle Säle, bis sie vor eine Tür ganz am Ende kamen, davor waren drei Schlösser; es war aber mitten in der Türe ein Lädlein, dadurch konnte man in die Stube sehen. Da sahen sie ein graues **Männchen**, das an einem Tisch saß. Sie riefen es an, einmal, zweimal, aber es hörte nicht: Endlich riefen sie zum dritten Mal, da stand es auf, öffnete die Schlösser und kam heraus. Es sprach aber kein Wort, sondern führte sie zu einem reich besetzten Tisch; und als sie gegessen und getrunken hatten, brachte es einen jeglichen in sein eigenes Schlafgemach. Am andern Morgen kam das graue Männchen zu dem Ältesten, winkte und leitete ihn zu einer steinernen Tafel, darauf standen Aufgaben geschrieben, wodurch das Schloss erlöst werden könnte. Die erste Aufgabe war, in dem Wald unter dem Moos die Perlen der Königstochter, tausend an der Zahl, zu suchen, und wenn vor Sonnenuntergang noch eine einzige fehlte, so ward der, welcher gesucht hatte, zu Stein.
Der älteste Königssohn ging hin und suchte den ganzen Tag, als aber der Tag zu Ende war, hatte er erst hundert gefunden; es geschah, wie auf der Tafel stand, er ward in Stein verwandelt.

[1] die Einfalt: alter Ausdruck für „die Dummheit"

[2] ich leids nicht: alter Ausdruck für „ich mag es nicht"

Am folgenden Tag unternahm der zweite Bruder das Abenteuer; es ging ihm nicht viel besser als dem Ältesten, er fand nicht mehr als zweihundert Perlen und ward zu Stein.
Endlich kam auch an den Dummling die Reihe, der suchte im Moos, es war aber so schwer, die Perlen zu finden, und ging so langsam. Da setzte er sich auf einen Stein und weinte. Und wie er so saß, kam der **Ameisenkönig**, dem er einmal das Leben erhalten hatte, mit fünftausend Ameisen, und es währte[3] gar nicht lange, so hatten die kleinen Tiere die Perlen miteinander gefunden und auf einen Haufen getragen.
Die zweite Aufgabe aber war, den Schlüssel zu der Schlafkammer der Königstochter aus dem See zu holen. Wie der Dummling zum See kam, schwammen die Enten, die er einmal gerettet hatte, heran, tauchten unter und holten den Schlüssel aus der Tiefe.
Die dritte Aufgabe aber war die schwerste, aus den drei schlafenden **Töchtern** des Königs sollte die jüngste und die liebste herausgesucht werden. Sie glichen sich aber vollkommen und waren durch nichts verschieden, als dass sie, bevor sie eingeschlafen waren, verschiedene Süßigkeiten gegessen hatten, die Älteste ein Stück Zucker, die Zweite ein wenig Sirup, die Jüngste einen Löffel voll Honig. Da kam die **Bienenkönigin**, die der Dummling vor dem Feuer geschützt hatte, und probierte den Mund von allen dreien, zuletzt blieb sie auf dem Mund sitzen, der Honig gegessen hatte, und so erkannte der Königssohn die Rechte.[4]
Da war der Zauber vorbei, alles war aus dem Schlaf erlöst, und wer von Stein war, erhielt seine menschliche Gestalt wieder. Und der Dummling vermählte sich mit der Jüngsten und Liebsten und ward König nach ihres Vaters Tod; seine zwei Brüder aber erhielten die beiden anderen Schwestern.

[3] es währte: alter Ausdruck für „es dauerte“

[4] die Rechte: alter Ausdruck für „die Richtige“

1 Warum heißt das Märchen „Die Bienenkönigin“? Könnte es auch einen anderen Titel haben? Begründe deinen Vorschlag.

2 Notiere, welche Figuren in dem Märchen vorkommen.
- zwei ältere ✎ und ein jüngerer ✎
- viele kleine ✎ mit ihrem ✎
- die ✎ auf einem See
- viele ✎ mit ihrer ✎
- ein kleines, graues ✎ in einem Schloss
- drei ✎ des Königs, die sich gleichen wie Drillinge

3 Untersuche, welche Märchenmerkmale vorkommen, und schreibe sie auf.

→ **Seite 181,** Merkmale von Märchen

Märchenfiguren und ihre Eigenschaften

1 Hier hat jemand ein Märchen der Brüder Grimm neu erzählt. Stellt fest, um welches Märchen es sich handelt.

Es war einmal ein winziges Männchen, das war von Herzen gut und half, wo es nur helfen konnte. Nun traf es sich, dass dieses sympathische Männchen, man nannte es wegen seiner dünnen Beine und seiner klappernden Holzschuhe Rumpelstilzchen, eines Abends ein klägliches Wimmern vernahm. Und weil es ein mitleidiges Herz hatte, eilte es hinzu und fand ein junges Mädchen, dem hatte der goldgierige König befohlen, Stroh zu Gold zu spinnen. Wenn ihm das nicht gelänge, so müsse es eines schlimmen Todes sterben …

2 EXTRA Setzt dieses Märchen so fort, dass Rumpelstilzchen darin der Held ist. Arbeitet in Gruppen. Erzählt eure Rumpelstilzchen-Geschichten in der Klasse. Welche Gruppe hat die spannendste Geschichte erfunden?

3 Lest den Märchenanfang noch einmal und lasst dabei die unterstrichenen Wörter weg. Was stellt ihr fest?

4 Wörter wie *gut, glücklich, märchenhaft* nennt man Adjektive. Wie habt ihr diese Wortart bisher genannt?

Merke

Adjektive

- bezeichnen Eigenschaften und Merkmale *(alt, klein, gelb)*,
- können zwischen Artikel und Nomen/Substantiv stehen und haben dann Endungen *(das kleine Männchen, ein junges Mädchen)*,
- können meist gesteigert werden: Grundstufe *(glücklich)*, 1. Vergleichsstufe *(glücklicher)*, 2. Vergleichsstufe *(am glücklichsten)*.

5 Adjektive kann man mithilfe der folgenden Tests erkennen.
Wende die Tests auf die Adjektive im Text auf der vorigen Seite an, z. B.:
Test Nr. 1: winzig – Er ist winzig. Test Nr. 2: Er war winziger …

Arbeitstechnik

Tests zum Erkennen von Adjektiven

1. Fast alle Adjektive kann man mit
sein (ich bin …, du bist …, er ist …) kombinieren: *Es ist dünn.*

2. Die meisten Adjektive kann man steigern:
*Der König war **reich**.*
*Der König wollte noch **reicher** werden.*
*Der König wollte am **reichsten** sein.*

3. Adjektive kann man zwischen einen Artikel und ein Nomen/Substantiv setzen. Dabei muss man an das Adjektiv eine Endung anfügen:
klein + Männchen → das kleine Männchen, ein kleines Männchen

6 Welche dieser Wörter sind Adjektive, welche nicht? Wende die Tests zum Erkennen von Adjektiven an, z. B.:
ARM 1. Er ist arm. 2. Der Mann ist arm. Die Frau ist noch ärmer …

ARM GERN REICH FROH MUT SELTSAM

KÖNIG FEIGE HÜPFT EINSAM LÄCHERLICH

FANTASTISCH STROH STÜRMISCH UNGEWÖHNLICH

WAHR VORSICHTIG LIEBE DIEBISCH

FREUNDLICH WIRD SCHWEIGSAM GIERIG

7 Ergänze jeweils die erste und zweite Vergleichsstufe und schreibe die Sätze in dein Heft.
Der Ritter ist stark, der Drache ist stärker, der Riese ist am stärksten.
Die Königin ist schön, Schneewittchen ist …, die Fee ist …
Die Perle ist wertvoll, der Edelstein ist …, die Krone ist …
Hänschen ist froh, sein Vater ist …, seine Mutter ist …
Brot schmeckt gut, Kuchen schmeckt …, Torte schmeckt …
Die Burgmauer ist hoch, der Turm ist …, die Fahne flattert …

Ach, wie gut, dass niemand weiß …

TIPP!
Ihr könnt dazu auch die Adjektive unten verwenden.

1 Wähle A oder B:
Schreibe einen Märchenausschnitt ab. Ergänze dabei in den Lücken Adjektive.

A

… Aber das [ ] Männchen sprach: „Nein, etwas Lebendes ist mir [ ] als alle Schätze der Welt.“ Da fing die Königin so an zu jammern und zu weinen, dass das [ ] Männchen Mitleid mit ihr hatte. „Drei [ ] Tage will ich dir Zeit lassen“, sprach es. „Wenn du bis dahin meinen Namen weißt, so sollst du dein Kind behalten.“ Nun besann sich die [ ] Königin die [ ] Nacht über auf alle [ ] Namen und schickte einen Boten über Land, der sollte sich erkundigen weit und [ ], was es sonst noch für Namen gäbe. Als am [ ] Tag das [ ] Männchen kam, sagte sie alle Namen, die sie wusste, der Reihe nach her, aber bei jedem sprach das Männlein mit [ ] Freude: „So heiß ich nicht.“

B

Den zweiten Tag ließ die [ ] Königin in der Nachbarschaft herumfragen, wie die Leute da genannt würden, und sagte dem [ ] Männlein die [ ] und [ ] Namen vor: „Heißt du vielleicht Rippenbiest oder Hammelswade oder Schnürbein?“ Aber es antwortete immer mit [ ] Freude: „So heiß ich nicht.“ Den dritten Tag kam der Bote zurück und erzählte: „[ ] Namen habe ich keinen [ ] finden können, aber wie ich an einen Berg um die Waldecke kam, wo Fuchs und Has sich [ ] Nacht sagen, so sah ich ein [ ] Haus, und vor dem Haus brannte ein [ ] Feuer, und um dieses sprang ein gar zu [ ] Männchen und schrie:

„Heute back ich, morgen brau ich,
übermorgen hol ich der Königin' Kind.
Ach, wie [ ], dass niemand weiß,
dass ich Rumpelstilzchen heiß!“

bekannt – genau – klein – voll – lieber – dürr – breit
sichtlich – neu – diebisch – ungewöhnlichst – hell
unglücklich – einzig – gut – dünn – nächst – lächerlich

Als oder wie?

1 Schreibe die Sätze ab und ergänze *als* oder *wie*.

1. Die Geiß[1]mutter hatte ihre sieben Kinder lieber ✎ alles andere auf der Welt.
2. Der Wolf verstellte sich und sprach so ✎ die alte Geiß.
3. Aber die Geißlein bemerkten, dass die Stimme an der Tür viel rauer ✎ die Stimme ihrer lieben Mutter war.
4. „Unsere Mutter hat eine feinere Stimme ✎ du!", riefen die Geißlein.
5. „Unsere Mutter hat keinen schwarzen Fuß ✎ du!", riefen die Kleinen.
6. Als die Geißlein sahen, dass die Pfote genau so weiß ✎ die ihrer Mutter war, öffneten sie.
7. Das siebte Geißlein fand ein besseres Versteck ✎ seine sechs Geschwister.
8. Als die Geiß am Mittag die Stube betrat, sah hier alles anders ✎ am Morgen aus.
9. Die Geißlein steckten in den Bauch des Wolfes so viele Steine, ✎ sie hineinbringen konnten.
10. Der Wolf rief: „Die Geißlein in meinem Bauch sind so schwer ✎ Wackersteine[2]!"

[1] die Geiß (die Geißen): die Ziege

[2] der Wackerstein (die Wackersteine): alter Ausdruck für „der Steinbrocken"

2 Bilde Adjektive mit folgenden Wortstämmen und den Nachsilben *-lich*, *-ig* und *-isch*. Übernimm die Tabelle in dein Heft und trage die Adjektive ein.

-lich	-ig	-isch
weiblich	eilig	typisch

TIPP!
Verlängere die Adjektive, dann hörst du, wie du sie schreiben musst: weibli**che**, eilige, typi**sch**e.

eil-, weib-, wind-, zier-, deut-, typ-, fantast-, kämpfer-, sommer-, herr-, fleiß-, wähler-, kind-, ärger-, züg-, häuf-, ehr-, däm-, angeber-, altmod-, sel-, mut-, ausländ-, durst-, tier-, männ-, vorzüg-, freund-, fert-, sonn-, verräter-, pfiff-, behag-, sympath-, erfreu-, neugier-, allmäh-, gräss-, ängst-, zielstreb-

Merke

Als oder wie? Beim **Vergleichen** verwendet man
- **wie** in Verbindung mit der **Grundstufe** des Adjektivs: *(so) groß wie …, (genau so) schwer wie*
- **als** in Verbindung mit der **1. Vergleichsstufe**: *größer als …, schwerer als …*

→ **Seite 184,** Die Steigerung der Adjektive

15 Sagenhaftes überall

Geschichten aus alten Zeiten

Geschichten aus alten Zeiten wurden von Generation zu Generation weitererzählt, Geschichten von Geistern und Feen, von Drachen und Rittern, von Helden und Göttern. Oft weiß man nicht mehr, wie sie entstanden sind und was daran wahr ist.

Der Teufelsstein im Kölner Dom

Die Wasserleitung von Trier nach Köln musste ca. 190 km lang sein!

Online-Link
Hörverstehen
313271-0188

Als man anfing, den Kölner Dom zu bauen, ärgerte das den Teufel sehr, da es in Köln schon so viele Kirchen gab, in denen die frommen Menschen Gott dienten. Der Teufel dachte sich eine List aus, nahm Menschengestalt an und ging zum Baumeister des Doms. Dort sprach er: „Wettest du mit mir, dass ich eher einen Kanal von Trier bis nach Köln baue, ehe du deinen Bau vollendest? Ein Kanal wäre viel wertvoller als eine neue Kirche, da er die Stadt mit frischem Trinkwasser versorgen würde." „Was wollen wir wetten?", fragte der Baumeister. „Wir wetten", sagte der Teufel, „dass der Verlierer sofort aufhören muss, egal wie weit er ist."

Auf diese Wette ließ sich der Baumeister ein und beide machten sich an die Arbeit. Hoch und höher wuchsen die Türme des Doms in den Himmel und gleichzeitig kamen die Stützen der gewaltigen Wasserleitung immer näher. Als die Domtürme halb fertig waren, stand der Baumeister auf dem obersten Gerüst und sah erschreckt, dass die Wasserleitung des Teufels bis an den Dom heranreichte. Es floss aber noch kein Wasser darin. Plötzlich sah der Baumeister in der Ferne eine weiße Ente in der Wasserleitung heranschwimmen und er wusste, dass er die Wette verloren hatte. Da stürzte er sich von der Höhe des Turms in die Tiefe.
Niemals konnte der Dom vollendet werden, auch heute noch wird an ihm gebaut. Als Zeichen seines Sieges warf der Teufel einen Stein durch das Dach in den Dom hinein. Er ist heute noch im Boden der Dreikönigs-Kapelle zu sehen. Die Kölner nennen ihn den Teufelsstein und du erkennst ihn an einer Hahnenkralle, die im Stein eingebrannt ist.

1 Lies den Text oder höre ihn dir an. Beantworte danach folgende Fragen:
1. Wo spielt die Sage?
2. Wer wettet mit wem?
3. Warum schlägt der Teufel eine Wette vor?
4. Wie lautet die Wette?
5. Was passiert mit dem Verlierer?

2 Fasse den Inhalt der Sage kurz mit eigenen Worten zusammen, z. B.:
In Köln wurde der Dom gebaut. Das ärgerte den Teufel …

3 EXTRA Auch aus deiner Stadt oder Region gibt es Sagen. Informiere dich in der Bücherei oder im Internet.
Vielleicht könnt ihr den Schauplatz einer Sage mit der Klasse besuchen und euch dort die Geschichte erzählen.

Arbeitstechnik

Einen Text mithilfe von W-Fragen verstehen
1. Immer, wenn du beim Lesen zu einer wichtigen Information kommst, stellst du dazu eine kurze W-Frage. *(**Wer** tut etwas? **Wann** ereignet es sich? **Wo** passiert es? **Was** geschieht? **Warum** kommt es dazu?)*
2. Beantworte die Frage und notiere die Antwort in Stichworten. Lies nun weiter bis zur nächsten Information.
3. Fasse nach dem Lesen den Text anhand deiner Notizen mit eigenen Worten zusammen.

1 Lest den Text oder hört ihn euch an.

Online-Link
Hörverstehen
313271-0190

Franz Georg Brustgi

Der Ulmer Spatz

Vor langer Zeit hatten die Ulmer einen gewichtigen[1] Balken in die Stadt zu schaffen. Weil sie aber den Balken der Breite nach trugen, so konnten sie damit nicht durch das Stadttor kommen. Sie mochten es auch versuchen, so oft sie wollten, immer stieß der Balken hüben und drüben an die Tormauern. Da standen sie lange und beratschlagten,[2] wie sie dem abhelfen könnten.[3] Aber sie fanden keinen Ausweg.

Nach vielen vergeblichen Versuchen gerieten sie zuletzt noch in Streit. „Es gibt nur eine Möglichkeit", sagte einer, „der Balken ist einfach zu lang und darum müssen wir ihn absägen!" – „Wir dürfen den Balken nicht absägen, weil wir ihn brauchen, so lang wie er ist", erwiderte ein anderer. „Es bleibt nur eins übrig: Wir müssen das Tor breiter machen!"

Während sie so stritten und am Ende doch übereinkamen,[4] dass sie den zweiten Vorschlag annehmen wollten, kam vom Feld herein ein Spatz durch das Tor geflogen, der brachte in seinem Schnabel einen Strohhalm zum Nest. Der Spatz trug aber den Halm der Länge und nicht der Breite nach und kam so ganz leicht durch den Torbogen.

Das hatte ein biederer[5] Geselle bemerkt und rief darum voller Freude: „Haltet, Mannen! Mir geht ein Licht auf! Wir müssen's machen wie der Spatz, der grad mit einem Strohhalm durchs Tor geflogen ist: langewegs der Nase nach, nicht quer hinein!"

So machten sie's und – wahrhaftig – sie gelangten durchs Stadttor ohne anzustoßen.

Seitdem müssen sich die Ulmer den Necknamen „Spatzen" gefallen lassen, bis auf den heutigen Tag.

[1] gewichtig: schwer

[2] beratschlagen: beraten

[3] wie sie dem abhelfen könnten: wie sie das vermeiden könnten

[4] übereinkommen: sich einigen

[5] bieder: alter Ausdruck für „tüchtig"

2 Erschließe den Text mithilfe von W-Fragen. Nutze dazu die Arbeitstechnik auf Seite 189.

1. Wer tut etwas?
2. Was geschieht?
3. Wann ereignet es sich?
4. Wo passiert es?
5. Warum kommt es dazu?
6. Wie …

→ **Seite 189,** Arbeitstechnik „Einen Text mithilfe von W-Fragen verstehen“

Schreibe deine Fragen in eine Tabelle und notiere die Antworten, z. B.:

W-Fragen	Notizen zu den Antworten
Wer wollte einen Balken in die Stadt schaffen?	die Ulmer Bürger
Wann ereignete es sich?	vor langer Zeit, als es noch Stadttore gab

3 EXTRA Arbeitet die Textabschnitte in Spielszenen um, z. B.:

Textabschnitt

Sie mochten es auch versuchen, so oft sie wollten, immer stieß der Balken hüben und drüben an die Tormauern …

Spielszene

5 bis 6 Leute tragen den schweren Balken, versuchen etwa zehnmal vergeblich, durch das Tor zu kommen (große Anstrengung!); zwischen den Versuchen beraten sie, wie man es noch probieren kann: mit Anlauf oder ohne Anlauf, den Balken in verschiedenen Höhen tragen, an verschiedenen Stellen anpacken, zu viert oder zu sechst tragen, …

TIPP!
Überlegt, wie viele Darsteller ihr für das Nachspielen braucht und welche Requisiten ihr benötigt.

4 EXTRA Spielt die Sage nach.

5 EXTRA Zeichne eine Bildergeschichte zu der Sage.
Überlege zuerst, wie viele Bilder du benötigst.

Eine griechische Sage

Sisyphos

Wer war der stärkste und schlaueste Mensch im alten Griechenland? Manche meinen, es war Herakles (röm. Herkules), der so viele Heldentaten vollbracht hat. Aber nicht wenige sagen, der Stärkste und Schlaueste aller Griechen war Sisyphos. Der Mann, der sogar den Tod überlisten konnte.
Sisyphos war der Gründer und Erbauer von Korinth und herrschte als König in der herrlichen Stadt. Da wagte er in seinem Übermut, den Unwillen des großen Gottes Zeus auf sich zu ziehen. Er verriet den Göttervater, als dieser die Tochter des Flussgottes Asopos entführt hatte. Zeus beschloss daraufhin, Sisyphos zu bestrafen, und schickte ihm Thanatos, den Tod. Dem listigen Sisyphos gelang es, den Tod zu überlisten und mit eisernen Ketten zu fesseln.
Auf der Erde brachen glückliche Zeiten an. Keiner starb mehr und die Menschen vermehrten sich stetig.
Als Zeus das merkte, sandte er Ares, den Gott des Krieges, aus, um den Tod von seinen Fesseln zu befreien.
Ares tat, wie ihm befohlen. Und Sisyphos wurde in das Reich der Schatten, in die Unterwelt, geschafft. Aber auch dort blieb er nicht lange, weil es ihm auch hier gelang, den Gott der Unterwelt, Hades, zu überlisten, sodass er bald wieder unter den Lebenden auf der Erde weilte und sein Leben genoss.
Doch dieses Leben währte nicht ewig. Zeus schickte noch einmal Thanatos, den Tod, zu ihm und dieser zerrte ihn in die Unterwelt. Zeus dachte sich eine schreckliche Strafe für Sisyphos aus.
Ihm wurde die Aufgabe gestellt, einen mächtigen Marmorfelsen einen Hügel hinaufzuwälzen.
Unter unsäglichen Mühen ging der Verurteilte ans Werk, stemmte sich mit aller Kraft seiner Hände und Füße dagegen und zwang den schweren Stein auch wirklich fast bis zum Gipfel, da – im allerletzten Augenblick entrollte der tückische Felsblock seinen Händen und stürzte in die Tiefe. Von Neuem musste sich der Arme ans Werk machen, wieder und immer wieder zwang er den Stein bis kurz vor das Ziel, und wieder und immer wieder rollte der Stein hinunter.
Und weil er nicht gestorben ist, müht sich Sisyphos noch heute ab, den schweren Marmorstein den Hügel hochzuschieben.
Und immer wieder rollt der Stein nach unten. Unendlich schwere Arbeit und unendlich sinnlos!

1 Bei so alten Sagen ist es nicht ganz einfach, alles zu verstehen, weil man viele Orte und Namen heute nicht mehr kennt.
Beginne deshalb mit der Wo-Frage.

1. Wo lag das antike Korinth? Kannst du dir vorstellen, warum es in der Stadt so schön war?
2. Welche anderen griechischen Städte kennst du? Welche Namen hast du schon einmal gehört?
3. Wer sind die beiden Hauptpersonen in dieser Sage?
4. Was tut Zeus und was tut Sisyphos? Lege eine Tabelle mit zwei Spalten an, für jeden eine. Trage immer abwechselnd ein, wer was tut. Du kannst auch Pfeile und andere Zeichen benutzen.

→ **Seite 189,** Arbeitstechnik „Einen Text mithilfe von W-Fragen verstehen“

2 Welche Götter kommen in der Sage vor?
Fertige eine Übersicht an, z. B.:

- Zeus: Göttervater
- Asopos: Flussgott
- Ares: …
- Hades: …
- Thanatos: …

Lies in der Sage und in Nachschlagewerken nach, was über sie gesagt wird.

TIPP!
Du kannst auch das Internet nutzen.

Online-Link
313271-0193

3 Nach dieser Sage nennt man bestimmte Arbeiten „Sisyphosarbeiten“. Erkläre, welche Art von Arbeit damit gemeint ist. Nenne Beispiele dafür.

Ein fester Platz für das h

1 Die folgenden Wörter sind nach dem Alphabet geordnet:

Bahn Föhn Hahn hohl Huhn

ihn ihr Jahr kahl Kahn Kohl

kühl kühn lahm Lehm Lohn

mehr Mohn Ohr Pfahl Rahm

sehr Sohn Stahl Strahl Uhr

wahr wohl Zahl zahm Zahn

ihm Mehl Rohr Wahl zehn

Ordne sie neu, z. B.:
- Wörter mit hl: kahl – Mehl – Pfahl –Strahl – Wahl
- Wörter mit hm: …

2 Stelle fest, vor welchen Buchstaben das *h* in den Wörtern aus Aufgabe 1 steht.

TIPP!
In Aufgabe 3 könnt ihr Gruppen bilden und in einem „Wettkampf" Wörter suchen: Wer findet die meisten Wörter in fünf Minuten? Schreibt die gefundenen Wörter auf ein Wandplakat.

3 Ordne die Wörter in die Tabelle ein. Füge eigene Beispiele hinzu.

hl	hm	hn	hr
Pfahl	lahm	Bahn	Jahr
auswählen	nehmen	Bühne	fahren
…	…	…	…

Merke

Nach lang gesprochenem *a, e, i, o, u, ä, ö, ü* steht manchmal ein ***h***. Dieses *h* kommt nur vor *l, m, n,* und *r* vor.

Übungen mit h-Wörtern

1 Wörterrätsel: Schreibe ein Wort aus deiner *h*-Wörtersammlung von der vorigen Seite, Aufgabe 3, auf. Ersetze das *h* und den Buchstaben, der davor steht, durch Pünktchen. Lass andere die fehlenden Buchstaben ergänzen, z. B.: n • • men → nehmen

2 Wörterräder: Suche zu diesen Wortstämmen weitere Wörter aus der Wortfamilie.

-fehl- -zahl- -fahr- -kehr-

Schreibe sie als Wörterräder auf, z. B.:

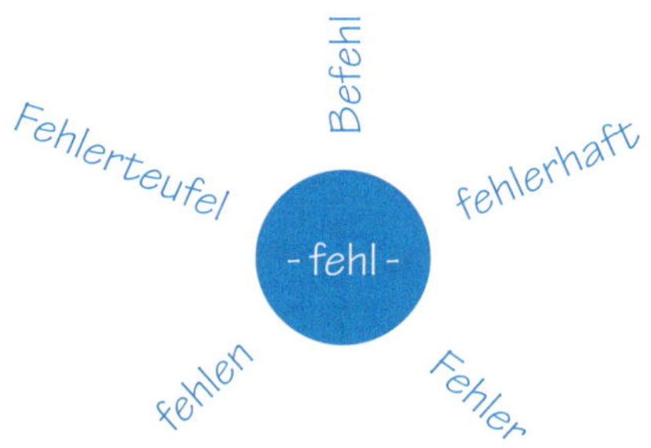

3 Reime schmieden: Ergänze die Reimwörter, z. B.:

Kahn – H ...
lahm – z ...
Zahl – Str ...
fühlt – k ...

Mache daraus lustige Sätze oder Werbesprüche, z. B.:
Es sitzt im Kahn ein stolzer Hahn.

Suche weitere *h*-Wörter zum Reimen in eurer Wörtersammlung.

4 EXTRA ***h*-Wörter-Sätze:** Bilde lustige Sätze, in denen möglichst viele Wörter mit unhörbarem *h* vorkommen, z. B.:
Das berühmte Huhn fühlt sich auf der Bühne sehr wohl.

5 EXTRA ***h*-Wörter-Texte:** Erfinde einen Text, in dem möglichst viele Wörter mit unhörbarem *h* vorkommen. Lest euch die Texte gegenseitig vor. Verwendet den besten Text als Diktat für die gesamte Klasse.

Zum Üben und Ordnen: Die Rechtschreibkartei

Wie ihr wisst, sind nicht alle Wörter für alle gleich schwierig. Jeder macht andere Fehler. Mit der Rechtschreibkartei kann jeder seine Fehlerwörter üben.

TIPP!
Deine Fehlerwörter findest du heraus, wenn du dir deine letzten Diktate oder Aufsätze anschaust.

1 Besorg dir einen Karteikasten oder eine Schachtel, z. B. einen Schuhkarton. Unterteile den Kasten in fünf Fächer.

2 Schreibe deine Fehlerwörter jeweils auf Kärtchen oder auf Zettel. Überprüfe die Schreibung, z. B. mit dem Wörterbuch, und unterstreiche die Problemstelle, z. B.:

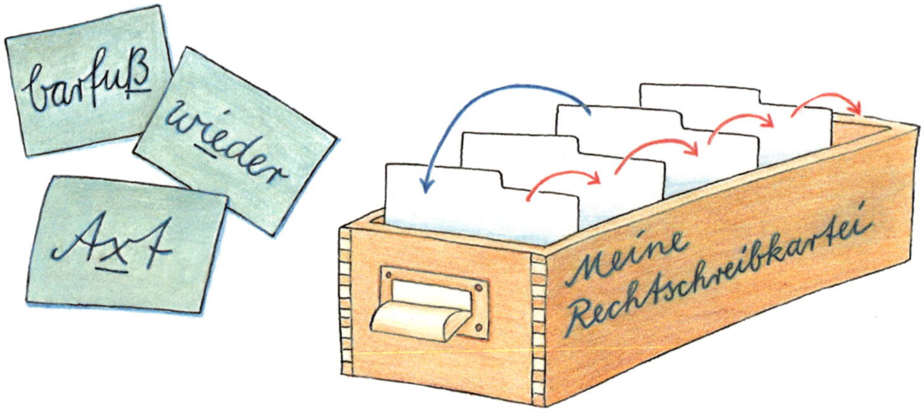

TIPP!
Denke ans Verlängern und Ableiten!

3 **Üben mit der Rechtschreibkarte:** Fächerrücken.
1. Lies das Fehlerwort laut und präge es dir ein.
2. Schreibe das Wort auswendig auf. Sprich es dabei deutlich mit.
3. Vergleiche das Wort mit der Vorlage:
   Richtig geschrieben? → weiter ins nächste Fach
   Falsch geschrieben? → zurück ins erste Fach
   Übe so oft, bis das Kärtchen oder der Zettel im letzten Fach liegt.

→ **Seite 148,** Merken, aber wie?

4 Du kannst mit den Wörtern auch wie auf S. 148 üben. Benutze dazu die Rückseite der Kärtchen.

5 Im letzten Fach deiner Rechtschreibkartei werden sich mit der Zeit viele Wörter ansammeln. Ordne sie, indem du dieses Fach unterteilst. Besprecht, welche untergeordneten Fächer ihr einrichten wollt, z. B.:

TIPP!
Wenn sehr viele Kärtchen oder Zettel im letzten Fach liegen, kannst du sie herausnehmen. Sammle sie und übe ab und zu damit.

6 EXTRA Du kannst die Rechtschreibkartei auch im Computer anlegen:

1. Richte ein besonderes Verzeichnis ein. Du kannst es z. B. Rechtschreibkartei nennen.
2. Richte eine Datei *Fach 1* ein.
   Hier kommen die Fehlerwörter zuerst hinein.
3. Erstelle Dateien für die anderen vier Fächer.
   Unterteile die Datei *Fach 5* durch Überschriften.
4. Übe nun mit der Kartei. Lies die Wörter, präge sie dir ein und schreibe sie mit der Hand auf ein Blatt Papier. Vergleiche die Rechtschreibung. Lösche das Wort dann und trage es in das nächste „Fach“ ein.

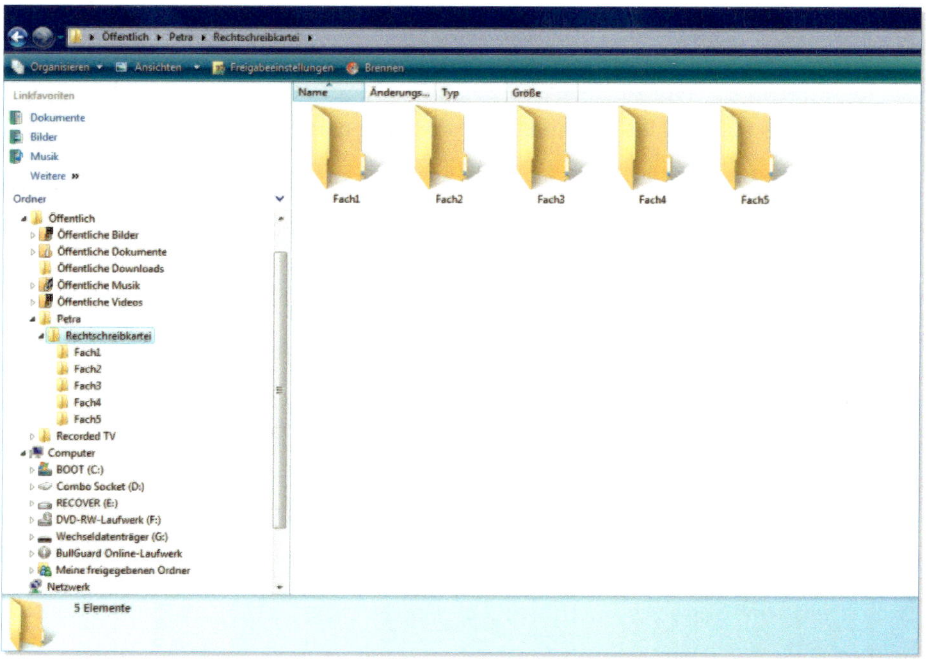

Eine portugiesische Sage

Barcelos ist eine Stadt im Norden Portugals. In dieser Stadt gibt es viele Fabriken, die bunte Hähne aus Ton herstellen. Die Hähne aus Barcelos sind in ganz Portugal bekannt. Wie es dazu kam, erzählt die folgende Sage:

Der Hahn von Barcelos

[1] der Pilger (die Pilger): jemand, der zu einem heiligen Ort unterwegs ist

Ein Pilger,[1] der auf dem Weg nach Spanien war, wurde von einem reichen Mann zu einem großen Fest eingeladen. Als das Fest zu Ende war, bemerkte der Reiche, dass ein Teil seines Silberbestecks fehlte. Er beschuldigte den fremden Pilger des Diebstahls. Dieser aber beteuerte immer wieder seine Unschuld. Zuletzt wurde der Pilger dem Richter vorgeführt. Der Richter war gerade beim Mittagessen. Auf seinem Teller lag ein gebratener Hahn. Wieder versicherte der Pilger, dass er keinen Diebstahl begangen habe, und sagte: „Ich bin unschuldig und als Zeichen meiner Unschuld wird sich der Hahn von eurem Teller erheben und krähen." Das Wunder geschah, der Hahn wurde lebendig und krähte. Zum Dank stiftete der Gerettete dem Hahn ein Denkmal.

1 Gib an, welche der folgenden Aussagen richtig und welche falsch sind. Schreibe so: 1. falsch, 2. ...

1. Der Pilger war zu dem Fest gegangen, ohne dass er eingeladen worden war.
2. Nach dem Fest war ein Teil des Silberbestecks verschwunden.
3. Der reiche Mann glaubte, dass der Pilger das Besteck gestohlen hätte.
4. Als der Pilger vor dem Richter stand, gab er zu, das Besteck gestohlen zu haben.
5. Der Hahn stand auf und krähte. Das war ein Zeichen für die Unschuld des Pilgers.

2 Suche zu den Wortstämmen *-stehl-* und *-führ-* Wortfamilien.

3 Suche zu *-hahn-* verwandte Wörter. Wer findet die meisten?

4 Probiere aus, wie das *h* bei *geschah* und *krähte* hörbar gemacht werden kann, z. B.: geschah → gesche – hen

TIPP!
Teilt den Text in zwei Abschnitte.

5 Schreibt die Sage als Partnerdiktat. Diktiert die Satz- und Redezeichen jeweils mit.

Sonderbar

1 Lies die Geschichte und gib jedem Abschnitt eine Überschrift.

Die Geschichte vom Mehl

(1) Diese Geschichte erzählt von einem Müller, der eine Windmühle besaß. Er war schon ziemlich alt und sein Hund auch. Er wohnte weit weg von hier. Im Herbst, wenn das Korn reif war und der Wind am stärksten blies, hatte der Müller die meiste Arbeit im Jahr.

(2) An einem dieser Herbsttage machte er sich auf den Weg zum Bauern, um das gemahlene Korn zu liefern und um neues zu holen. Er war sehr zufrieden. Der Wind war besonders stark, das Mehl besonders fein und der Karren fuhr sich durch den Rückenwind besonders leicht. Auf dem Rückweg kam er jedoch in Schwierigkeiten. Der Wind war noch stärker geworden, aber jetzt blies er als Gegenwind.

(3) So plagte sich der alte Mann sehr, um vorwärts zu kommen. So sehr er sich auch gegen Wind und Müdigkeit wehrte, in der Nähe seiner Mühle konnte er nicht mehr weiter. Der Abend brach an und er überlegte, wo er sich jetzt erholen könnte. Er legte sich auf die Säcke, schlief ein und träumte vom Rückenwind.

(4) Am Morgen gegen vier Uhr erwachte der Müller. Jetzt war es windstill. Er nahm seinen Karren. Als er zu seiner Mühle kam, wunderte er sich nicht wenig, denn die Mühle, die Wiesen, die Felder, die Berge waren ganz weiß. „Mein kostbares Mehl!“, seufzte der Müller. Er nahm einen Besen, um das Mehl zusammenzukehren. Da war es Schnee.

2 Schreibe aus dem Text alle Wörter mit unhörbarem *h* heraus. Wie viele hast du gefunden? Vergleiche dein Ergebnis mit dem deines Partners oder deiner Partnerin.

TIPP!
Wechselt euch beim Diktieren nach jedem Abschnitt ab.

3 Schreibt den Text als Partnerdiktat. Diktiert die Satz- und Redezeichen mit.

4 Tauscht eure Hefte und überprüft gegenseitig, ob ihr richtig geschrieben habt. Die Fehlerwörter kann jeder zum Üben in seine Rechtschreibkartei eintragen.

→ **Seite 196/197,** Rechtschreibkartei

16 Was liest du denn gerade?

Lieblingsbücher

Janus, 10, 5. Klasse
„Ich lese immer mal wieder, meist so ein Buch in der Woche. Am liebsten spannende Bücher und Krimis."

Luisa, 10, 5. Klasse
„Die Bücher von Erich Kästner ‚Das fliegende Klassenzimmer' und ‚Emil und die Detektive' find ich gut, aber auch andere Bücher, in denen Kinder in der Familie oder mit Freunden etwas erleben, lese ich, wenn ich Zeit habe."

Christian, 11, 5. Klasse
„Ich lese am meisten in den Ferien, wenn ich nicht am Computer sitzen kann, beim Autofahren mit meinen Eltern manchmal zwei Bücher auf einer Fahrt. Eigentlich alles, aber sehr gerne fantastische Abenteuerbücher und alles über Fußball."

1 Welche Bücher lest ihr? Sprecht über eure Leseerfahrungen und eure Lieblingsbücher.

Rennschwein Rudi Rüssel

1 Habt ihr schon einmal von einem Rennschwein gehört? Schaut euch die Abbildung auf dem Buch an. Worum wird es in der Geschichte wohl gehen?

2 Lest den Klappentext. Tauscht euch darüber aus, was er über den Inhalt der Geschichte verrät.

> „Wir haben zu Hause ein Schwein. Ich meine damit nicht meine kleine Schwester …“ Alles begann damit, dass Zuppi bei einer Tombola den Hauptpreis gewann: ein Ferkel. Rudi Rüssel veränderte den Familienalltag gründlich. Aber der Hausbesitzer Buselmeier hat keinen Sinn für diese Art Haustiere. So zieht die Familie an den Rand eines großen Fußballfeldes. Hier kann der Vater, ein arbeitsloser Ägyptologe, Platzwart werden und Rudi in Ruhe Schwein sein. Doch dann entdeckt Rudi seine wahre Größe als Rennschwein …
>
> Ein Lesespaß für die ganze Familie – mit und ohne Haustier.

3 Fasst zusammen, welche Informationen ihr in dem Klappentext findet.

4 Wer von euch würde dieses Buch gern lesen? Begründe deine Meinung.

5 Erkläre, wozu deiner Meinung nach Klappentexte da sind.

Merke

Klappentexte sind kurze Texte, die auf der Umschlagklappe oder auf der Rückseite eines Buches stehen.
Sie geben meist in wenigen Sätzen den Inhalt des Buches wieder und sollen zum Lesen anregen. Den Schluss der Geschichte verraten sie deshalb nicht.

Der Brief für den König

1 Schaut euch die Abbildung auf diesem Umschlag an. Stellt Vermutungen darüber an, worum es in dem Buch wohl gehen wird.

2 Lies den Klappentext. Notiere in Stichworten, welche Informationen er über den Inhalt gibt.

Tiuri verlässt in der Nacht, bevor er seinen Ritterschlag empfangen soll, seine Heimatstadt und nimmt den gefährlichen Auftrag an: Er soll einen Brief mit einer geheimen Botschaft in das ferne Königreich Unauwen bringen. „Ein sehr schönes Schmökerbuch, das alles enthält, was der Leser von solch einem Buch erwartet: Fantasie, Abenteuer und Gefahren, gute und böse Menschen, Hass und Zuneigung."
Arbeitskreis Jugendbuch und Buch

„Die Geschichte vom jungen Ritter Tiuri, der in eine Kette von gefährlichen Abenteuern gerät, ist so spannend, dass hier keiner freiwillig aufhört zu lesen."
E. Menzel, Hits für Kids

3 Würdest du dieses Buch gern lesen? Begründe deine Meinung.

4 Tauscht euch darüber aus, was ihr über die Zeit der Ritter wisst, z. B.:
- Was ist ein Ritterschlag?
- Wann lebten Ritter?
- Wo lebten sie?
- Was für ein Leben führten sie?
- Welche Kleidung trugen sie?

5 Die meisten Bücher haben ein Inhaltsverzeichnis. Es kann zu Beginn oder am Ende des Buches stehen. Bei diesem Buch findet man es am Ende.
Stellt fest, was man aus diesem Ausschnitt des Inhaltsverzeichnisses erfährt.
Tauscht euch darüber aus.

Inhalt

6 EXTRA Lies die Angaben, die auf der 4. Seite des Buches zu finden sind:

Die Schriftstellerin Tonke Dragt war als 12-Jährige während des Zweiten Weltkrieges in einem japanischen Gefangenenlager eingesperrt. Über diese Zeit berichtet sie:
Ständig eingeschlossen hinter Stacheldraht; Hunger und Elend, wohin man nur sah – und das gerade in diesem Alter. Es war die Altersgruppe, für die ich nun schreibe. Uns war dort alles verwehrt[1] und so erfand ich in meiner Fantasie Geschichten, die in einer weiten Ferne spielen – Geschichten voller Abenteuer und ohne Stacheldraht ...

[1] verwehrt: verboten, nicht zugänglich

Erkläre, warum die Schriftstellerin Tonke Dragt angefangen hat, Geschichten zu erfinden.

7 EXTRA Stelle das Buch jetzt einer Partnerin oder einem Partner vor. Notiere dir Stichworte zu dem, was du erzählen möchtest.

Arbeitstechnik

Sich schnell über den Inhalt eines Buches informieren

1. Sieh dir den Titel und die äußere Gestaltung des Umschlages an. Überlege, was du daraus über den Inhalt erfährst.
2. Lies den Klappentext des Buches.
3. Überfliege das Inhaltsverzeichnis. Daraus erfährst du zum Beispiel, ob es um eine zusammenhängende Geschichte geht oder ob das Buch mehrere Geschichten enthält.
4. Prüfe, ob das Buch am Anfang oder Ende kurze Informationen zum Autor/zur Autorin enthält. Auch diese Informationen verraten oft etwas über den Inhalt.

Was passt zusammen?

1 Lies die Klappentexte und ordne sie den Buchumschlägen zu, z. B.: 1c, 2 …

2 Fasse zusammen, was Bild und Klappentext jeweils über den Inhalt der Bücher aussagen.

a)

b)

c)

d)

Klappentext 1

Man soll eben keine Sachen verleihen! Dabei hat der Junge im Park so nett ausgesehen; Frieda kann einfach nicht glauben, dass Tom ihr das Fernglas (das noch dazu ihrem Bruder gehört!) absichtlich nicht zurückgibt. Ob da was anderes dahintersteckt? Frieda gerät in ein Spiel, das schon bald keines mehr ist.

Spannend und glaubwürdig erzählt Sigrid Zeevaert eine Geschichte über Gewalt im Alltag, die so oder so ähnlich immer häufiger passiert. Aber sie begnügt sich nicht mit der Schilderung von Ängsten und Bedrohungen. Immer wieder wird die Frage nach dem Warum gestellt und Mut zum Widerstand gemacht.

Klappentext 2

Solange Nora denken kann, war Sabina ihre beste Freundin. Doch seit die Sommerferien zu Ende sind, ist alles anders. Sabina ist jetzt mit der Klassenschönheit Fanny und ihrer Clique zusammen und lässt Nora links liegen. Aber so schnell gibt sich Nora nicht geschlagen. Sie wird um Sabinas Freundschaft kämpfen, wenn es sein muss, mit Lippenstift und neuen Klamotten. Lästig ist nur, dass ihr die unmögliche Karin auf die Pelle rückt.[1] Wenn sie sich mit der einlässt, ist sie bei Sabinas neuer Clique endgültig unten durch.

[1] jemandem auf die Pelle rücken: dicht an jemanden herankommen

Klappentext 3

Das ist die Geschichte der sieben Sager-Kinder, die im Jahr 1844 ganz allein durch den wilden Nordwesten Amerikas gezogen sind, begleitet nur von einem Hund, einer Kuh und einem Ochsen. Die Kinder hatten ursprünglich zu einem großen Treck gehört, der in die fruchtbaren Täler Oregons führen sollte. Dort wollten die Auswanderer ein neues Leben beginnen. Aber Vater und Mutter erliegen bald den großen Strapazen[2] dieser Reise. Wenig später beschließt der Rest der Auswanderer, sich im leichter erreichbaren Kalifornien anzusiedeln. So ziehen die Kinder unter den größten Anstrengungen und Entbehrungen – das Jüngste auf dem Arm – zu Fuß weiter, um das vom Vater gesteckte Ziel zu erreichen …

[2] den Strapazen erliegen: an der großen Anstrengung sterben

Klappentext 4

„Ich heiße Dirk."
„Kann ick mir ooch nüscht für koofen." Als der 11-jährige Dirk mit seiner Mutter von Heinersdorf nach Berlin zieht, ist ihm dort zunächst alles fremd. Doch irgendwann bricht das Eis und Dirk gewinnt neue Freunde: Emil, der für Hip Hop schwärmt, Paul, der trotz seiner dunklen Hautfarbe urberlinerisch spricht, und Amina, die sich nichts gefallen lässt. Nach der Schule legt er seiner Mutter fröhlich einen Zettel hin: „Bin mit dem Skateboard auf dem Kreuzberg." Ausgerechnet dann passiert die Sache mit Markus, der immer mit diesen blöden Typen zusammen ist …

3 Welches dieser Bücher würdest du am liebsten lesen? Begründe deine Meinung.

Welche Bücher interessieren euch?

In vielen Bibliotheken sind die Bücher nach Gattungen oder Sachgebieten geordnet, z. B.:

Märchenbücher | Sprachbücher | Gedichtbände | Jugendromane | Wörterbücher | Abenteuergeschichten | Nachschlagewerke

TIPP!
Denkt an eure Schulfächer.

1 Welche Arten von Büchern fallen euch außerdem ein? Ergänzt die Aufzählung.

2 Beschreibe, wie die folgenden Wörter gebildet worden sind, z. B.:
Jugendroman → zusammengesetzt aus Jugend und Roman.

Jugendroman | Klappentext | Wörterbuch | Buchtitel | Lesenacht | Textstelle | Buchseite | Kinderbibliothek | Gedichtband | Fremdwort | Buchdeckel

3 Erkläre die Begriffe, z. B.:
Ein Jugendroman ist ein Roman für Jugendliche.

4 Bilde aus den folgenden Wörtern zusammengesetzte Wörter. Schreibe sie auf. Umrahme die beiden Nomen/Substantive, aus denen sie gebildet worden sind. Stelle fest, was übrig bleibt.

Zeitung – Seite, Hund – Geschichte, Bild – Buch, Inhalt – Verzeichnis, Tinte – Fass, Bibliothek – Ausweis, Land – Sprache

5 EXTRA Bildet Wörterschlangen, z. B.:
Wörterbuch – Buchseite – Seitenlinie – Linienbus …
Ihr könnt mit folgenden Wörtern beginnen: Buch, Unterricht, Märchen, Sport
Wer findet die längste Wörterschlange?

→ **Seite 9, Aufgabe 1,** zusammengesetzte Wörter

Merke

Neue Wörter können durch Zusammensetzung aus zwei oder mehreren Wörtern gebildet werden. Bei zusammengesetzten Wörtern können *s, es, er* oder *n* Verbindungsbausteine sein.

6 Hier sind Wörter aus anderen Bausteinen entstanden.
Erklärt, wie sie gebildet worden sind.

Vorbausteine	Grundbausteine	Endbausteine	
vor	les	en	
ver	les	en	
ab	les	en	
	les	bar	
un	les	er	lich
Vor	les	ung	
	Les	er	in

7 Übernimm die Tabelle in dein Heft und trage die folgenden Wörter in die richtige Spalte ein. Unterstreiche die Vor- und Endbausteine.

mutig – heimlich – Krankheit – Reichtum – Verzeichnis – Verbindung – Sprecher – vermissen – benutzen – zerstören – einsam – englisch – befinden

Adjektive	Verben	Nomen/Substantive
mutig	…	…

8 Finde zu folgenden Grundbausteinen möglichst viele Wörter, die mit Vor- oder/und Endbausteinen gebildet sind, z. B.: *die Sage, …*

sag — schreib — seh — fass — steh

TIPP!
Du kannst folgende Bausteine verwenden:
- **Vorbausteine:** ab, an, aus, be, ein, ent, er, zer, ver, zu
- **Endbausteine:** bar, ig, isch, lich, los, sam, en, eln, ern, er, heit, keit, nis, ung, tum

Merke

Die meisten Wörter bestehen aus verschiedenen Wortbausteinen. Wörter mit demselben Grundbaustein/Wortstamm gehören zu einer **Wortfamilie**.

ss oder *ß*?

1 Schreibe aus dem Text alle Wörter heraus, die mit *ss* geschrieben werden. Untersuche, wie der Selbstlaut vor dem s-Laut gesprochen wird.

Hans Manz

Aufpassen

Jeder muss lernen,
sich anzupassen,
aber gleichzeitig
aufpassen,
dass er nicht verpasst
zu sagen:
Das passt mir nicht!

2 EXTRA Schreibe die folgenden Wörter in alphabetischer Reihenfolge auf.

ich aß	Stoß	Fuß	heiß	fließen	außer
ich saß	Soße	Gruß	beißen	schießen	außen
Straße	Klöße	süß	heißen	ich ließ	draußen
Spaß	Floß	Ruß	fleißig	sie hieß	Strauß

3 Schreibe ab und ergänze die fehlenden Buchstaben.
ss oder *ß*?

sü?e Klö?e – ein gro?er Spa? – barfu? durch den Flu? – hei?es Wa?er – eine flü?ige Ma?e – die Fü?e kü?en – be?er wi?en – drau?en und drinnen – blo? nichts verge?en – ein gro?es Gefä? – eine na?e Stra?e – ein hei?er Ku? – schlie?lich flo? Schwei? – ein bi?chen So?e – ein wei?es Schloss – ich mu? flei?ig sein

Merke

Nach **lang** gesprochenem ***a/ä, o/ö, u/ü*** sowie nach ***ie, ei*** und ***au/äu*** schreibt man für einen (scharfen) s-Laut ***ß***: *Spa**ß**, Fu**ß**, hei**ß**.*
Ob der s-Laut scharf ist, hörst du, wenn du das Wort verlängerst und das ***ß*** am Silbenanfang steht: *Spä-ße*
Nach **kurz** gesprochenem ***a/ä, e, i, o/ö, u/ü*** schreibt man für einen (scharfen) s-Laut ***ss*** oder ***s***: *nass, Kuss, hasst, dass, das, hast, es, ist.*
Wenn du das Wort verlängerst und nach Silben getrennt sprichst, kannst du oft die Schreibweise hören: *nas-ser, Küs-se.*

das oder *dass*?

1 Lies die Sätze und beschreibe, wann *das* und wann *dass* geschrieben wird.

- Ich hoffe, dass ich das Buch finde.
- Das Buch, das ich gelesen habe, ist spannend.
- Ich glaube, dass er lügt.
- Das ist gut lesbar.
- Ich verspreche dir, dass ich das Buch morgen zurückgebe.
- Ja, das verspreche ich.
- Dass ich es kann, weiß ich.
- Nein, das weiß ich nicht.
- Ich wünsche dir, dass du gewinnst.
- Das wünsche ich dir wirklich.
- Das Spiel, das du mir geschenkt hast, ist ziemlich schwierig.
- Ich verstehe das.

2 Lies dir den Merksatz durch und erkläre mithilfe der Ersatzprobe, warum in den Sätzen *das* oder *dass* geschrieben wird.

3 Vervollständige diese Sätze und schreibe sie auf.
1. Ich erinnere mich, dass …
2. Glaubst du, dass …
3. Wir wissen, dass …
4. Mir ist klar, dass …
5. Verständlich, dass …
6. Es ist nicht wichtig, dass …
7. Wir befürchten, dass …
8. Ich vermute, dass …

4 Schreibe selbst solche Sätze mit folgenden Verben:
sagen, beweisen, gefallen, behaupten, meinen, hoffen, ahnen

5 EXTRA Schreibe den folgenden Geschichtenanfang weiter.
Verwende möglichst oft *dass*.

Meine Eltern sind heute Abend weggegangen. Ich bin allein zu Hause. Mir ist es unheimlich. Ich weiß zwar, dass es keine Geister gibt. Trotzdem denke ich, dass jeden Moment …

Merke

Mithilfe der Ersatzprobe kann man herausfinden, ob ***das*** oder ***dass*** gemeint ist. Das Wort ***das*** ist ein Artikel oder ein Fürwort. Es kann durch andere Wörter ersetzt werden, z. B. durch *dieses, jenes, welches.* Das Wort ***dass*** kann nicht durch andere Wörter ersetzt werden. Die dass-Sätze antworten auf die Frage *„Was …?“*, z. B.: *Was glaubst du? – Ich glaube, dass es morgen regnen wird.*

Endlich zu Ende!

1 Bilde Nomen/Substantive mit denselben Grundbausteinen, z. B.:
die Verspätung, der Vorschlag, …

verspäten | vorschlagen | verlieben | ernähren
auswählen | nachschlagen | informieren | beurteilen
besprechen | vorstellen | wiederholen
erfahren | umleiten

2 Bilde Adjektive mit denselben Grundbausteinen, z. B.:
mutig, bescheiden, …

Mut | Bescheidenheit | Einsamkeit | Heiterkeit
Liebe | Freundin | Spannung | Bewegung
Trauer | Belustigung | Erlebnis | Eile
Reichtum | Spaß | Verehrung

3 Erkläre, wann man *end/End* und wann man *ent/Ent* schreibt, z. B.:
beenden: etwas zu Ende bringen; mit einer Arbeit aufhören

beenden | entdecken | Endung | Entführung

4 Schreibe die Wörter auf und ergänze dabei die fehlenden Buchstaben.
d oder *t*?
en?lich – En?fernung – en?decken – en?gegen – En?spurt – en?los – En?runde – en?halten – En?hüllung – En?kampf – en?gültig – en?lang – en?scheiden – en?en

5 Erkläre, wann man *wieder* und wann man *wider* schreibt, z. B.:
wiederholen: etwas noch einmal tun …

wiederholen | widersprechen | widerspiegeln | wiederkommen

(K)eine trübe Tasse

1 Schreibe den Spruch ab. Ergänze dabei die fehlenden Buchstaben.

Du wohnst in derselben Ga?e, und zwar im Nachbarhaus.
Du sitzt in meiner Kla?e, bist keine trübe Ta?e.
Wie sieht's mit Freundschaft aus?

2 Schreibt diese Reime als Partnerdiktat.

ss oder *ß*?

1. Meere und Flüsse –
   Tränen und Küsse
2. Straßen und Gassen –
   Schulen und Klassen
3. liebe und süße
   Wünsche und Grüße
4. Fleiß und Mut
   bringen Wissen und Gut.
5. Teller und Tassen –
   Essen für Massen
6. große und kleine
   Füße und Beine
7. wütende Bisse –
   Löcher und Risse
8. hacken und beißen –
   prügeln und reißen

TIPP!
Verlängert die Wörter und sprecht sie nach Silben getrennt. So bekommt ihr fast immer die Schreibweise heraus.

3 Schreibe diesen Text ab. Ergänze dabei die fehlenden Buchstaben.

Hinter Simones Stra?e flo? ein kleiner Flu?. Das Wa?er war klar und sauber. Doch eines Tages sah man hä?liche, braune Ölflecken auf der Oberfläche. Ihr Gro?vater wu?te nicht, was pa?iert war „Diese braune So?e – was ist das blo?? Hoffentlich fre?en die Fische nichts davon", sagte er wieder und wieder. Als die Flecken immer grö?er wurden, war er zu allem entschlo?en. Er schaltete die Pre?e ein. Man suchte flei?ig nach der Ursache. Schlie?lich fand man heraus, da? eine neue Fabrik ihre Abwä?er in den Flu? ablie?. Der Besitzer mu?te eine hohe Geldstrafe bezahlen.

4 Trage alle Wörter mit *ss* oder *ß* aus Aufgabe 3 in eine Tabelle ein, z. B.:

Wörter mit *ss*	Wörter mit *ß*
floss	Straße

5 Schreibe die Wörter mit *ss* oder *ß* aus diesem Text in deine Tabelle.

Habt ihr schon gewusst, dass der erste chinesische Kaiser Qin Shi Huangdi vor 4000 Jahren den Fußball für seine Soldaten erfand? Er wollte die Fitness seiner Soldaten erhöhen.

17 Tieren auf der Spur

Die schöne Wilde

1 Lies zunächst die Textüberschrift und schau dir die Bilder an. Worum geht es vermutlich im Text?

2 Lies jetzt den ganzen Text Abschnitt für Abschnitt.
Suche für jeden Abschnitt eine Überschrift. Schreibe die Überschriften untereinander und lass etwas Platz dazwischen.

Uta Tennigkeit

Die wilde Schwester aus dem Wald

Die graubraune Wildkatze wiegt etwa ein Kilo mehr als ihre zahme Schwester, die Hauskatze. Sie hat einen buschigen Schwanz, eine helle Nasenspitze und die typische dunkle Fellzeichnung: einen dunklen Strich auf dem Rücken, Ringe an der Schwanzspitze sowie Streifen, die von Augen und Schnurrhaaren zum Hals verlaufen. Diese „Kriegsbemalung“ verleiht der schönen Wilden ihren drohenden Gesichtsausdruck.

Ohne Gnade wurde das „gefährliche Biest“ deshalb auch als „Lämmertiger“ und „Räuber des Waldes“ früher aus den Bäumen geschossen. Erst 1922 erhielt die Wildkatze ganzjährigen Jagdschutz. […] Heute leben etwa 800 bis 1000 Tiere in den Wäldern der Mittelgebirge.

Ihr Speiseplan: Über 80 Prozent der Beute sind Mäuse, nur zehn Prozent Vögel, der Rest Insekten und Käfer. Dass die geschmeidigen Mäusefänger so erfolgreich sind, verdanken sie ihren sichelscharfen Krallen und spitzen Säbelzähnen.

Unvergleichlich sind die Sinnesleistungen der Katze: Ihre von über 20 Muskeln bewegten Ohrmuscheln setzt sie wie Radarschirme ein. Und sogar im Dunkeln behält sie den Überblick: Katzenaugen sind sechsmal lichtempfindlicher als unsere Augen. Sie haben eine spezielle Netzhaut, die wenig Licht optimal ausnutzt. Unfehlbar ist schließlich der Gleichgewichtssinn der Baumkatze. Auch bei einem Sturz aus fünf Metern Höhe fällt sie auf die Füße.

Im Frühjahr verlassen die jetzt etwas geselligeren Einzelkämpfer ihr […] Revier, um mit Katzenmusik auf Brautschau zu gehen[1]. Zärtlich ruft die Kietze (das Weibchen) ihren Kuder (das Männchen). […]

Etwa 65 Tage nach der Hochzeit bringt das Weibchen allein in einem mit Laub, Moos und Haaren gepolsterten Nest zwei bis vier blinde Katzenkinder zur Welt. Zwölf Wochen schützt sie ihre Jungen und mit fünf Monaten scheucht sie die Kleinen aus ihrem Revier. Es ist jetzt Herbst. Höchste Zeit für alle, vor dem Winter noch ausgiebig auf die Pirsch zu gehen[2].

[1] auf Brautschau gehen: einen Partner suchen

[2] auf die Pirsch gehen: auf die Jagd gehen

3 Welche Wörter oder Sätze helfen dir besonders, dir den Inhalt zu merken? Schreibe sie jeweils zu deiner Überschrift.

4 Schreibe mithilfe deiner Notizen einen Steckbrief zur Wildkatze. Nutze dazu die Hinweise auf S. 8.

→ **Seite 8,** Arbeitstechnik „Einen Steckbrief schreiben“

5 EXTRA Gestalte ein Plakat zur Wildkatze. Nutze dazu die Hinweise auf S. 143.

→ **Seite 143,** Arbeitstechnik „Ein Plakat gestalten“

6 EXTRA Schreibe alle Namen aus dem Text heraus, die die Verfasserin der Wildkatze gegeben hat, z. B.:
die wilde Schwester aus dem Wald

Versuche, die verschiedenen Namen zu erklären.

Hilfe, eine Spinne!

1 Lies zunächst die Textüberschrift und schau dir das Foto an. Worum geht es vermutlich im Text?

2 Lies jetzt den ganzen Text Abschnitt für Abschnitt. Schreibe aus jedem Abschnitt den wichtigsten Satz heraus oder drücke in einem Satz aus, worum es in dem Abschnitt geht, z. B.:

1. Viele Menschen fürchten sich vor Spinnen.
2. ...

Walter Karpf

Eine raffinierte Spinnerin

1. Der Naturjournalist Horst Stern beklagt, dass wir allzu leicht diese Tiere töten und dabei ein allzu geringes Schuldgefühl haben: „Der Abscheu, der nicht wenige Menschen angesichts der starrenden Augen und der haarigen, langbeinigen, als Fremdkörper empfundenen Spinnengestalt überkommt, ist stärker. Ihr stoßweises, schnelles Laufen verstärkt die Spinnenfurcht."

2. Unser Abscheu vor Spinnen ist anders nicht zu erklären, denn sie können uns nichts tun. Das Gift der in Europa vorkommenden Arten reicht gerade aus, eine Mücke zu lähmen.

3. Das Netz der Garten-Kreuzspinne ist ein Wunderwerk. Nur durch ein Mikroskop lässt sich erkennen, dass auf den hauchfeinen Fäden winzige Klebetropfen angeordnet sind, die eine Beute festhalten. Ein Spinnfaden ist um rund ein Drittel fester und dehnungsfähiger als ein Nylonfaden.

4. Jeden Morgen webt die Kreuzspinne in einer halben Stunde ihr Netz neu. Allerlei bleibt darin hängen: Mücken und Blütenpollen zum Beispiel. Abends fressen Kreuzspinnen ihr Netz wieder auf und verzehren dabei haften gebliebene pflanzliche Teile.

5. Der Jagdbetrieb ist das große Hindernis bei der Fortpflanzung der Spinnen. Wenn sich nämlich ein Männchen einem Weibchen nähert, muss es ihm erst einmal durch Signale deutlich machen, dass es keine Beute ist. Bei der Kreuzspinne muss das Männchen in einem genau vorgegebenen Rhythmus am Netz des Weibchens zupfen, um dessen Beuteinstinkt auszuschalten.

6. Nach der Befruchtung setzt das Weibchen, zum Beispiel in einem Mauerwinkel, etwa 800 mit Dotter gefüllte Eier ab, in denen der Nachwuchs sich bis zum Larvenstadium entwickelt. Nach einer Häutung und der Ausbildung aller Organe spinnen die Tiere selbstständig ihre Netze.

3 Besprich unbekannte Begriffe mit deinem Partner oder deiner Partnerin. Wenn ihr sie nicht klären könnt, schlagt in einem Wörterbuch oder Lexikon nach.

Arbeitstechnik

Einen längeren Text lesen und verstehen – für Profis

1. Lies die **Überschrift**: Was erzählt sie dir?
2. Gibt es **Bilder** zum Text? Was zeigen sie dir?
3. Lies den ganzen Text **Abschnitt für Abschnitt**. Überlege nach jedem Abschnitt, was darin steht. Wenn du dir unsicher bist, lies ihn nochmals.
   Wichtige Informationen kannst du mit **W-Fragen** herausfinden. Du kannst auch jedem Abschnitt eine **Überschrift** geben.
4. Welche Wörter oder Sätze helfen dir, dir den **Inhalt** zu **merken?** Schreibe sie auf oder unterstreiche auf Folie.
5. Welche Wörter oder Sätze **verstehst du noch nicht?** Kläre sie!

Der Star unter den Schlittenhunden

1 Sich einen Überblick verschaffen: Lies zunächst nur die Überschriften und schau dir die Bilder an. Gib mit eigenen Worten wieder, welche Informationen der Text vermutlich enthält.

TIPP!
Die Notizen helfen dir, Aufgabe 3 zu lösen.

2 Lies jetzt den Text Abschnitt für Abschnitt. Notiere dir Stichworte zu jedem Abschnitt.

Der Alaskan Husky

Der Alaskan Husky ist der Star unter den Schlittenhunden. Kein anderer kann so schnell rennen und hat so viel Kraft wie er.

Aussehen
Alaskan Huskys sind eine besondere Züchtung der Schlittenhunde, die aus der Kreuzung von Sibirian Huskys mit anderen Wind- und Schlittenhunden entstanden ist.
Auf den ersten Blick sehen sie deshalb auch nicht wie die typischen Schlittenhunde aus: Sie können schwarz, rotbraun, weiß oder gescheckt sein und haben entweder kleine Steh- oder Schlappohren. Die Sibirian und die Alaskan Huskys haben nicht alle blaue Augen, sondern oft auch braune. Es kommt auch vor, dass ein Tier ein blaues und ein braunes Auge hat.

Wie alle Schlittenhunde sind auch Alaskan Huskys besonders eng mit den Wölfen verwandt. Sie haben eine Schulterhöhe von 55 bis 60 Zentimetern, die Weibchen wiegen 22 bis 25 Kilogramm, die Männchen (Rüden) 25 bis 27 Kilogramm. Schwerer dürfen sie nicht sein, da sie sonst nicht mehr so schnell sind und den Schlitten nicht mehr so gut ziehen können.
Das Fell der Alaskan Huskys ist nicht genauso dick wie das anderer Schlittenhunde, aber es reicht aus, um sie vor extremer Kälte zu schützen. Außerdem hat das dünnere Fell den Vorteil, dass ihnen auch bei warmen Temperaturen nicht gleich die Puste ausgeht.[1] Die Pfoten der Huskys sind so kräftig, dass ihnen selbst Eis und Schnee nichts anhaben können.[2]

[1] ihnen geht die Puste aus: sie können nicht mehr schnell laufen

[2] sie können ihnen nichts anhaben: sie machen ihnen nichts aus

Heimat

Die verschiedenen Schlittenhunde-Rassen stammen aus den kältesten Regionen der Nordhalbkugel: aus Sibirien, Grönland, Alaska und aus den arktischen Regionen Kanadas.

Lebensraum

Schlittenhunde haben immer mit den Menschen gelebt, die sie als Zug- und Lasttiere verwendet haben: mit den Nomadenvölkern[3] Sibiriens, mit den Eskimos, mit den Indianern im Norden Nordamerikas und mit den Bewohnern Grönlands.

[3] das Nomandenvolk (die Nomadenvölker): ein Volk, das mit seinen Tieren umherzieht

Reinrassige Schlittenhunde

Zu den reinrassigen Schlittenhunden zählen der Grönlandhund, der Samojede, der Alaskan Malamute und der Sibirian Husky.

Lebenserwartung

Die Lebenserwartung der einzelnen Rassen ist unterschiedlich. Alaskan Huskys können bis zu 14 Jahre alt werden.

3 Verfasse einen Steckbrief unter der Überschrift „Der Alaskan Husky“.

→ **Seite 8,** Arbeitstechnik „Einen Steckbrief schreiben“

Gewusst, wo . . .

P	A	?	?	?	?	?
			4			

?	?	?	?	?	?	?	?	?	?	?
	9							2		

E	?	?	?	?	?	?	E
			5		10		

K	?	?	?	?	?	?
				8	6	

K	?	?	?	A
		7	3	

S	?	?	L	?	?	?
					1	

1 Hast du die Tiere im Bilderrätsel erkannt? Schreibe ihre Namen auf. Die Anzahl der Fragezeichen zeigt dir, wie viele Buchstaben die gesuchten Wörter haben.

2 Wenn du die zehn nummerierten Buchstaben aneinandersetzt, ergeben sie ein Wort: etwas, das dir beim Rechtschreiben hilft.

3 Vielleicht habt ihr in einem Wörterbuch / Lexikon nachgeschlagen, um das Rätsel zu lösen. Tauscht euch darüber aus, wie lange ihr suchen musstet.

Übungen rund ums ABC

1 Der Abc-Sprint: Nenne deinem Partner einen Buchstaben. Er sagt dann möglichst schnell das Alphabet von dieser Stelle aus weiter auf.

2 Das Abc-Quiz: Stellt euch gegenseitig Fragen, z. B.:
- Welcher Buchstabe steht nach dem (vor dem) T ...?
- Zwischen welchen Buchstaben steht R ...?
- Der wievielte Buchstabe im Abc ist das L ...?

3 Das Zeitungs-Abc: Markiert auf einer Zeitungsseite je einmal alle Buchstaben des Abc. Stellt fest, ob alle vorhanden sind, z. B.:

Drillinge im Zoo

LEIPZIG. Tigerin Bella aus dem Leipziger Zoo hat jetzt drei kleine Tiger zur Welt gebracht. Vater des Wurfs ist Kater Tomak, der zusammen mit Bella in der Tiger-Taiga lebt. Die letzten Tigerdrillinge wurden 2007 im Zoo Leipzig geboren.

4 Das Abc-Rätsel: Gesucht wird ein Wort mit fünf Buchstaben:
Der erste Buchstabe ist der vor dem D, der zweite der nach dem K, der dritte der zwischen N und P, der vierte ist der viertletzte des Abc, der fünfte der vierzehnte des Abc. Erfindet selbst solche Rätsel.

5 Die Abc-Geheimschrift: Schreibt eure Namen in Geheimschrift auf. Statt der Buchstaben wählt ihr die entsprechenden Platznummern im Abc. Schreibt so Wörter oder kleine Botschaften, die euer Partner oder eure Partnerin entziffern soll, z. B.:
13 · 5 · 9 · 14 / 14 · 1 · 13 · 5 / 9 · 19 · 20 / 19 · 5 · 12 · 9 · 14 · 1

A	B	C	D	E	F	G	H	I	J	K	L	M
1	2	3	4	5	6	7	8	9	10	11	12	13

N	O	P	Q	R	S	T	U	V	W	X	Y	Z
14	15	16	17	18	19	20	21	22	23	24	25	26

6 Der Abc-Satz: Erfindet Sätze, bei denen jedes Wort mit dem nächsten Buchstaben beginnt, z. B.:
Affenwärter bringen Chamäleons duftende Erdbeeren.

Ordnung muss sein

→ **Seite 219,** Alphabet unter Aufgabe 5

1 Ordne die Wörter nach dem Abc.
Am einfachsten geht es, wenn du sie abschreibst und nummerierst, z. B.:

Geige,	Dudelsack,	Trommel,	Harfe,	Flöte
3	1	5	4	2

bellen · pudelnass · Windhund · Mops

quaken · Faultier · mäuschenstill

Schildkröte · Löwe

schlängeln · Ameise · Krabbe

Jaguar · hoppeln · Rauhaardackel

2 Schreibe die folgenden Wörter in alphabetischer Reihenfolge auf.

Eidechse	Gans
Esel	Giraffe
Ente	gurren
Eisbär	Gepard
Eule	Grünspecht
Eichhörnchen	Grille
Erdmännchen	Goldhamster

Besprecht, welche Buchstaben über die Reihenfolge entscheiden.

3 EXTRA Bildet Sechser-Gruppen. Welche Gruppe hat sich am schnellsten in alphabetischer Reihenfolge aufgestellt?
1. **Runde:** nach den Vornamen,
2. **Runde:** nach den Familiennamen,
3. **Runde:** nach den Lieblingstieren.

Sagt beim Aufstellen laut die Namen oder Tiere und kontrolliert, ob die Reihenfolge stimmt. Wechselt die Gruppen.

Wildes Blättern? – Nicht nötig!

1 Sucht möglichst schnell in eurem Wörterbuch folgende Wörter:

Taube | Ziege | Leopard
Vogel | Ratte | Zebra

sichtsseite eines Gebäudes)
der **Fas|sa|den|klet|te|rer** des Fassadenkletterers, die Fas|sa|den|klet|te|rer
fas|sen du fasst den Dieb, er hat sich schnell wieder gefasst (die Beherrschung wiedergefunden), sie fasste ihn an die Schulter
die **Fas|set|te** ▶ **Facette**
die **Fas|sung** der –, die Fas|sun|gen
fas|sungs|los

2 Besprecht: Was habt ihr getan, damit ihr nicht alles durchblättern musstet?

gehobelt
hoch hö|her, am höchs|ten; ein hohes Haus, das Haus ist hoch ▶ Kasten
das **Hoch** des Hochs, die Hochs (1. Hochruf; 2. Wetterlage mit hohem Luftdruck)
die **Hoch|ach|tung** der –, *ohne Plural*
hoch|ach|tungs|voll (förmliche Schlussformel in Briefen)
der **Hoch|be|trieb** des Hochbetrieb(e)s, *ohne Plural* (sehr viel Betrieb)
hoch|deutsch er spricht hochdeutsch/

3 Um folgende Wörter zu finden, muss man wissen, unter welcher Grundform sie im Wörterbuch stehen.

gefasst | am höchsten | Schränke

schrammt (verletzt), sie schrammte
der **Schrank** des Schrank(e)s, die Schrän|ke
die **Schran|ke** der –, die Schran|ken (Sperre, Abgrenzung)
schran|ken|los (maßlos)

4 Sucht nun diese Wörter. Unter welchem Wort müsst ihr nachschlagen?

Frösche | Mäuse | Hähne
am besten | am meisten | schlief
schwammen | getaucht

das **Os|ter|ei** des Osterei(e)s, die Os|ter|ei|er
die **Os|ter|glo|cke** der –, die Os|ter|glo|cken (Frühlingsblume)

5 Wie findest du Wörter mit ä/äu, ö oder ü?
In fast allen Wörterbüchern werden diese Buchstaben so eingeordnet, als hätten sie ihre Umlaut-Pünktchen nicht, also *ä/äu* bei *a*, *ö* bei *o*, *ü* bei *u*. Prüfe, wie das in eurem Wörterbuch ist.

6 EXTRA **Einen Wörterwettkampf austragen:** Schlagt alle Wörtergruppen nach. Schreibt als Kontrolle die Seitenzahlen auf. Stoppt die Zeit, die ihr dazu braucht.

1. Tiger, Nilpferd, Zebra, Pudel, Affe
2. höchste, beste, größte
3. spannend, lustig, interessant, unglaublich
4. Hörner, Gitterstäbe, Notausgänge, Ställe, Schlösser
5. zugeschaut, gelacht, gewundert, gezittert
6. springen, hüpfen, schlängeln, kriechen, fliegen

Kinder schreiben über ihre Tiere

Auf den Seiten der Kindersuchmaschine „Die Blinde Kuh" haben Kinder über Tiere geschrieben, mit denen sie zusammenleben.

1 Lest die Texte.

→ **Seite 60,** Arbeitstechnik „Beim Schreiben mitsprechen"

2 Bereitet euch auf Partnerdiktate vor: Übt bei jedem Text zuerst die unterstrichenen Wörter. Sprecht beim Schreiben Silbe für Silbe mit.

3 Diktiert euch die Texte als Partnerdiktate.
Diktiert so, dass eure Partnerin oder euer Partner möglichst keine Fehler macht. Die Kommas könnt ihr ansagen.

Marco (11 Jahre) aus Luxemburg:
Ich habe einen Hund. Er ist 10 Jahre alt und heißt Mecky. Er ist ziemlich unsportlich. Meistens liegt er nur in seinem Körbchen, im Bett oder auf dem Sofa. Mecky ist anders als die meisten Hunde. Er bellt nur, wenn große Hunde an der Tür vorbeigehen. Es macht ihm auch keinen Spaß, Stöckchen zu holen oder Pfötchen zu geben.
Ich habe auch noch einen Kater. Er heißt Pitti. Da er schon vier Zähne verloren hat, kitzelt es höchstens, wenn er mal beißt. Besonders gerne rauft er sich mit anderen Katzen. Immer, wenn es für ihn kritisch wird, kommt Mecky und vertreibt die anderen Katzen.

Madleina (12 Jahre) aus der Schweiz:
Ich habe ein Pflegepferd. Es ist eine braune Stute und heißt Wyoming. Ich habe sie seit Dezember. Meistens reite ich mit ihr aus oder gehe auf das Sandviereck. Ab und zu springe ich auch mal mit ihr. Sie ist ein sehr braves Pferd. Sicher wollt ihr wissen, wie ich zu dem Pflegepferd kam?
Es war im September. Ich ging wie normal in die wöchentliche Reitstunde. An diesem Tag waren alle Schulpferde besetzt. Deshalb durfte ich Wyoming reiten. Ich habe mich gleich in sie verliebt. Danach nahm ich sie immer öfter für meine Reitstunden. Und am 17. Dezember bekam ich sie dann als Pflegepferd.

Christian (11 Jahre) aus Österreich:
Außer Fischen besitze ich zwei Meerschweinchen. Sie heißen Max und Moritz. Beide liebe ich sehr. Max ist klug und lässt sich schnell Kunststücke beibringen. Er kann sogar über kleine Hindernisse springen. Moritz ist nicht so schlau, hat aber einen treuherzigen Blick. Beiden kann ich alles erzählen, was mich bedrückt: Kummer in der Schule, schlechte Noten, Streitigkeiten mit Freunden …
Im Urlaub sehne ich mich nach ihnen. Mein erster Weg nach der Rückkehr führt dann immer in das Zimmer mit dem Meerschweinchenkäfig.

Valerie (10 Jahre) aus Deutschland:
Meine Haustiere sind der Kater Oskar sowie die beiden Wellensittiche Anni und Bert.
Am Anfang hatte ich nur zwei Wellensittiche. Sie waren ganz winzig und sehr niedlich. Später bekam ich dann den Kater Oskar. Er begann sofort, meine Wellensittiche zu jagen. Mit mir bekommt er deswegen immer großen Ärger. Aber er lässt das Jagen nicht. Einmal, als die Vögel ihren Käfig verlassen hatten, war Oskar in meinem Zimmer. Er fing Anni und hielt sie im Maul. Meine Mutter bekam einen Riesenschreck und schrie so laut, dass Oskar Angst bekam und Anni losließ.

4 Kontrolliert gegenseitig die geschriebenen Texte.

5 Notiere alle Wörter, die du falsch geschrieben hast. Ordne sie nach dem Alphabet. Du kannst sie auch in deine Rechtschreibkartei einordnen.

→ **Seite 196/197,** Rechtschreibkartei

18 Der Mann aus dem Eis

Der Gletschermann aus der Steinzeit

1 Am 19. September 1991 fand das Ehepaar Simon bei einer Alpenwanderung einen toten Menschen im Gletschereis. Historiker und Archäologen beschäftigen sich seitdem mit Ötzi.
Habt ihr schon einmal von Ötzi gehört? Was bedeutet „Ötzi"?
Was sind Historiker und Archäologen?

TIPP!
Im Internet findet ihr weitere Informationen über den „Ötzi". Nutzt dazu den Online-Link.

Online-Link
313271-0224

2 In diesem Kapitel geht ihr auf eine Informationsreise durch die Welt des Mannes aus dem Eis.
Ihr habt die Möglichkeit, eine besondere Arbeitsweise auszuprobieren: das selbstständige Arbeiten im Projekt. Dabei bestimmt ihr selbst die Planung und Ausführung eurer Arbeit und auch, wie ihr sie am Schluss den anderen vorstellt oder präsentiert. Die Checkliste auf der nächsten Seite hilft euch.
Die Arbeitsblätter auf S. 226 – 231 könnt ihr als Arbeitsgrundlage benutzen.

Selbstständiges Arbeiten im Projekt

Online-Link
313271-0225

1 Planung

- Wir lesen die Texte auf den nächsten Seiten.
- Wir besorgen uns Bücher und CDs und recherchieren im Internet zu den Themen „Steinzeit“, „Urzeit“, „Vorzeit“ und „Ötzi“.
- Wir legen unseren Themenschwerpunkt fest.
- Wir entscheiden, ob wir allein oder mit anderen arbeiten wollen.
- Wir beschließen, wie wir das Ergebnis präsentieren wollen (z. B. mit einem Plakat, einer Ausstellung oder einer Ötzi-Mappe).
- Wir stellen einen Zeitplan auf und verteilen die Aufgaben.

2 Erarbeitung

- Wir bearbeiten die Texte, die Informationen zu unserem Thema enthalten.
- Wir wählen die wichtigsten Informationen aus und bereiten sie so auf, dass wir sie gut präsentieren können.
- Wir überlegen, wie wir unser Thema auch anschaulich darstellen können (z. B. ein Modell bauen, ein Werkzeug nachbauen).
- In der Arbeitsgruppe besprechen wir Arbeitsergebnisse und Probleme und helfen uns gegenseitig.
- Wir bereiten die Präsentation vor.

→ **Seite 215,** Arbeitstechnik „Einen längeren Text lesen und verstehen“

3 Präsentation – Vorstellung der Ergebnisse

- Wir präsentieren unsere Arbeitsergebnisse so, dass es für die anderen interessant ist.
- Wir erklären, wie wir vorgegangen sind.
- Wir ordnen unser Thema in das Gesamtthema ein.
- Wir beschreiben, was wir gelernt haben.

→ **Seite 71,** Arbeitstechnik „Im Team zusammenarbeiten“

Arbeitstechnik

Checkliste zur Projektarbeit

1. Planung
- ☑ Material zum Thema besorgen
- ☑ die Arbeitsweise und die Art der Präsentation festlegen
- ☑ einen Zeitplan machen und die Aufgaben verteilen

2. Erarbeitung
- ☑ die wichtigsten Informationen zum Thema zusammentragen
- ☑ die Informationen verständlich und interessant aufbereiten
- ☑ die Präsentation vorbereiten

3. Präsentation
- ☑ das Ergebnis und den Weg dahin vorstellen

Arbeitsblatt 1

Eine sensationelle Entdeckung

19. September 1991

Die Sonne stand schon nicht mehr so hoch am Himmel, der blau und klar war. Wie Tausende anderer Wanderer, so liebten auch Erika und Helmut Simon die zerklüfteten Hänge dieses großartigen Gebirgszugs[1] der Ötztaler Alpen. Sie hatten den 3516 Meter hoch gelegenen Gipfel der Finalspitze erklommen und beschlossen nun, auf dem Rückmarsch den markierten Pfad zu verlassen. Sie wollten eine Abkürzung nehmen, zurück zur Hütte, wo sie ihre Rucksäcke deponiert[2] hatten. Als sie einen Gletscher im Similaun-Gebiet überquerten, sahen sie es.

Zuerst sah es aus wie eine Schaufensterpuppe – ein nackter, brauner Kopf und knochige Schultern, die aus einer matschigen Schmelzwasserpfütze herausragten. Die Simons gingen näher heran und bückten sich, um besser sehen zu können. „Das ist ein Mensch!“, schrie Erika Simon plötzlich entsetzt auf.

[1] der Gebirgszug (die Gebirgszüge): ein lang gestrecktes Gebirge

[2] deponieren: geschützt ablegen, aufbewahren

Fünf Tage später

Früh am Morgen des 24. Septembers 1991 klingelte das Telefon im Büro des Archäologen Konrad Spindler von der Universität Innsbruck. Am Apparat war die gerichtsmedizinische Abteilung der Universität. Spindler erfuhr von dem Fund und dass die Rettungsmannschaft mehrere Tage gebraucht hatte, um den Körper freizulegen. Schließlich war es ihnen

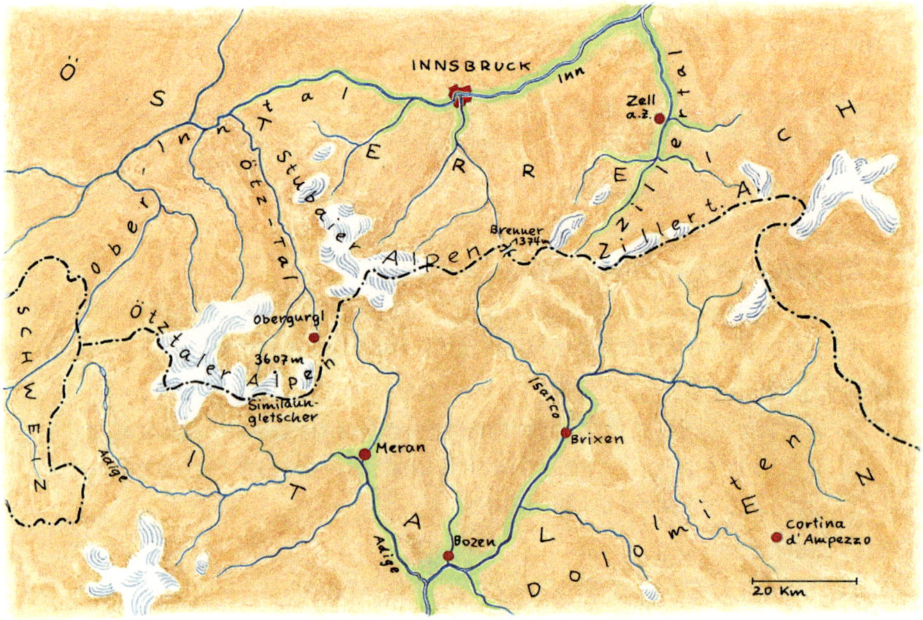

gelungen, den Körper aus dem Eis zu ziehen. Sie hatten ihn in Plastik gehüllt, in einen Sarg gelegt und zum nächsten medizinischen Labor gebracht.
In diesem Moment lag die Leiche gerade auf dem Untersuchungstisch eines Gebäudes, welches nur einige Minuten von Spindlers Büro entfernt war. Ob er einen Blick darauf werfen wolle?
In dem Labor war es still und kühl und es roch nach Krankenhaus. Die Gerichtsmediziner führten Spindler an den mit einem Laken bedeckten Seziertisch[3]. Nur eine Uhr tickte leise. Für Spindler sollte dieser Moment für den Rest seines Lebens unvergesslich bleiben …
Es war genau 8.05 Uhr. Das Laken wurde weggezogen und offenbarte die ausgetrocknete, nackte Leiche eines Mannes. Seine Nase war gequetscht, der Mund aufgesperrt. Seine Augenlider waren offen, versunkene Augäpfel starrten aus den Augenhöhlen. Die rechte Hüfte war bei dem Versuch, ihn aus dem Eis zu befreien, von einer Spitzhacke aufgerissen worden.
Doch was Spindler am meisten fesselte, waren die Gegenstände, die in der Nähe der Leiche entdeckt worden waren: ein langes Stück Holz, eine geschliffene Steinscheibe mit einem Lederriemen, merkwürdige Holzstücke, Riemen und Lederreste, ein Beutel mit Feuersteinklingen. Dann lag da noch ein Beil, klein, sorgsam gearbeitet und mit einem geschnitzten Griff.
Spindlers Gedanken überschlugen sich, sein Herz raste vor Aufregung.
Er wusste als Archäologe sofort, dass solche Werkzeuge vor langer, langer Zeit mühselig hergestellt worden waren.
Der Wissenschaftler Konrad Spindler von der Universität Innsbruck wusste sofort, dass dieser Mann vor mindestens viertausend Jahren gestorben sein musste.

[3] der Seziertisch (die Seziertische): Tisch, auf dem Leichen untersucht werden

1 Suche den genauen Fundort auf der Karte. Übertrage die wichtigsten Grenzen auf ein DIN-A4-Blatt und kennzeichne den Fundort mit einem Pfeil.

2 Schreibe eine kurze Zeitungsmeldung zur Entdeckung des Ötzi am 19. September 1991.

3 Verfasse einen Zeitungsartikel über die Erkenntnisse im Fall „Ötzi“. Du kannst auch den PC benutzen. Beginne so:

> **Mord in den Bergen**
>
> *Innsbruck*, 24.9.1991

TIPP!
Zeitungsmeldungen geben Antwort auf die W-Fragen:
Wer?
Was?
Wann?
Wo?
Wie?

Arbeitsblatt 2

1 Lies den Text und schau dir die Bilder dazu an.

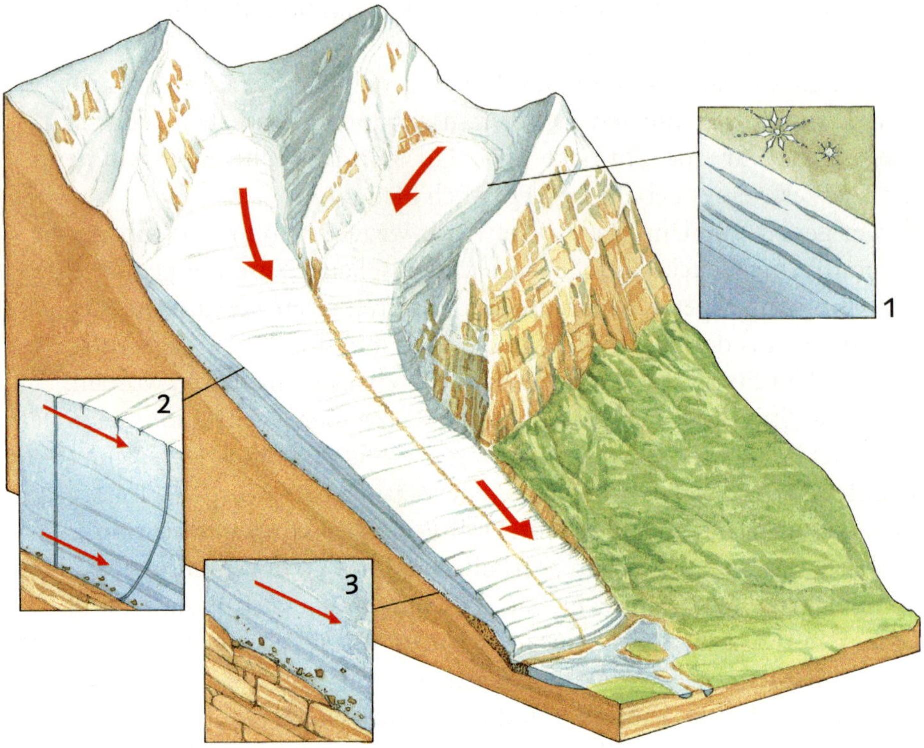

Der Gletscher als Tiefkühltruhe

Gletscher sind große Eismassen, die sich unter dem Druck ihres eigenen Gewichts vorwärtsschieben. Sie entstehen in den Bergregionen, in denen im Winter mehr Schnee fällt als im Sommer schmilzt. Beim Auftauen des Schnees sickert Wasser nach unten, füllt die Luftlöcher und verdichtet den Schnee zu Gletschereis (**1**).
Durch das Gewicht des Eises wird der Gletscher talwärts gedrückt, wobei sich die oberen Schichten schneller bewegen als die unteren. Am Boden gleitet das Eis langsamer über das Grundgestein und den Schotter (**2 und 3**). Im Laufe der Zeit bewegt sich der Gletscher wie ein Fluss langsam talabwärts.
Der Gletschermann starb in einer Vertiefung zwischen zwei felsigen Kanten (Felsmulde). Kurz danach setzte Schneefall ein, der den Körper gefror. Später entstand darüber Gletschereis. Weil der Leichnam in einer Mulde lag, schob sich der Gletscher über ihn hinweg. Deshalb wurde er nicht ins Tal befördert.

Der Similaun-Gletscher, der sich über dem Leichnam bewegte, war früher bis zu 60 Meter dick. In den letzten Jahren lässt ihn wärmeres Klima immer mehr schmelzen, sodass die Eishöhe immer geringer und die Gletscherzunge immer kürzer wird.

2 Finde für jeden Abschnitt eine Überschrift, z. B.:
1. Die Entstehung eines Gletschers
Notiere jeweils die wichtigsten Stichworte aus dem Abschnitt dazu.

3 Verfasse nun einen Informationstext für eine Wandzeitung: Beschreibe, wie sich ein Gletscher bewegt und warum Ötzi in der Mulde gefunden wurde.

4 Illustriere deinen Text mit Bildern, die den Vorgang deutlich machen.

Arbeitsblatt 3

1 Bei dem Gletschermann wurden auch einige Ausrüstungsgegenstände gefunden. Diese Gegenstände sind für die Zeit, in der er lebte, typisch. Schau sie dir an und lies die Beschreibung dazu.

Fellmütze

Beil

Gefäß aus Birkenrinde

Köcher

Schuh

Dolch und Dolchscheide

Die Ausrüstung des Gletschermanns

Köcher: Der längliche Fellköcher war aus Rehhaut gemacht, verstärkt mit einer hölzernen Rute. Darin bewahrte Ötzi seine 14 Pfeile auf. Zwei Pfeile waren mit Feuersteinspitzen ausgestattet.
Beil: Die metallene Klinge und die Form der Beilspitze gaben Hinweise darauf, dass der Leichnam Ötzis mindestens 4000 Jahre alt sein müsste.
Birkenrinden-Gefäße: Man fand Reste von zwei Birkenrinden-Gefäßen. Es wurde festgestellt, dass eines von ihnen Glut für Feuer enthielt.
Schuh: Die Schuhe Ötzis waren aus Kuhhaut hergestellt. Verknotete Grashalme formten ein Netzgewebe um die Ferse. Die Schuhe waren zum Schutz gegen die Kälte mit Gras ausgestopft.
Dolch: Ötzi trug einen kleinen Dolch mit Feuersteinklinge sowie eine Dolchscheide aus Gräsern bei sich.
Fellmütze: Archäologen fanden die Fellmütze erst 1 Jahr später. Sie lag 70 cm vom Fundort der Mumie entfernt.

2 Zeichne die Gegenstände auf ein DIN-A4-Blatt und schreibe die passenden Textstellen dazu.

Arbeitsblatt 4

1 Lies den Text und mach dir Notizen über die Zeit, in der Ötzi gelebt hat.

Pflanzen auf Ötzis Speiseplan

Wissenschaftler haben untersucht, in welcher Zeit Ötzi gelebt haben könnte. Auskunft darüber gaben ihnen seine Kleidung und die Gegenstände, die er bei sich hatte. Aber auch die Untersuchung seines Körpers verriet den Wissenschaftlern manche Geheimnisse. So konnten sie zum Beispiel nach so langer Zeit noch feststellen, was Ötzi zuletzt gegessen hatte. Er hatte noch Reste von Getreidesorten in seinen Verdauungsorganen, die zur Jungsteinzeit angebaut wurden. Deshalb weiß man nun, dass Ötzi in der Jungsteinzeit gelebt hat. Das war eine Zeit, in der sich das Leben der Menschen sehr stark veränderte. Lange hatten sie als Jäger und Sammler gelebt und waren von Ort zu Ort gewandert. Nun fingen sie allmählich an, Ackerbau und Viehzucht zu betreiben. Sie wurden sesshaft, bauten feste Häuser und fertigten Gegenstände aus Ton an.
In der Jungsteinzeit baute man in der Alpenregion drei verschiedene Weizenarten an (Einkorn, Emmer, Nacktweizen) sowie Gerste. Außerdem pflanzte man Hülsenfrüchte (Erbsen, Linsen) und Ölpflanzen (Mohn, Leinsamen) an. Neben den Feldfrüchten ergänzten gesammelte Früchte den Speiseplan der Menschen:

- **Himbeeren, Brombeeren, Hagebutten, Holunder** und **Schlehenfrüchte** bereicherten die Nahrung und lieferten Vitamine.
- **Pilze** wurden gegessen (Speisepilze) oder dienten als Zundermaterial[1] (Baumpilze).
- **Wildäpfel** und **Wildpflaumen** wurden getrocknet für den Winter aufbewahrt.
- **Haselnüsse, Bucheckern, Eicheln** wurden als Vorräte für den Winter gesammelt.

Holunder

Baumpilze

Schlehen

Wildapfel

Eicheln

2 Schau dir die Abbildungen an. Lies die Anmerkungen dazu. Schlage unbekannte Begriffe in einem Wörterbuch nach.

[1] das Zundermaterial: Material zum Feuermachen

3 Zeichne die Früchte auf ein Blatt und schreibe dazu einen Text mit der Überschrift „Die Früchte, die Ötzi wahrscheinlich gegessen hat“.

Wohin geht die Reise?

Die 5a plant einen Wandertag mit Übernachtung. Dazu gibt es in der Klasse eine Diskussion.

Kilian Benni, ich habe ein neues Fahrrad bekommen. Willst du es mal sehen?
Melissa Ruhe jetzt! Wir wollen doch über unser Ausflugsziel beraten. Wohin könnten wir also fahren?
Henning Wie oft soll ich's noch sagen, ein Heuhotel wäre das Beste. Ich war in den Ferien auf einem Bauernhof …
Dana Du nun wieder! Ein Heuhotel ist doch total öde!
Tanja Lass ihn doch mal ausreden! Immer redest du dazwischen!
Dana Du bist blöd!
Emil Hennings Idee mit dem Heuhotel finde ich gut. Henning, könntest du das mal erklären?
Henning Also, in einem Heuhotel schläft man nicht im Bett, sondern im Heu …
Kilian Hi, hi, im Heu! Mit Schweinen und Pferden zusammen!
Dana Und mit Ochsen!
Melissa Mir reicht's! Mit euch kann man nicht reden! Macht doch, was ihr wollt!
Kilian Wir könnten ja auch eine Radtour machen!
Dana Radtour, wenn ich das schon höre. Willst nur dein Rad vorführen, Angeber!

1 Sicher hast du bemerkt, dass bei dieser Diskussion einiges falsch läuft. Schreibe drei Äußerungen auf, die nicht den Gesprächsregeln entsprechen. Erkläre jeweils, gegen welche Regel sie verstoßen.

2 Lies, was Dana in dem Gespräch sagt. Solche Äußerungen werden auch als „Gesprächskiller" bezeichnet, weil sie eine gute Diskussion verhindern. Erkläre, warum.

3 Entwirf eine Diskussion zum Thema „Unser Wandertag", bei der alle die Gesprächsregeln einhalten.
Stelle die Vorschläge und die verschiedenen Meinungen dazu in einem Wörternetz dar.

4 EXTRA Schreibe die vollständige Diskussion auf. Die Namen der Teilnehmer kannst du dir ausdenken.

5 Henning hat sich gründlich darauf vorbereitet, die Klasse über das Ausflugsziel „Heuhotel" zu informieren.
Er hält einen kleinen Vortrag und zeigt auch Bilder von einem Ausflug dorthin.
Lies die Rückmeldungen, die er hinterher bekommt.

- Und dann, und dann, und dann - das war total langweilig!
- Ich habe nicht zugehört, weil Babsi andauernd gequatscht hat.
- Du hast das Heuhotel gut beschrieben, ich kann es mir richtig vorstellen.
- Du solltest noch sagen, was es kostet.
- Ich will aber an einen See!
- Du hast dich gut vorbereitet. Vieles wusste ich noch nicht.
- Beim nächsten Mal warte bitte, bis alle ruhig sind.
- Mir ist aufgefallen, dass du fast die ganze Zeit auf deinen Zettel geschaut hast.
- Am Anfang habe ich nicht alles verstanden, weil einige so laut waren.
- Die Fotos waren klasse!
- Ich glaube, manche Fotos waren doppelt.

6 Schreibe die Rückmeldungen heraus, die nicht hilfreich sind. Begründe deine Entscheidung.

7 Lies dir die hilfreichen Rückmeldungen noch einmal genau durch. Was erfährst du aus ihnen über Hennings Vortrag?
Übernimm die Tabelle und trage ein:

Das war gut an Hennings Vortrag:	Das ist den Zuhörern aufgefallen:	Das sollte Henning künftig verbessern:
…	…	…

8 EXTRA Stell dir vor, du wärst bei Hennings Vortrag dabei gewesen.
Schreibe eine Rückmeldung, in der du mindestens drei verschiedene Punkte nennst.
Denke an die Ampelfarben und schreibe in der richtigen Reihenfolge.

Abenteuerliche Fahrt

1 Sieh dir das Bild genau an. Dazu sollst du eine Geschichte schreiben.

2 Was könnte hier passiert sein? Sammle deine Ideen zu dem Bild in einem Wörternetz.

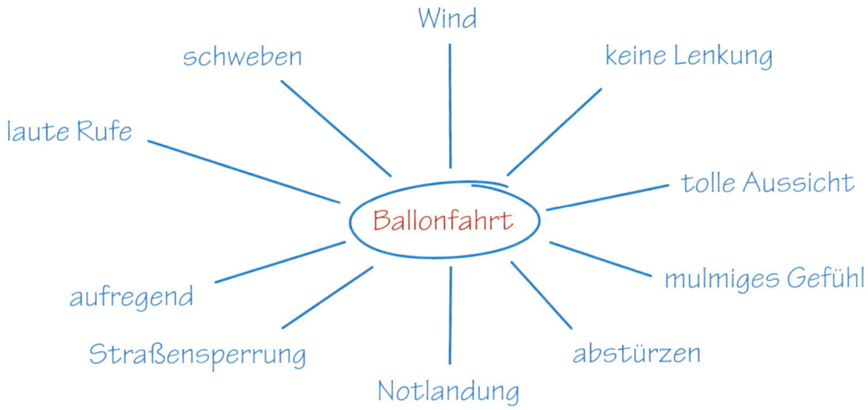

3 Plane deine Geschichte. Bearbeite dazu zunächst diese Aufgaben:

1. Notiere, wann und wo sich die Geschichte ereignet hat.
2. Überlege, welche Personen in deiner Geschichte vorkommen sollen. Gib ihnen Namen und beschreibe sie.
3. Notiere in Stichworten, was vorher geschehen ist, was jetzt und was danach geschieht. Wie soll deine Geschichte zu Ende gehen?

4 Mache dir Notizen zu den Personen: Wie handeln sie? Was sagen sie? Welche Gefühle und Gedanken haben sie?

5 Schreibe nun deine Geschichte auf.

6 Gib der Geschichte eine Überschrift, die die Leser neugierig macht.

7 Lies deine Geschichte durch.
Überprüfe:
- Ist alles Wichtige gesagt? - Ergänze, wenn du etwas vergessen hast.
- Sind die Gedanken und Gefühle der Personen beschrieben?
- Sind Wörter und Sätze vollständig und richtig geschrieben?

Meisterhafte Sänger

1 Lies die Textüberschrift und schau dir die Abbildung an. Überlege, wovon der Text wahrscheinlich handelt. Schreibe Stichworte auf.

2 Lies den Text.

Der Gesang der Bartenwale

A Könnt ihr euch einen Wal vorstellen, der Lieder mit mehreren Strophen singt? Genau dies tun Bartenwale. Wale haben keine Stimmbänder, sodass man früher die Berichte der Walfänger über die singenden Wale für Seemannsgarn hielt.

B Heute aber weiß man, dass Bartenwale tatsächlich singen können. Die Stars unter ihnen sind die Buckelwale. In ihren Gesängen sind die Töne als Tonfolgen aufgebaut, die sich wie Melodien anhören. Ein solches Lied kann zwischen sieben und dreißig Minuten dauern. Dasselbe Lied wird über mehrere Stunden und sogar Tage immer wieder gesungen.

C Der Gesang der Wale setzt sich aus verschiedenen Stöhn-, Grunz- und Schnalztönen zusammen. Wahrscheinlich entstehen diese im Kehlbereich des Tieres. Bis heute weiß man noch nicht genau, wie die Tiere die Töne produzieren.

D Männliche Buckelwale singen nur zur Paarungszeit. Deshalb vermutet man, dass der Gesang der Partnerwahl dient. Unklar ist aber, ob der Wal durch den Gesang Rivalen abschrecken oder einem Weibchen gefallen will.

E Die Wale können die Gesänge ihrer Artgenossen noch in mehr als 100 Seemeilen (etwa 200 km) Entfernung hören und sie beantworten.

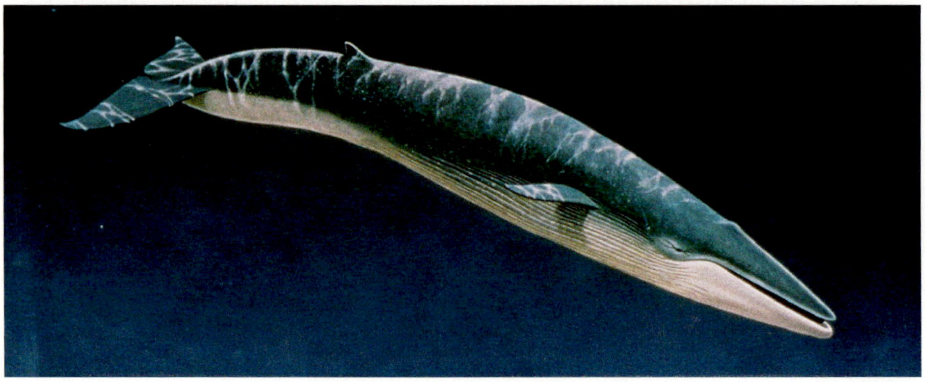

3 Lies die folgenden Überschriften und überlege, zu welchen Textabschnitten sie passen. Schreibe jeweils die Überschrift mit dem passenden Buchstaben (für den Textabschnitt) in dein Heft.

Singstars **Bildung der Töne** **Berichte der Walfänger**

4 Finde eine Überschrift für die beiden übrigen Textabschnitte. Schreibe sie mit den Buchstaben in dein Heft.

5 Wo entsteht der Gesang der Wale? Schreibe die richtige Antwort in einem vollständigen Satz auf.
a) an den Stimmbändern
b) im Kehlbereich
c) im Rachen beim Grunzen

6 In welchen Zeilen findest du Informationen zu folgenden Themen? Schreibe jeweils das Thema und die Zeilennummern auf.
a) Entstehung des Gesanges
b) Hörweite der Wale
c) Dauer des Gesanges

7 Welche Informationen erhältst du zum Gesang der Wale? Schreibe W-Fragen zu den wichtigsten Informationen im Text und beantworte sie.

8 EXTRA Was bedeuten folgende Wörter: Seemannsgarn (Zeile 4), Rivale (Zeile 16) und Artgenossen (Zeile 18)?
Erschließe die Bedeutung aus dem Textzusammenhang.

9 Ordne die Informationen zum Gesang der Wale in einem Wörternetz.

10 EXTRA Bereite dich mithilfe des Wörternetzes auf einen kurzen Vortrag vor. Schreibe dir Stichworte dazu auf.

11 EXTRA Wo könnte der Text über den Walgesang abgedruckt sein? Begründe deine Zuordnung.
a) In einer Jugendzeitschrift
b) In einem Buch mit Tiergeschichten
c) In einem Sachbuch über Tiere

Grammatik und Sprachbetrachtung

Wortarten

→ Seite 14, 43, 74

1. Verben

- informieren darüber, was jemand tut (*ich schreibe, lese, …*), was geschieht (*es regnet, donnert, …*), in welchem Zustand jemand/etwas ist (*er liegt, sitzt, …*).
- haben eine **Grundform**/einen **Infinitiv** (*lesen, schreiben, hören*) und **Personalformen** (*ich singe, du singst, er/sie/es singt, wir singen, ihr singt, sie singen*).
- bilden **Zeitformen** (*ich schwimme, ich schwamm, ich bin geschwommen*).
- werden **gebeugt/konjugiert**:

Person	Präsens	Präteritum	Perfekt
1. Person Singular	ich gehe	ich ging	ich bin gegangen
2. Person Singular	du gehst	du gingst	du bist gegangen
3. Person Singular	er/sie/es geht	er/sie/es ging	er/sie/es ist gegangen
1. Person Plural	wir gehen	wir gingen	wir sind gegangen
2. Person Plural	ihr geht	ihr gingt	ihr seid gegangen
3. Person Plural	sie gehen	sie gingen	sie sind gegangen

→ Seite 19, 74

- Die Wörter *haben* und *sein* dienen zur Bildung des **Perfekts** (*ich habe gelesen, ich bin gefahren*). Sie heißen deshalb **Hilfsverben**.

→ Seite 84, 85, 110, 112

2. Nomen/Substantive

- werden großgeschrieben.
- bezeichnen Lebewesen (*Lehrer, Lehrerin, Mutter, …*); Dinge (*Schirm, Haus, Heft, …*); Ideen, Gefühle, Zustände (*Physik, Trauer, Durst, Regen, …*).
- sind **männlich/maskulin** (*Himmel*), **weiblich/feminin** (*Wolke*) oder **sächlich/neutral** (*Wetter*).
- haben im Satz **Begleiter**, und zwar: bestimmte Artikel (*der, die, das, …*); unbestimmte Artikel (*ein, eine …*); besitzanzeigende Fürwörter (*mein, dein, sein, ihr, unser, euer, …*).
- stehen in der **Einzahl**/im **Singular** oder in der **Mehrzahl**/im **Plural.**
- stehen im Satz in einem bestimmten **Fall/Kasus** und haben dann **Deklinationsendungen** (*des Hundes, den Hunden, …*):

Fall/Kasus	Einzahl/ Singular		Mehrzahl/Plural
	männlich/sächlich	weiblich	
1. Fall/Nominativ	der Hund/das Rind	die Kuh	die Hunde/die Rinder/die Kühe

2. Fall/Genitiv	des Hundes/des Rindes	der Kuh	der Hunde/der Rinder/der Kühe
3. Fall/Dativ	dem Hund/dem Rind	der Kuh	den Hunden/den Rindern/den Kühen
4. Fall/Akkusativ	den Hund/das Rind	die Kuh	die Hunde/die Rinder/die Kühe

Die Wörter *an, auf, hinter, in, neben, unter, über, vor, zwischen* sind **Präpositionen/Verhältniswörter**. Nach diesen Wörtern stehen **Nomen/Substantive**

→ Seite 114

- im **Dativ** (3. Fall): *Der Koffer steht in der Kammer/auf dem Boden. > Wo?*
- im **Akkusativ** (4. Fall): *Er bringt den Koffer in den Keller/auf den Boden. > Wohin?*

3. Artikel

→ Seite 85

- treten als **Begleiter** des Nomens/Substantivs auf (*der Affe, ein Floh, …*).
- werden unterteilt in **bestimmte Artikel** (*der, die, das*) und **unbestimmte Artikel** (*ein, eine, einer*).

4. Adjektive

→ Seite 184

- bezeichnen **Eigenschaften** und **Merkmale** (*alt, klein, gelb*).
- können zwischen Artikel und Nomen/Substantiv stehen und haben dann Endungen (*das kleine Männchen, ein junges Mädchen*).
- können meist **gesteigert** werden (*glücklich, glücklicher, am glücklichsten*).
- werden beim **Vergleichen** verwendet:
  Die Grundstufe verwendet man in Verbindung mit **wie**: *Er ist so **groß wie** du.*
  Die 1. Vergleichsstufe verwendet man in Verbindung mit **als**: *Sie ist **größer als** ihre Schwester.*

5. Pronomen

→ Seite 85, 125

- können als **persönliche Fürwörter/Personalpronomen** im Text stellvertretend für Nomen/Substantive stehen (*ich, du, er, sie, es, wir, ihr, sie*).
- können als **besitzanzeigende Fürwörter/Possessivpronomen** als Begleiter von Nomen/Substantiven auftreten (*mein Heft, deine Eltern, seine Freundin, ihr Haustier, unsere Lehrer, eure Klasse, ihr Vorschlag, …*) und geben dann an, zu wem etwas gehört.

Wortfamilie und Wortfeld

1. Wortfamilie

→ Seite 101, 207

Dazu gehören verwandte Wörter mit gleichem oder ähnlichem Wortstamm (*fahren, wegfahren, Fahrrad, Auffahrt*).
Die meisten Wörter bestehen aus verschiedenen Wortbausteinen.
Wörter mit demselben **Grundbaustein/Wortstamm** gehören zu einer Wortfamilie (*fahren, Gefahr, gefährlich*).

→ Seite 206

Neue Wörter können durch Zusammensetzung aus zwei oder mehreren Wörtern gebildet werden. Bei **zusammengesetzten Wörtern** können *s, es, er* oder *n* Verbindungsbausteine sein (*Klasse + Fahrt = Klassenfahrt*).

2. Wortfeld

Dazu gehören Wörter mit ähnlicher Bedeutung (*sagen, flüstern, sprechen, murmeln*).

→ Seite 30

Satzarten

1. Aussagesätze

Sie werden verwendet, wenn man etwas mitteilen will (*Sarah geht ins Kino.*).

2. Aufforderungssätze

Sie werden verwendet, wenn man jemanden um etwas bitten oder jemanden zu etwas auffordern will. Nach Aufforderungssätzen steht ein Ausrufezeichen oder ein Punkt (*Gib den Ball ab! Lest den Text.*).

→ Seite 17, 30

3. Fragesätze

Sie werden verwendet, wenn man etwas wissen will.
Bei den Fragesätzen unterscheidet man:

- **Entscheidungsfragen** (*Kommst du aus Frankreich?*)
- **W-Fragen** mit den Fragefürwörtern *Wer? Was? Wessen? Wem? Wen? Welcher? Wo? Woher? Wohin? Wann? Wie? Warum?* (*Woher kommst du? An wen denkst du?*)

→ Seite 31, 174

4. Direkte/wörtliche Rede

In Texten wird ein Gespräch in direkter/wörtlicher Rede wiedergegeben und mit Anführungszeichen gekennzeichnet. Wer etwas sagt und wie es gesagt wird, steht im Begleitsatz:

Sebastian sagt: *„Jetzt bin ich an der Reihe."*

Begleitsatz : „ *direkte/wörtliche Rede* ."

Der Begleitsatz kann vor, nach und zwischen der direkten/wörtlichen Rede stehen. Die Anführungszeichen stehen immer am Anfang der direkten/wörtlichen Rede unten und am Schluss der direkten/wörtlichen Rede oben:

1. Begleitsatz **vor** der direkten/wörtlichen Rede:

______ : „ ~~~~~ ."   ______ : „ ~~~~~ ?"   ______ : „ ~~~~~ !"

2. Begleitsatz **nach** der direkten/wörtlichen Rede:

„ ~~~~~ ", ______ .   „ ~~~~~ ?", ______ .   „ ~~~~~ !", ______ .

3. Begleitsatz **zwischen** der direkten/wörtlichen Rede:

„ ~~~~~ ", ______ , „ ~~~~~ ."

Satzglieder

→ Seite 161–163

Wörter und Wortgruppen, die man in einem Satz umstellen kann, ohne dass sich dessen Bedeutung verändert, heißen **Satzglieder**.

1. Das Prädikat

- bildet in jedem Satz den Satzkern, um den sich die Satzglieder gruppieren (*Helene schreibt ihrer Freundin.*).
- wird aus einer Verbform gebildet.
- steht im Aussagesatz an der zweiten Stelle.
- kann auch aus zwei Teilen bestehen und Satzglieder wie in einer Klammer umschließen (*Sie hat Geburtstag gefeiert.*).

2. Das Subjekt

- besteht aus Nomen/Substantiv(en) oder Pronomen im 1. Fall (Nominativ).
- erfragt man mit *Wer?* oder *Was?* (*Alex will Lehrer werden.*).

3. Das Dativobjekt

- besteht aus Nomen/Substantiv(en) oder Pronomen im 3. Fall (Dativ).
- erfragt man mit *Wem?* (*Ferhat hilft seiner Schwester*).

4. Das Akkusativobjekt

- besteht aus Nomen/Substantiv(en) oder Pronomen im 4. Fall (Akkusativ).
- erfragt man mit *Wen?* oder *Was?* (*Anna isst Erdbeerkuchen.*).

Komma bei Aufzählungen

→ Seite 113

1. Die einzelnen Wörter oder Wortgruppen einer Aufzählung werden durch **Kommas** getrennt, z. B.:
   Im Zirkus gab es Affen, Pinguine, Lamas, Elefanten, Zebras, Löwen.
   Im Zirkus gab es lustige Affen, niedliche Pinguine, spuckende Lamas, Elefanten mit großen Ohren, eine Gruppe Zebras, mehrere Löwen.

2. Ein **und** oder ein **oder** ersetzt das Komma, z. B.:
   Affen und Pinguine, Lamas und Elefanten, Zebras und Löwen haben wir früher schon im Zoo gesehen. Miriam möchte Tierpflegerin oder Tierärztin oder Reitlehrerin werden.

Arbeitstechniken

→ Seite 15

Test zum Erkennen von Verben

So kannst du prüfen, ob ein Wort ein Verb ist:
1. Kann man das Wort mit *ich* und *du* kombinieren?
2. Verändert sich dabei die Endung des Wortes?

Kannst du beide Fragen mit „ja" beantworten, ist das Wort ein Verb.

→ Seite 84

Tests zur Großschreibung von Nomen/Substantiven

So kannst du prüfen, ob ein Wort großgeschrieben wird:
1. Könnte man das, was das Wort bezeichnet, sehen oder anfassen?
2. Kann man das Wort mit einem der Artikel *der, die, das* kombinieren?
3. Endet das Wort auf *-keit, -nis, -schaft, -ung, -heit, -tum*?
4. Lässt sich direkt vor das Wort ein Adjektiv setzen, welches sich dabei verändert?

Kannst du eine dieser Fragen mit „ja" beantworten, wird das Wort großgeschrieben.

→ Seite 185

Tests zum Erkennen von Adjektiven

1. Fast alle Adjektive kann man mit sein (*ich bin …, du bist …, er ist …*) kombinieren: *Es ist dünn.*
2. Die meisten Adjektive kann man steigern: *Der König war reich. Der König wollte noch reicher werden. Der König wollte am reichsten sein.*
3. Adjektive kann man zwischen einen Artikel und ein Nomen/Substantiv setzen. Dabei muss man an das Adjektiv eine Endung anfügen: *klein + Männchen* ➜ *das kleine Männchen, ein kleines Männchen*

→ Seite 60

Beim Schreiben mitsprechen

1. Schreibe bewusst langsam und deutlich.
2. Sprich beim Schreiben deutlich Silbe für Silbe wie ein Roboter mit.
3. Lies nach jedem Wort noch einmal genau, was du geschrieben hast.
4. Verbessere die Wörter, die du falsch oder undeutlich geschrieben hast.

→ Seite 99

Die richtige Schreibung ableiten

Wenn du nicht sicher bist, ob am Ende des Wortes oder der Silbe *b, d, g* oder *p, t, k* geschrieben werden, dann verlängere das Wort.
Bilde bei Verben die Grundform, bei Nomen die Mehrzahl und bei Adjektiven die erste Steigerungsform (*gib?* ➜ *geben; Berg?* ➜ *Berge; rund?* ➜ *runder*).
Wenn du nicht sicher bist, ob du *ä* oder *e, äu* oder *eu* schreiben sollst, dann leite das Wort ab: Suche ein Wort aus der Wortfamilie, das dir die Frage beantwortet.

→ Seite 37

Eine Rückmeldung geben

1. Höre beim Vortrag aufmerksam zu. Du kannst dir auch Notizen machen.
2. Nenne zuerst alles, was gut gelungen ist.
3. Beschreibe dann, was dir aufgefallen ist, ohne es zu bewerten.
4. Gib am Schluss deine Tipps so, dass sie dem anderen helfen.

Ein Gespräch führen

→ Seite 27

1. Drücke dich so aus, dass deine Gesprächspartner dich gut verstehen können (laut und deutlich reden, verständliche Wörter verwenden).
2. Höre aufmerksam zu, was die anderen sagen, und lasse sie ausreden.
3. Versuche, die Meinungen und Gefühle der anderen zu verstehen.
4. Frage nach, wenn du etwas nicht verstanden hast.
5. Wenn du eine andere Meinung hast, begründe sie sachlich.
6. Verwende keine Schimpfwörter und Ausdrücke wie „Immer der!", „Das weiß doch jeder!", „Du bist schuld!".
7. Bleibe beim Thema.

Eine Geschichte erzählen

→ Seite 35

1. Fang nicht sofort mit dem Erzählen an. Warte, bis alle zuhören.
2. Nenne den Ort, an dem deine Geschichte spielt.
3. Beschreibe die Personen oder Tiere deiner Geschichte genau und gib ihnen Namen.
4. Deine Geschichte muss für die Zuhörer spannend sein – es muss etwas passieren!
5. Erzähle der Reihe nach, benutze einen Stichwortzettel.

Einen Steckbrief schreiben

→ Seite 8

1. Der Leser soll in kurzer Zeit möglichst viele Informationen erhalten. Deshalb muss ein Steckbrief sehr übersichtlich sein.
2. Ein Steckbrief enthält nur die wichtigsten Angaben, meist zu einer Person oder einem Tier.
3. Die Angaben stehen immer untereinander und sind in Stichworten formuliert, nicht in ganzen Sätzen.
4. Die wichtigsten Angaben stehen zuerst (z. B.: Name, Alter, ...).

Ein Plakat gestalten

→ Seite 143

1. Ein Plakat soll einen schnellen Überblick geben, auch aus größerer Entfernung. Deshalb muss es sehr übersichtlich sein.
2. Probiere verschiedene Schriften, Schreibwerkzeuge und Materialien aus.
3. Teile den Platz ein: Wo soll die Überschrift stehen und wo der Text? Benutze Hilfslinien.
4. Nenne in der Überschrift das genaue Thema.
5. Schreibe nur die wichtigsten Informationen auf (möglichst wenig Text).
6. Schreibe so groß, dass man den Text auch aus einiger Entfernung lesen kann.
7. Wenn du Bilder und Zeichnungen einfügst, müssen sie auch groß und gut erkennbar sein.

Ein Wörternetz knüpfen

→ Seite 65

Mithilfe eines Wörternetzes kannst du Ideen für eine Geschichte sammeln.

1. Schreibe ein wichtiges Wort, das in der Geschichte vorkommen soll, in die Mitte des Blattes.
2. Überlege, welche Wörter dir dazu einfallen.
3. Schreibe sie um das Wort herum.

→ Seite 66

Interessant und spannend schreiben

1. Denke daran, dass die Leser deine Geschichte nicht kennen. Schreibe, wann und wo sie sich ereignet hat und wer daran beteiligt war.
2. Die Geschichte wird spannender, wenn du solche Zeitangaben verwendest: *plötzlich, auf einmal, gerade als, …*
   Auch durch Adjektive kannst du die Spannung erhöhen: *stockdunkel, gefährlich, …*
3. Erinnere dich daran, was du während des Erlebnisses gedacht und gefühlt hast, z. B.: *Was war das? Ob das gut geht? Ich hatte Herzklopfen. Ich zitterte, …*
4. Schreibe auch, was gesprochen wurde. Verwende die direkte/wörtliche Rede.
5. Gib deiner Geschichte eine Überschrift, die neugierig macht, aber nicht zu viel verrät.

→ Seite 93

Eine Schreibkonferenz durchführen

1. Setzt euch in Gruppen zusammen.
2. Einer aus der Gruppe liest seine Geschichte vor. Dann können die anderen Fragen stellen, falls etwas in der Geschichte unklar sein sollte.
3. Besprecht gemeinsam folgende Fragen und gebt dem Verfasser eine Rückmeldung: Was hat euch besonders gut gefallen? Was hat euch nicht gefallen? Konntet ihr der Geschichte bis zum Schluss folgen oder gab es „Erzähllöcher“? Passt die Überschrift zum Text? Weckt sie das Interesse der Zuhörer/Leser?
4. Der Verfasser macht sich Notizen und überarbeitet anschließend seine Geschichte. Dabei achtet er auch auf die sprachliche Richtigkeit.

→ Seite 171, 215

Einen längeren Text lesen und verstehen

1. Lies die **Überschrift**: Was erzählt sie dir?
2. Gibt es **Bilder** zum Text? Was zeigen sie dir?
3. Lies den ganzen Text **Abschnitt für Abschnitt**. Überlege nach jedem Abschnitt, was darin steht. Wenn du dir unsicher bist, lies ihn nochmals.
   Wichtige Informationen kannst du mit **W-Fragen** herausfinden. Du kannst auch jedem Abschnitt eine **Überschrift** geben.
4. Welche Wörter oder Sätze helfen dir, dir den **Inhalt** zu **merken**? Schreibe sie auf oder unterstreiche auf Folie.
5. Welche Wörter oder Sätze **verstehst du noch nicht**? Kläre sie!

→ Seite 189

Einen Text mithilfe von W-Fragen verstehen

1. Immer, wenn du beim Lesen zu einer wichtigen Information kommst, stellst du dazu eine kurze W-Frage (Wer tut etwas? Wann ereignet es sich? Wo passiert es? Was geschieht? Warum kommt es dazu?)
2. Beantworte die Frage und notiere die Antwort in Stichworten. Lies nun weiter bis zur nächsten Information.
3. Fasse nach dem Lesen den Text anhand deiner Notizen mit eigenen Worten zusammen.

Sich schnell über den Inhalt eines Buches informieren

→ Seite 203

1. Sieh dir den Titel und die äußere Gestaltung des Umschlages an. Überlege, was du daraus über den Inhalt erfährst.
2. Lies den Klappentext des Buches.
3. Überfliege das Inhaltsverzeichnis. Daraus erfährst du zum Beispiel, ob es um eine zusammenhängende Geschichte geht oder ob das Buch mehrere Geschichten enthält.
4. Prüfe, ob das Buch am Anfang oder Ende kurze Informationen zum Autor/zur Autorin enthält. Auch diese Informationen verraten oft etwas über den Inhalt.

Checkliste zur Projektarbeit

→ Seite 225

1. **Planung**
   - ☑ Material zum Thema besorgen
   - ☑ die Arbeitsweise und die Art der Präsentation festlegen
   - ☑ einen Zeitplan machen und die Aufgaben verteilen
2. **Erarbeitung**
   - ☑ die wichtigsten Informationen zum Thema zusammentragen
   - ☑ die Informationen verständlich und interessant aufbereiten
   - ☑ die Präsentation vorbereiten
3. **Präsentation**
   - ☑ das Ergebnis und den Weg dahin vorstellen

Im Team zusammenarbeiten

→ Seite 71

1. Halte dich an das, was ihr vereinbart habt.
2. Grenze niemanden aus und lass auch andere Meinungen gelten.
3. Bringe deine Ideen ein.
4. Sei bereit, Schwächeren zu helfen.
5. Stelle deine Interessen für das gemeinsame Ziel zurück.

Auf andere eingehen

→ Seite 53

1. Achte auf die Menschen in deiner Nähe.
2. Wenn du den Eindruck hast, dass es jemandem nicht gut geht, frage nach, wie es ihm oder ihr geht.
3. Wenn der andere offen antwortet, höre aufmerksam zu. Du kannst deine Hilfe anbieten oder andere bitten, dir zu helfen.
4. Wenn der andere jetzt nicht mit dir sprechen möchte, kannst du später noch einmal nachfragen.

Kleines Computerlexikon

Chat/Chatten

Das englische Verb „chat" bedeutet reden, plaudern oder schwatzen. Im Internet kannst du dich mithilfe der Tastatur mit anderen Menschen „unterhalten". In den meisten Fällen geschieht das schriftlich, die entsprechende Antwort erhältst du sofort auf deinem Bildschirm angezeigt.

Datei

Alle Informationen (Daten) mit jeweils ähnlichem Inhalt werden in einem „Speicher" aufbewahrt, damit man sie wieder lesen oder auch verändern kann. Das können zum Beispiel Zeichen, Texte oder Bilder sein. Dateien sind daher die grundlegende Einheit eines Computers zur Speicherung. Ein Computer kann über mehrere tausend solcher Dateien verfügen. Damit du sie schnell findest bzw. mit ihnen arbeiten kannst, ist es sinnvoll, sie in Ordnern zusammenzufassen.

Homepage

Die Homepage ist die Startseite (Auftaktseite), mit der sich die Benutzer (zum Beispiel Firmen, Institutionen, Privatpersonen) im Internet vorstellen. Von dort aus gelangt man meist zu einer ganzen Reihe weiterer Seiten dieses Benutzers: Die Gesamtheit aller dieser Seiten nennt man Website. Oft gibt es aber auch so genannte Links (Querverweise) zu anderen Seiten.

Internet

Das Internet ist ein weltweiter Verbund von Computersystemen. Den Inhalt des Internets bestimmen seine Dienste. Das World Wide Web (www) oder auch kurz nur Web ist der wichtigste und bekannteste Dienst. Häufig wird er daher auch als Bezeichnung für das Internet gebraucht.

Link

Auf vielen Internetseiten befinden sich Querverweise. Ein solcher Hyperlink (Kurzform: Link) verknüpft dabei verschiedene Dokumente unterschiedlicher www-Seiten. Dies geschieht mithilfe einer besonderen Programmiersprache (HTML). Durch Anklicken eines solchen Links gelangst du so direkt zu dem angebotenen Dokument der entsprechenden www-Seite.

Rechtschreibkontrolle/Rechtschreibprüfung

Wenn du in einem Textverarbeitungsprogramm arbeitest, lassen sich Rechtschreib-, Tipp- und grammatische Fehler leicht erkennen und korrigieren. Dabei hilft dir die Rechtschreibprüfung, die du so einstellen kannst, dass sie dir schon während des Schreibens die jeweiligen Fehler anzeigt. Aber auch eine Überprüfung nach dem Schreiben ist möglich.

Suchmaschine

Suchmaschinen sind Webadressen, die dir bei der Suche nach Informationen im Internet helfen. Du kannst Begriffe, Themen oder Namen eingeben und erhältst dann eine geordnete Übersicht aller Internetseiten, auf denen du etwas zu deinem Suchwort findest. Für Kinder gibt es spezielle Kindersuchmaschinen.

Surfen

Wenn du mehr oder weniger wahllos verschiedene Webseiten aufrufst, bezeichnet man das in der Umgangssprache als „surfen". Aber auch, wenn du dich mithilfe der Links von Webseite zu Webseite klickst, weil du zum Beispiel nach Informationen zu einem bestimmten Thema suchst, wird dafür häufig dieser Begriff verwendet.

Textverarbeitungsprogramm

Diese Programme ermöglichen dir das Schreiben und Verändern von Texten mit dem Computer. Der von dir über die Tastatur eingegebene Text wird auf dem Bildschirm angezeigt. Jederzeit kannst du während des Schreibens zum Beispiel Wörter ändern, einen Satz an eine andere Stelle setzen, Text löschen oder an jeder beliebigen Stelle einfügen. Häufig ist auch eine Rechtschreibprüfung möglich.

Autorenverzeichnis

Anders, Günther wurde 1902 in Breslau geboren und starb 1992 in Wien. Er floh 1933 vor den Nationalsozialisten, weil er jüdischer Herkunft war. In seinen Schriften zeigte er sich als Gegner des Nationalsozialismus. Günther Anders war Philosoph, er schrieb zahlreiche Sachbücher, aber auch einige Erzählungen und Gedichte.

Der Löwe, S. 176

Äsop lebte etwa in der Mitte des 6. Jahrhunderts vor Christi Geburt in Thrakien (Griechenland) angeblich als Sklave. Nach seiner Freilassung soll er großen Ruhm erlangt haben. Er schrieb viele Tierfabeln und ist einer der bekanntesten Fabeldichter.

Der aufgeblasene Frosch, S. 172
Der Hahn und die Perle, S. 177
Die Ameise und die Taube, S. 168
Die Fledermaus und das Wiesel, S. 177
Die Höhle des Löwen, S. 169
Die kleinen und die großen Fische, S. 177
Der Maulwurf und der Igel, S. 175
Maus und Frosch, S. 167
Wie sich Äsop mit einer Fabel rettete, S. 170/171

Brandt, Heike wurde 1946 in Jever geboren und lebt in Berlin. Sie übersetzt unter anderem Werke amerikanischer Autoren, verfasst Buchkritiken und schreibt erfolgreiche Jugendbücher (zum Beispiel „Wie ein Vogel im Käfig").

Katzensprünge (Klappentext), S. 205

Brecht, Bertolt wurde 1898 in Augsburg geboren und starb 1956 in Ost-Berlin. Er schrieb zahlreiche Gedichte, Geschichten und Theaterstücke. Sie sollten die Menschen auch dazu anregen, über politische Verhältnisse nachzudenken. Bekannte Werke sind die „Geschichten vom Herrn Keuner" und die „Dreigroschenoper". Weil er Kommunist war, musste er während der Herrschaft der Nationalsozialisten aus Deutschland fliehen. Er lebte u.a. in den USA und der Schweiz und kehrte erst 1948 wieder zurück.

Fliege, fliege, kleiner Drache, S. 157

Brustgi, Franz Georg, dessen Geburts- und Todesjahr nicht bekannt sind, hat als Autor und Herausgeber zahlreiche Sagen und Schwänke aus der Schwäbischen Alb gesammelt und nacherzählt. Außerdem schrieb er über Heinrich Schliemann, den berühmten Entdecker des Goldschatzes von Troja.

Der Ulmer Spatz, S. 190

Busch, Wilhelm wurde 1832 in Wiedensahl bei Hannover geboren und starb 1908 in Mechtshausen/Harz. Er ist von den deutschen Autoren, die lustige Texte verfassten, einer der bekanntesten. Seine Bildergeschichten (zum Beispiel „Max und Moritz" oder „Die fromme Helene") sind weltweit bekannt. Aber auch verschiedene Kalendergeschichten werden heute noch gern gelesen.

Eule und Star, S. 176

Dragt, Tonke wurde 1930 in Batavia (heute Djakarta) geboren und lebt in Den Haag. Sie ist nicht nur in den Niederlanden als erfolgreiche Jugendbuchautorin bekannt geworden.

Ein Brief für den König (Klappentext), S. 202
Ein Brief für den König (Inhaltsverzeichnis), S. 203
Biografische Information, S. 203

Ebner-Eschenbach, Marie von wurde 1830 in Mähren geboren und starb 1916 in Wien. Sie gehört zu den bedeutendsten Erzählerinnen des 19. Jahrhunderts. Bekannt wurden auch ihre Aphorismen und einige Gedichte.

Die Doppelfreude, S. 176

Goethe, Johann Wolfgang (von) wurde 1749 in Frankfurt am Main geboren und starb 1832 in Weimar. Er gilt als der berühmteste deutsche Dichter, viele seiner Theaterstücke (zum Beispiel „Faust") werden auch heute noch gespielt. Darüber hinaus schrieb er Romane, wissenschaftliche Abhandlungen und unzählige Gedichte, darunter auch viele bekannte Balladen.

Die Frösche, S. 147

Grimm, Albert Ludwig wurde 1786 in Schluchtern bei Heilbronn geboren und starb 1872 in Baden-Baden. Er war ein Verwandter von Jakob und Wilhelm Grimm und sammelte und veröffentlichte ebenfalls Märchen.

Die beiden Ziegen, S. 175

Grimm, Jacob wurde 1785 in Hanau geboren und starb 1863 in Berlin. Er war ein bedeutender Forscher und gilt als Begründer der Wissenschaft von der deutschen Sprache und Literatur. Gemeinsam mit seinem Bruder Wilhelm veröffentlichte er die Kinder- und Hausmärchen (1812–1815 in zwei Bänden).

Grimm, Wilhelm wurde 1786 in Hanau geboren und starb 1859 in Berlin. Er gilt als der eigentliche Sammler der deutschen Märchen und Sagen, die er gemeinsam mit seinem Bruder Jacob herausgab.

Der Froschkönig, S. 179
Der Wolf und die sieben Geißlein, S. 179, 187
Aschenputtel, S. 179
Die Bremer Stadtmusikanten, S. 179
Tischlein deck dich, S. 179, 180/181
Die Bienenkönigin, S. 182/183
Rumpelstilzchen, S. 184, 186

Guggenmos, Josef wurde 1922 in Irsee/Allgäu geboren, wo er auch Ende 2003 starb. Er schrieb seit den 1950er-Jahren Gedichte und Texte für Kinder, die auch in vielen Schulbüchern abgedruckt wurden und für die er etliche literarische Auszeichnungen erhielt. Vor allem mit dem Gedichtband „Was denkt die Maus am Donnerstag?" (1967) fand er großen Anklang bei seinen kleinen und großen Lesern.

Die Bären brummen …, S. 61
Wenn Riesen niesen, S. 136
Ich male mir den Winter, S. 147

Hagedorn, Friedrich von wurde 1708 in Hamburg geboren, wo er 1754 auch starb. Er schrieb vor allem Gedichte und Fabeln. In seiner Zeit galt er als bedeutender Dichter und Philosoph.

Der ewige Friede, S. 173

Halas, František wurde 1901 in Brünn geboren und starb 1949 in Prag. Er zählt zu den bedeutendsten tschechischen Dichtern des 20. Jahrhunderts und schrieb sowohl für Erwachsene als auch für Kinder.

Was der Frühling alles tun muss, S. 146

Hanisch, Hanna wurde 1920 in Thüringen geboren und starb 1989. Sie veröffentlichte Theaterstücke, Gedichte und Kinderbücher.

Kein Freund für Kemal, S. 58/59

Harranth, Wolf wurde 1941 in Wien geboren, wo er heute auch lebt. Er schrieb zahlreiche Kinder- und Jugendbücher und machte sich mit Übersetzungen berühmter Werke (zum Beispiel von Mark Twain und Oskar Wilde) einen Namen. Dafür erhielt er mehrere Literatur- und Übersetzerpreise.

Computer-Gedicht, S. 141

Härtling, Peter wurde 1933 in Chemnitz geboren. Er gehört zu den bekanntesten deutschen Autoren der Gegenwart, wurde bekannt durch zahlreiche Romane und Erzählungen, die sich häufig mit den Lebensgeschichten berühmter Künstler wie Eduard Mörike oder Robert Schumann befassen. Als Kinderbuchautor (zum Beispiel mit „Das war der Hirbel") errang der Autor ebenfalls große Anerkennung.

Bernd und Frieder, S. 25

Karl, Günter wurde 1947 in Heidelberg geboren und lebt in Mannheim. Er illustriert Bücher, malt Bilder und arbeitet in einer Werbeagentur.

Flugmaschine, S. 131

Karpf, Walter ist Umweltredakteur bei einer TV-Zeitschrift und schreibt Tierreportagen.

Eine raffinierte Spinnerin, S. 214/215

Kästner, Erich wurde 1899 in Dresden geboren und starb 1974 in München. Er schrieb viele Werke für Erwachsene, zählt aber vor allem zu den beliebtesten und berühmtesten Kinder- und Jugendbuchautoren Deutschlands. Zu seinen bekanntesten Werken gehören „Emil und die Detektive", „Das doppelte Lottchen", „Pünktchen und Anton" und „Das fliegende Klassenzimmer", die auch alle verfilmt wurden.

Fauler Zauber, S. 57

Kilian, Susanne wurde 1940 in Berlin geboren und lebt in Wiesbaden. Sie war Lehrerin und Buchhändlerin und schreibt Kinder- und Jugendgeschichten.

Der Brief, S. 122/123

Kirsch, Rainer wurde 1934 in Döbeln/Sachsen geboren und lebt in Berlin. Er veröffentlichte in der DDR vor allem Gedichte, Theaterstücke, Märchen und Kinderbücher und arbeitete als Übersetzer. Bekannt sind auch seine Nachdichtungen von Werken russischer Autoren.

Die Flundern von Flandern, S. 156

Kleberger, Ilse wurde 1921 in Potsdam geboren und lebt in Berlin. Sie arbeitete als Ärztin und Schriftstellerin. Bekannt geworden ist sie durch Romane, Reiseberichte und Lebensbeschreibungen sowie Kinder- und Jugendbücher.

Sommer, S. 146

Korschunow, Irina wurde 1925 in Stendal/Altmark geboren und lebt in der Nähe von München.
Sie schrieb Drehbücher, zahlreiche Romane für Erwachsene und ist eine erfolgreiche deutsche Kinderbuchautorin. Zu ihren bekanntesten Werken gehören „Die Wawuschels mit den grünen Haaren" (1967), „Hanno malt sich einen Drachen (1978) und „Er hieß Jan" (1979).

Vielleicht wird alles gut, S. 68/69

Lessing, Gotthold Ephraim wurde 1725 in Kamenz/Lausitz geboren und starb 1781 in Braunschweig. Er studierte in Leipzig zunächst Theologie und Medizin und arbeitete später als Bibliothekar in der Herzog August Bibliothek in Wolfenbüttel. Lessing war ein vielseitig interessierter Schriftsteller. Besonders durch seine Theaterstücke gehört er zu den wichtigsten deutschen Autoren. Aber auch durch seine Fabeln ist er bis in die heutige Zeit bekannt und beliebt.

Die Nachtigall und der Pfau, S. 173
Der Rabe und der Fuchs, S. 174

Linde, Gunnel wurde 1924 in Stockholm geboren. Sie hat über 40 Kinder- und Jugendbücher geschrieben, darunter „Wie eine Hecke voll Himbeeren", „Der weiße Stein" und „Joppe". Als Mitgründerin einer schwedischen Organisation setzt sie sich für die Rechte von Kindern und Jugendlichen ein. Für ihr Gesamtwerk erhielt sie den bedeutenden Astrid-Lindgren-Preis.

Der Neue, S. 109

Lindgren, Astrid wurde 1907 in Vimmerby geboren und starb 2002 in Stockholm. Weltberühmt wurde sie durch ihre Kinderbücher. Zahlreiche ihrer fantasievollen und spannenden Geschichten wie zum Beispiel „Pippi Langstrumpf", „Die Kinder aus Bullerbü" oder „Kalle Blomquist" wurden auch erfolgreich verfilmt. Ihr Leben lang hat sie sich für ein friedliches Zusammenleben aller Menschen, für die Rechte der Kinder, aber auch für den Umwelt- und Tierschutz eingesetzt.

Mio, mein Mio, S. 82/83
Pippi geht in die Schule, S. 12/13

Lobe, Mira wurde 1913 in Görlitz/Schlesien geboren und starb 1995 in Wien. Da sie jüdischer Herkunft war, floh sie 1936 aus Deutschland nach Palästina und lebte nach dem Zweiten Weltkrieg in Österreich. Sie schrieb fast 100 Kinder- und Jugendbücher. 1972 erhielt sie für ihr Buch „Das kleine Ich bin ich" den Österreichischen Staatspreis für Kinder- und Jugendliteratur.

Deutsch ist schwer, S. 89
Die Purzelgeschichte, S. 150
Wald, S. 156

Maar, Paul wurde 1937 in Schweinfurt geboren und lebt in Bamberg. Er schreibt vor allem für Kinder und Jugendliche und zeichnet die Bilder für seine Bücher meist selbst. Besonders bekannt sind seine auch erfolgreich verfilmten Geschichten vom „Sams".

Das Sams in der Schule, S. 29
In der neuen Klasse, S. 104/105, 107
Lippels Fantasiegeschichte, S. 88

Mai, Manfred wurde 1949 in Winterlingen geboren, wo er auch heute lebt. Er arbeitete zunächst in einer Werkzeugfabrik, holte später das Abitur nach, studierte und unterrichtete dann an einer Realschule. Seit dem Jahr 1978 veröffentlicht er Gedichte, Geschichten und Sachbücher für Kinder, Jugendliche und Erwachsene.

Eine schöne Geschichte, S. 109

Manz, Hans wurde 1931 in Wila/Züricher Oberland geboren und lebt in Zürich. Er ist vor allem bekannt durch seine Sprachbücher („Sprachbuch für Kinder und Neugierige: Die Welt der Wörter") und Sprachgedichte (wie zum Beispiel „Ich" oder „Was Wörter alles können"). Der vielseitige Schriftsteller veröffentlichte aber auch schon Erzählungen, einen Roman und verschiedene Kinderbücher.

Aufpassen, S. 208

Massive Töne ist der Name einer deutschen Hip-Hop-Gruppe, die 1991 in Stuttgart gegründet wurde. Die Band veröffentlichte seitdem mehrere Alben, besonders erfolgreich waren „Kopfnicker" (1996) und „Überfall" (1999).

Traumreise, S. 157

Moers, Walter wurde 1957 in Mönchengladbach geboren. Er ist erfolgreicher Comic-Zeichner und ein Autor, der für Jung und Alt schreibt. Seine seit 1988 erschienenen Geschichten für Kinder vom Käpt'n Blaubär wurden durch das Fernsehen und durch Hörspielkassetten besonders bekannt.

Käpt'n Blaubär, S. 87

Nöstlinger, Christine wurde 1936 in Wien geboren, wo sie auch heute noch lebt. Sie zählt zu den erfolgreichsten Kinder- und Jugendbuchautorinnen. Für viele ihrer Bücher wie zum Beispiel „Maikäfer, flieg" oder „Das Austauschkind" erhielt sie hohe literarische Auszeichnungen.

Warum lesen wichtig ist, S. 152

Ringelnatz, Joachim wurde 1883 als Hans Bötticher in Wurzen/Sachsen geboren und starb 1934 in Berlin. An seinen witzigen Gedichten erfreuen sich die Menschen noch heute.

Herbst, S. 147

Ruck-Pauquèt, Gina wurde 1931 in Köln geboren und lebt bei Bad Tölz. Sie arbeitete zunächst in verschiedenen Berufen, seit 1958 schreibt sie Kinderbücher und Kinderlieder, aber auch Schlagertexte.

Ist ja auch nichts für ein Mädchen, S. 108
Mutter sagt immer Nein, S. 110/111

Rutgers, An van der Loeff-Basenau war eine holländische Jugendbuchschriftstellerin. Sie wurde 1910 in Amsterdam geboren und starb 1990. Ihre schriftstellerische Tätigkeit begann mit Übersetzungen aus skandinavischen Sprachen. Sie schrieb die großen Jugendromane „Die Kinderkarawane", „Wenn du Mut hast", „Pioniere und ihre Enkel" und „Ich bin Fedde". Neben Auszeichnungen wie dem Deutschen Jugendliteraturpreis wurde sie für ihr Gesamtwerk mit dem Holländischen Staatspreis für Kinder- und Jugendliteratur geehrt.

Die Kinderkarawane (Klappentext), S. 205

Schmidt, Wolfgang wurde 1929 in Fulda geboren und starb 1995 in Frankfurt am Main. Er war Maler und Grafiker und hat 1964 an der wichtigen Kunstausstellung documenta III teilgenommen.

Undsoweiter, S. 156

Severin, Rüdiger Zum Leben dieses Autors gibt es keine gesicherten Informationen.

Handy-Verbot, S. 72/73

Steck, Josef war ein beliebter Kinderbuchautor. Leider sind seine genauen Lebensdaten nicht bekannt. Seine Geschichten „Der Wurzelsepp", „Kasperl geht in die Schule" oder „Doktor Quak" wurden in der Reihe „Nürnberger Bilderbücher" veröffentlicht.

In der Geisterbahn, S. 56

Tennigkeit, Uta war viele Jahre Redakteurin bei einer bekannten TV-Zeitschrift und schrieb zahlreiche Tierreportagen aus aller Welt. Mit dem Autor und Fotografen Heinz Rohde unternahm sie mehrere Reisen durch Südafrika, gemeinsam veröffentlichten sie das Fachbuch „Südafrikas Nationalparks".

Die wilde Schwester aus dem Wald, S. 212/213

Thor, Annika wurde 1950 in Göteborg geboren und lebt in Stockholm. Sie schreibt überwiegend für Kinder und Jugendliche. Bekannt geworden sind vor allem ihre Romane um die jüdischen Flüchtlingskinder Steffi und Nelli sowie das Jugendbuch „Ich hätte nein sagen können".

Ich hätte nein sagen können (Klappentext), S. 205

Timm, Uwe wurde 1940 in Hamburg geboren. Bekannt wurde er vor allem als Romanautor für Erwachsene; er hat aber auch für Kinder und Jugendliche geschrieben, so zum Beispiel das erfolgreich verfilmte Buch „Rennschwein Rudi Rüssel".

Rennschwein Rudi Rüssel (Klappentext), S. 201

Twain, Mark hieß mit richtigem Namen Samuel Langhorne Clemens, wurde 1835 in Florida/Missouri geboren und starb 1910 in Redding/Connecticut. Seine Werke gehören zu den wichtigsten in der amerikanischen Literatur des 20. Jahrhunderts. Seine Romane „Die Abenteuer Tom Sawyers" und „Die Abenteuer und Fahrten des Huckleberry Finn" sind bis heute vor allem bei jugendlichen Lesern beliebt.

Substantive und ihr Geschlecht, S. 86

Welsh, Renate wurde 1937 in Wien geboren. Sie arbeitete als Übersetzerin und ab 1970 als Schriftstellerin. Das Buch „Drachenflügel" und der Jugendroman „Johanna" zählen zu ihren bekanntesten Werken.

Wald, S. 156

Wilde, Oscar wurde 1854 in Dublin geboren und starb 1900 in Paris. Zu seinen bekanntesten Veröffentlichungen gehören die Erzählung „Das Gespenst von Canterville", der Roman „Das Bildnis des Dorian Gray" und die Komödie „Ernst sein ist alles".

Das Gespenst von Canterville, S. 87

Wölfel, Ursula wurde 1922 in Duisburg-Hamborn im Ruhrgebiet geboren und lebt in Neunkirchen bei Darmstadt. Sie arbeitete als Sonderschullehrerin und veröffentlichte 1959 ihr erstes Kinderbuch. 1961 wurde sie freie Schriftstellerin und schrieb seitdem viele bekannte Kinder- und Jugendbücher wie zum Beispiel „Ein Haus für alle" (1991).

Hannes fehlt, S. 10/11

Zeevaert, Sigrid wurde 1960 in Aachen geboren. Sie ist eine erfolgreiche und mehrfach ausgezeichnete Kinder- und Jugendbuchautorin, deren Werke in andere Sprachen übersetzt wurden.

Mehr als ein Spiel (Klappentext), S. 204

Zotter, Gerri wurde 1939 in Graz geboren und ist Grafiker. 1975 illustrierte er das „Sprachbastelbuch", das zahlreiche Preise gewann, u. a. den Österreichischen Kinder- und Jugendbuchpreis.

Wald, S. 156

Textarten

Bildergeschichten: Sie werden auch Comic oder Cartoon genannt. Hierbei wird mit einer Bildfolge ein Vorgang beschrieben oder eine Geschichte erzählt. Meist sind die Bilder gezeichnet. Fast immer werden sie mit einem erzählenden Text und/oder mit wörtlicher Rede kombiniert.

S. 34 ff.

Erzählungen/Geschichten: In der Literatur versteht man unter Erzählungen im Gegensatz beispielsweise zum Roman kürzere Texte, zu denen z. B. Märchen, Kurzgeschichten und Novellen gehören. Inhaltlich gibt es dabei keine Einschränkungen. Eine genaue Zuordnung der Erzählung ist aber oft sehr schwer. So sollte sie zum Beispiel einen Umfang von etwa 6 bis 60 Seiten haben. Häufig bezeichnet man deshalb kürzere Texte auch als Geschichten.

Das Gespenst von Canterville, Oscar Wilde, S. 87
Das riesengroße Ei, S. 95
Das Zirkusmädchen, S. 16
Der Brief, Susanne Kilian, S. 122/123
Der Neue, Gunnel Linde, S. 109
Die Purzelgeschichte, Mira Lobe, S. 150
Das neue Handy, S. 172
Eine Geschichte vom Mehl, S. 179
Eine chinesische Geschichte, S. 70
Eine schöne Geschichte, Manfred Mai, S. 109
Flugmaschine, Günter Karl, S. 131
Handy-Verbot, Rüdiger Severin, S. 72/73
Hannes fehlt, Ursula Wölfel, S. 10/11
Ist ja auch nichts für ein Mädchen, Gina Ruck-Pauquèt, S. 108
Jana im Ei, S. 95
Käpt'n Blaubär, nach Walter Moers, S. 87
Mutter sagt immer Nein, Gina Ruck-Pauquèt, S.110/111
Unfallbericht, S. 154
Vielleicht wird alles gut, Irina Korschunow, S. 68/69

Fabeln: In dieser Textart sprechen (entweder in Reimen oder in Prosa) und handeln fast immer zwei oder mehrere gegensätzliche Tiere. Sie verkörpern menschliche Eigenschaften, die der Leser erkennen soll (zum Beispiel Neid, Geiz, Dummheit, Klugheit oder Faulheit). Am Ende kommt es zu einer überraschenden Wendung (Pointe). Oft formuliert der Dichter außerdem eine Lehre. Damit will er den Leser zu einem bestimmten Verhalten anregen.

Der aufgeblasene Frosch, Äsop, S. 172
Der ewige Friede, nach Friedrich von Hagedorn, S. 173
Der Hahn und die Perle, Äsop, S. 177
Der Löwe, Günther Anders, S. 176
Der Maulwurf und der Igel, nach Äsop, S. 175
Der Rabe und der Fuchs, nach Gotthold Ephraim Lessing, S. 174
Die Ameise und die Taube, S. 168
Die beiden Ziegen, nach Albert Ludwig Grimm, S. 175
Die Doppelfreude, Marie von Ebner-Eschenbach, S. 176
Die Eule und die Maus, S. 103
Die Fledermaus und das Wiesel, Äsop, S. 177
Die Höhle des Löwen, Äsop, S. 169
Die kleinen und die großen Fische, Äsop, S. 177
Die Maus und der Frosch, Äsop, S. 167
Eule und Star, Wilhelm Busch, S. 176
Die Nachtigall und der Pfau, Gotthold Ephraim Lessing, S. 173
Wie sich Äsop mit einer Fabel rettete, S. 170/171

Gedichte: In der Antike begleiteten fahrende Sänger ihren Vortrag auf der „Lyra“, einem Saiteninstrument. Deshalb heißt der Oberbegriff für alle Gedichtformen Lyrik. Gedichte sind meist kürzere Texte in einer besonderen Gestaltung. Die Einteilung in Strophen und Verse, ein besonderer Sprachrhythmus, gereimt oder auch ungereimt, Wiederholungen von Wörtern oder Sätzen, eine bildreiche Sprache und bildhafte Anordnungen sind kennzeichnend für die Textart Gedicht. Experimente von Dichtern mit Buchstaben, Silben und Wörtern bezeichnet man oft als konkrete Poesie. Man unterscheidet dabei unter anderen Lautgedichte (Abzählverse, die keine inhaltliche Bedeutung haben), Bildwörter (die Bedeutung eines Wortes wird durch einen nicht mehr an eine Zeile gebundenen Buchstaben hervorgehoben) und Sehgedichte (Silben und Wörter werden bildhaft angeordnet).

Gespräche: Wenn sich mehrere Personen in ständigem Wechsel miteinander unterhalten, spricht man von einem Gespräch. Sind es nur zwei Personen, dann nennt man dieses Gespräch einen Dialog.

Jugendbuch (Ausschnitte): Als Kinder- und Jugendliteratur bezeichnet man Bücher, die für junge Menschen zwischen 3 und etwa 18 Jahren geschrieben werden. Allerdings gibt es nicht immer eine klare Alterstrennung. So lesen auch viele Erwachsene zum Beispiel gerne Märchen oder Fantasy-Romane, während Jugendliche durchaus auch Gedichte oder Erzählungen verstehen, die ursprünglich nicht für sie geschrieben wurden. Im 18. und 19. Jahrhundert dienten Jugendbücher fast nur der Erziehung. Die heutige Jugendliteratur möchte unterhalten, spannende und interessante Geschichten erzählen, die natürlich auch zum Nachdenken anregen sollen. Das Zusammenleben der Menschen, schulische und familiäre Probleme, geschichtliche Ereignisse, Freundschaft und erste Liebe, lustige Situationen, abenteuerliche Expeditionen und kriminalistische Ermittlungen sind nur einige der vielfältigen Themen heutiger Kinder- und Jugendliteratur.

Klappentexte: Zu Büchern gibt es häufig kurze Inhaltsangaben, die entweder auf der Rückseite oder auf der Umschlagklappe des Buches stehen (daher der Name „Klappentext"). Mit diesem Text soll das Interesse des Lesers geweckt werden, aber er soll auch nicht zu viel verraten. Deshalb wird der Schluss der Geschichte natürlich nicht beschrieben.

Liedtexte: Zu einer Melodie wird ein Text verfasst, mit oder ohne Reime. Es ist aber auch möglich, dass auf einen fertigen Text oder ein bereits vorhandenes Gedicht eine passende Melodie komponiert wird. Besondere Beachtung wird dabei häufig dem Rhythmus geschenkt.

Märchen: „Es war einmal" – wenn eine Geschichte mit diesen Worten beginnt, weiß der Leser sofort, dass es sich nur um ein Märchen handeln kann. Die Handlung ist fantastisch, Tiere können sprechen, Hexen und Zauberer erfüllen Wünsche oder bestrafen böse Menschen. Über Jahrhunderte hinweg haben sich die Menschen immer wieder diese Geschichten erzählt. Jeder hat die Handlung etwas ausgeschmückt. Diese sogenannten Volksmärchen wurden erstmals im 19. Jahrhundert von den Brüdern Grimm gesammelt und veröffentlicht. Später haben Dichter wie Hans Christian Andersen oder Wilhelm Hauff neue Märchen geschrieben (sie heißen deshalb Kunstmärchen). Sie sind heute bei Jung und Alt genauso beliebt. Man kann auch kaum einen Unterschied zu den überlieferten Märchen erkennen.

Sachtexte: Sachtexte sind keine literarischen Texte wie Romane oder Erzählungen; sie erzählen also keine „erfundenen" Geschichten. Meist beschäftigen sie sich mit einem bestimmten Thema (zum Beispiel aus der Geschichte, dem Sport oder den Naturwissenschaften) und sollen dem Leser Informationen dazu geben. Sachtexte gibt es in den unterschiedlichsten Formen – vom Lexikonartikel bis zum Fachbuch, von Gesetzestexten bis hin zu Protokollen, Zeitungsmeldungen, Anleitungen oder Unfallberichten. Sie können auch Fotos, Illustrationen oder grafische Übersichten enthalten.

Sagen: Märchen und Sagen haben manche Gemeinsamkeiten, wie zum Beispiel die mündliche Überlieferung. Sagen sind jedoch fast immer an einen bestimmten Ort gebunden oder spielen in einer mehr oder weniger genau bestimmten Zeit. Geschichtliche Ereignisse oder Gestalten stehen im Mittelpunkt der Handlung. Im Gegensatz zum Märchen wird oft so sachlich erzählt, dass der Leser selbst die unglaubwürdigsten Ereignisse als wahr empfindet.

Daidalos und Ikaros, S. 134/135
Der Hahn von Barcelos, S. 198
Der Teufelsstein im Kölner Dom, S. 188/189
Der Ulmer Spatz, Franz Georg Brustgi, S. 190
Sisyphos, S. 192

Szenisches Spiel: In einem Film oder einem Theaterstück spricht man von einer Szene, wenn in einem Zeitabschnitt die Personen und der Ort der Handlung gleich bleiben. Spielszenen sind daher sozusagen sehr kurze Theaterstücke ohne großen Aufwand. Zu ihnen zählt man auch Dialoge (ein Gespräch zwischen zwei Personen), pantomimische Stücke (eine Szene ohne Worte, nur mit Mimik und Gestik) sowie Stegreifspiele (eine Szene, die vorher nicht geprobt wird). Ohne Publikum sollte eine Spielszene natürlich nicht aufgeführt werden.

Bernd und Frieder, Peter Härtling, S. 25
Das Sams in der Schule, Paul Maar, S. 29
Der Wettkampf, S. 54
Der zerbrochene Füller, S. 24
Die Fliege, S. 54
Frisch gestrichen, S. 54
Ich lade dich zum Geburtstag ein ..., S. 129
Kein Freund für Kemal, Hanna Hanisch, S. 58/59
Mit Regeln klappt es besser!, S. 26

Vorgangsbeschreibungen: Unter Vorgangsbeschreibungen versteht man Texte, die beschreiben, wie man eine bestimmte Tätigkeiten ausführt, damit ein anderer sie nachmachen kann. Gut verständliche Sätze, klare Formulierungen und die genaue Reihenfolge der einzelnen Arbeitsschritte sind daher besonders wichtig.
Zu den Vorgangsbeschreibungen gehören zum Beispiele Rezepte zum Kochen und Backen, Spiel- und Bastelanleitungen, Versuchsanordnungen (Physik, Chemie), Anweisungen im Sport und Gebrauchsanweisungen. Vorgangsbeschreibungen sind Sachtexte.

Der Gleiter, S. 132/133

Witze: Ein Witz ist in der Regel ein kurzer spaßiger Text. Ein Witz kann intelligent, platt, politisch oder auch einfach nur doof sein – immer soll er aber zum Lachen reizen. Oftmals wird nur mit sparsamen Mitteln (je nachdem, ob es sich um einen Wortwitz oder Bilderwitz handelt) ein Geschehen dargestellt, das mit einer Pointe endet.
Das Wort „Witz" bedeutete früher „Schlauheit". Wenn man sagte, jemand hätte Witz oder sei gewitzt, meinte man, dass er klug oder schlau sei.

Elefant und Maus, S. 155
Im Restaurant, S. 155
Interessante Berufe, S. 155

Register

Textquellenverzeichnis

S. 10 Wölfel, Ursula: Hannes fehlt. Aus: Die grauen und die grünen Felder. Anrich, Mülheim 1970; **S. 12** Aus: Lindgren, Astrid: Pippi Langstrumpf. ÜberS. v. Cecilie Heinig. Verlag Friedrich Oetinger GmbH, Hamburg 1986, S. 62–66; **S. 25** Aus: Härtling, Peter: Der Traumschrank. Luchterhand Verlag, Darmstadt 1976; **S. 29** Aus: Maar, Paul: Eine Woche voller Samstage. Verlag Friedrich Oetinger GmbH, Hamburg 1973, S. 95f.; **S. 54** Fischer, Marianne: Die Fliege. Aus: Sketche und Einakter für Feste und Feiern. Eva Bernhart-Hupp/ Sandra Klaucke (Hrsg.). Grafenstein Verlag, München 1987, S. 270f; [sprachlich vereinfacht] **S. 54** Frisch gestrichen. Aus: Ebenda, S. 273.; **S. 54** Der Wettkampf. Aus: Ebenda, S. 269 [gekürzt und sprachlich vereinfacht]; **S. 55** Aus: Sketche und Einakter für Feste und Feiern. Eva Bernhart-Hupp/ Sandra Klaucke (Hrsg.). Grafenstein Verlag, München 1987, S. 269 [gekürzt und sprachlich vereinfacht]; **S. 56** Steck, Josef: In der Geisterbahn. Aus: Mücke. Heft 8, Universum Verlagsanstalt, Wiesbaden 1976; **S. 57** Aus: Kästner, Erich: Das Schwein beim Friseur und andereS. Atrium, Zürich 1962, S. 172; **S. 58** Hanisch, Hanna: Kein Freund für Kemal. Aus: Am Montag fängt die Woche an. Hrsg. v. H.-J. Gelberg. Beltz Verlag, Weinheim; Basel, 1990. S. 42ff; **S. 61** Nach: Guggenmos, Josef: Wenn das Kind nicht allein still sein will. Aus: Gedichte für ein ganzes Jahr. GeS. v. J. KrüsS. Otto Maier Verlag, Ravensburg 1972; **S. 68** Korschunow, Irina: Vielleicht wird alles gut. Aus: Petzen ist gemein und andere Schulgeschichten. Arena Verlag, Würzburg 1997; **S. 70** Aus: Orlick, Terry: Kooperative Spiele. ÜberS. v. Barbara Murakami. Beltz Verlag, Weinheim und Basel, 1993; **S. 72** Severin, Rüdiger: Handy-Verbot. Aus: Klasse Lesen 5. Ernst Klett Schulbuchverlag, Leipzig 2000, S. 46; **S. 74** Aus: Korschunow, Irina: Vielleicht wird alles gut. Aus: Petzen ist gemein und andere Schulgeschichten. Arena Verlag, Würzburg 1997; **S. 77** Mündliche Erzählungen von Kindern und Erwachsenen aus aller Welt. Aus: Broders, Werner (u.a.): Mittendrin. Sprachbuch 5. Ernst Klett Verlag GmbH, Stuttgart 1993, S. 147; S. **82** Aus: Lindgren, Astrid: Mio, mein Mio. ÜberS. v. K.K. PeterS. Verlag Friedrich Oetinger, Hamburg 1955, S. 7–12; **S. 86** Aus: Twain, Mark. Gesammelte Werke, Bd. 3. Hrsg. v. K. Popp, dt. ÜberS. v. A.M. Brock. © Hanser Verlag, München 1966; **S. 87** Aus: Lassahn, Bernhard: Käpt'n Blaubärs Geschichtenbuch. Otto Maier Verlag, Ravensburg 1991, S. 5ff; **S. 87** Aus: Wilde, Oscar: Das Gespenst von Canterville. Bearb. v. F. Schneider. Franz Schneider Verlag, München; Wien 1974 [leicht bearbeitet]; **S. 88** Nach: Maar, Paul: Lippels Traum. Verlag Friedrich Oetinger, Hamburg 1981, S. 61; **S. 89** Aus: Lobe, Mira: Das Sprachbastelbuch. Verlag Jugend und Volk, Wien; München 1975; **S. 95** Janke, Ines: Das riesengroße Ei. Aus: Der bunte Hund, Nr. 47, Beltz & Gelberg, Weinheim 1997, S. 10.; **S. 95** Götte, Mareike: Jana im Ei. Aus: Der bunte Hund, Nr. 47. Beltz & Gelberg, Weinheim 1997, S. 10; **S. 102** Aus: Shelley Tanaka/ Laurie McGaw: Die Welt des GletschermannS. ÜberS. v. E. Bobzin. Carlsen Verlag, Hamburg 1997; **S. 104** Aus: Maar, Paul: Robert und Trebor. Verlag Friedrich Oetinger, Hamburg 1985, S. 29ff; **S. 107** Aus: Maar, Paul: Robert und Trebor. Verlag Friedrich Oetinger, Hamburg 1985, S. 29ff; S. 108 Aus: Ruck-Pauquèt, Gina: KinderBilderLesebuch. Wir sind Freunde. Elefanten-Press-Verlag, Berlin 1983, S. 112; **S. 109** Aus: Mai, Manfred: Mutmach-Geschichten. Maier Verlag, Ravensburg 1985; **S. 109** Aus: Linde, Gunnel: Wie eine Hecke voll Himbeeren. Ravensburger Taschenbuch, Bd. 2069; **S. 120** Ruck-Pauquèt, Gina: Mutter sagt immer Nein. Aus: Heinz-Jürgen und Ursula Kliewer (Hrsg.): Der Zauberkasten. Reclam-Verlag, Stuttgart 1992, S. 57f; **S. 112** Aus: Maar, Paul: Robert und Trebor. Verlag Friedrich Oetinger, Hamburg 1985, S. 29ff. [bearbeitet]; **S. 122** Kilian, Susanne: Der Brief. Aus: Kinderkram. Kinder-Gedanken-Buch. Erzählungen und Texte. Beltz & Gelberg, Weinheim und Basel 1987, S. 82; **S. 131** Karl, Günter: Flugmaschine. Aus: Der fliegende Robert. Viertes Jahrbuch der Kinderliteratur. Hrsg. v. H.-J. Gelberg. Verlag Beltz & Gelberg, Weinheim 1977, S. 17; **S. 134** Nach: Schwab, Gustav: Die schönsten Sagen des klassischen AltertumS. Ausgew. und bearb. v. H. F. Blunck, neu bearb. v. B. Heiland. Loewe Verlag, Bindlach 2006, S. 48–52; **S. 136** Guggenmos, Josef: Wenn Riesen niesen. Aus: Guggenmos, Josef: Oh, Verzeihung, sagte die Ameise. Beltz & Gelberg, Weinheim und Basel 1990, S. 35; **S. 141** Harranth, Wolf: Computer-Gedicht. Aus: Was für ein Glück. 9. Jahrbuch der Kinderliteratur. Hrsg. v. H.-J. Gelberg. Beltz & Gelberg, Weinheim 1993, S. 5; **S. 142** Kästner, Erich: Moral. Aus: DUDEN. Zitate und Aussprüche. Herkunft und aktueller Gebrauch. Bd. 12. B. I. & F. A. Brockhaus, Mannheim 2002, S. 212; **S. 142** Zitat von Sigmund Graff. Aus: Ebenda, S. 715; **S. 142** Zitat von Ovid. Aus: Das große Buch der Zitate. Hrsg. v. H.-H. Skupy. Wissen Media Verlag GmbH, Gütersloh; München 2008, S. 439; **S. 146** Halas, František: Was der Frühling alles tun musS. Aus: Ein Reigen geht um die Welt. Hrsg. v. H. Baumann. Sigbert Mohn Verlag, Gütersloh 1965, S. 14; **S. 146** Kleberger, Ilse: Sommer. Aus: Ueberreuters großes Geschichtenbuch: zum Vorlesen, Erzählen u. Selberlesen. Hrsg. von S. Aust. Ueberreuter, Wien 1986, S. 273; **S. 147** Ringelnatz, Joachim: Herbst. Aus: Joachim Ringelnatz. Das Gesamtwerk. Hrsg. v. W. Pape. Henssel Verlag, Berlin 1982ff; **S. 147** Goethe, J. W. von: Die Frösche. Aus: Goethe. Werke.Bd. 1. Hrsg. von E. Trunz. Wegner Verlag, Hamburg 1958, S. 336; **S. 147** Guggenmos, Josef: Ich male mir den Winter. Aus: Guggenmos, Josef: Ich will dir was verraten. Beltz & Gelberg, Weinheim 1992; **S. 150** Lobe, Mira: Die Purzelgeschichte. Aus: Das Sprachbastelbuch. Hrsg. v. Gerri Zotter, Otto Maier Verlag, Ravensburg 1984; **S. 152** Aus: Nöstlinger, Christine/ Bauer, Jutta: Ein und alleS. Ein Jahrbuch mit Geschichten, Bildern, Texten, Sprüchen, Märchen und einem Tagebuch-Roman. Verlag Beltz & Gelberg, Weinheim 1992, S. 94 (Originalüberschrift: Westwind); **S. 156** Kirsch, Rainer: Die Flundern von Flandern. Aus: Wohlgemuth, Armin: Alberts bunte Bilderbude, Bd. 1. Der Kinderbuchverlag Berlin 1989; **S. 156** Zotter, Gerri; Lobe, Mira; Welsh, Renate: WALD. Aus: Ulrich, Winfried: Sprachspiele für jüngere Leser und Verfasser von Texten, Hahner Verlagsgesellschaft mbH, Aachen-Hahn 2000; **S. 156** Schmidt, Wolfgang: undsoweiter. Aus: Ulrich, Winfried: Sprachspiele für jüngere Leser und Verfasser von Texten, Hahner Verlagsgesellschaft mbH, Aachen-Hahn 2000; **S. 157** Massive Töne: Traumreise. T+M: Jean-Christoph Ritter/Joao Caiola Dos Santos © FROM HERE TO FAME, EDITION, DELABEL EDITIONS SARL. für D: EMI Music Publishing (Germany GmbH), Hamburg; **S. 157** Aus: Bertolt Brecht. Gesammelte Werke, Bd. 4. Suhrkamp, Frankfurt a. M. 1967, S. 970/971.; **S. 159** Nach Informationen aus: Luisenpark Mannheim. Hrsg. von: Stadtpark Mannheim. Verantwortlich: J. Költzsch und H. Berlinghof: Süß oder salzig - hübsch sind sie alle. In: Rhein-Neckar-Zeitung vom 27./28. August 2005, S. 11; **S. 167** Äsop: Maus und Frosch. ÜberS. n.: Steinhöwel, Heinrich. Esopi appologisive mythologi. Originaltext zu finden unter: http://www.uni-mannheim.de/mateo/desbillous/esop/seite48.html (06.05.2009); **S. 168** Äsop: Die Ameise und die Taube. Aus: Inkiow, Dimiter: Aesops Fabeln oder Die Weisheit der Antike. Neu erzählt von Dimiter Inkiow. Franz Schneider Verlag, München 1991, S. 21–23 [leicht bearbeitet]; **S. 169** Äsop: Die Höhle des Löwen. Aus: Inkiow, Dimiter: Aesops Fabeln oder Die Weisheit der Antike. Neu erzählt von Dimiter Inkiow. Franz Schneider Verlag, München 1991, S. 21–23; **S. 170** ÜberS. von einer Lateinklasse des Laurentianum Gymnasiums in Warendorf. Nach: http://www.uni-mannheim.de/mateo/desbillous/esop/seite34.html (06.05.2009); **S. 172** Schemel, Gerd: Das ist gestern passiert. (Originalbeitrag) [stark verändert]; **S. 172** Äsop: Der aufgeblasene Frosch. Aus: Raab-Demski, Gudrun. Die Fabel. Ernst Klett Verlag, Stuttgart 2002, S. 12; **S. 173** Hagedorn, Friedrich von: Der ewige Friede. Aus: Raab-Demski, Gudrun. Die Fabel. Ernst Klett Verlag, Stuttgart 2002, S. 12 [sprachlich vereinfacht]; **S. 173** Die Nachtigall und der Pfau. Aus: Lessing, Gotthold Ephraim: Fabeln. Verlag Philipp Reclam jun., Leipzig 1976, S. 34; **S. 174** Der Rabe und der FuchS. Aus: Ebenda, S. 52 [sprachlich vereinfacht]; **S. 175** Nach Grimm, Albert Ludwig: Die beiden Ziegen. Aus: Thiel, Hans: Kurze Geschichten zum Nacherzählen und für andere sprachliche Übungen. Diesterweg, Frankfurt a. M.; Berlin; Bonn 1967, S. 114; **S. 175** Nach Äsop: Maulwurf und Igel. Aus: Projekt Deutschunterricht 1: Kritisches Lesen: Märchen, Sage, Fabel, Volksbuch. Hrsg. v. Heinz Ide. Metzler/ Poeschel, Stuttgart 1979, S. 60f; **S. 176** Die Doppelfreude. Aus: Ebner-Eschenbach, Marie von: Ein

Buch für die Jugend. Aus meinen Schriften. Paetel, Berlin 1922, S. 74; **S. 176** Anders, Günther: Der Löwe. Aus: Anders, Günther: Der Blick vom Turm. Fabeln. C.H. Beck, München 1984², S. 7; **S. 176** Busch, Wilhelm: Eule und Star. Aus: Wilhelm Busch. Werke. Bassermann Verlag, Stuttgart 1958; **S. 177** Die kleinen und die großen Fische. Aus: Fabeln des Aesop. Nacherzählt von Rudolf Hagelstange. Otto Maier Verlag, Ravensburg 1965; **S. 177** Nach Äsop: Der Hahn und die Perle. Aus: Sämtliche Fabeln der Antike. Hrsg. v. Johannes Irmscher. AnacondaVerlag GmbH, Köln 2006, S. 344; **S. 177** Nach Äsop: Die Fledermaus und das Wiesel. Aus: Der Fuchs und der Rabe. Antike Fabeln. ÜberS. v. Johannes Irmscher. Aufbau Verlag, Berlin/Weimar 1981, S. 37; **S. 179** Auszüge aus: Kinder- und Hausmärchen, gesammelt durch die Gebrüder Grimm, Winkler Verlag, 13. Auflage, München 1990 (Der Froschkönig, Der Wolf und die sieben Geißlein, Aschenputtel, Die Bremer Stadtmusikanten, Tischlein deck dich); **S. 180** Nach: Gebrüder Grimm: Tischlein deck dich. Aus: Kinder- und Hausmärchen, gesammelt durch die Gebrüder Grimm, Winkler Verlag, München 1990 [sprachlich vereinfacht]; **S. 182** Brüder Grimm: Die Bienenkönigin. Aus: Kinder- und Hausmärchen, gesammelt durch die Gebrüder Grimm, Winkler Verlag, München 1990, S. 362–364; **S. 184, 186** Nach: Gebrüder Grimm: Rumpelstilzchen. Aus: Kinder- und Hausmärchen, gesammelt durch die Gebrüder Grimm, Winkler Verlag, München 1990; **S. 188** Der Teufelsstein im Kölner Dom. Nach: Bechstein, Ludwig: Deutsches Sagenbuch. Meersburg und Leipzig 1930, S. 95-96 [gekürzt und sprachlich vereinfacht]; **S. 190** Brustgi, Franz Georg: Der Ulmer Spatz. Aus: Sagen und Schwänke von der schwäbischen Alb. Gesammelt und erzählt v. Franz Georg Brustgi. Rosengarten, Konstanz 1980, S. 104–106; **S. 192** Aus: Inkiow, Dimiter: Orpheus, Sisyphos & Co. Griechische Sagen. Gabriel Verlag, Stuttgart/Wien 2001; **S. 198** Nach: http://de.wikipedia.org/wiki/Barcelos (06.05.2009); **S. 199** Schmögner, Walter: Die Geschichte vom Wind. Aus: Das Insel-Buch für Kinder. Ausg. v. E. BorcherS. Insel, Frankfurt a. M. 1979 [stark bearbeitet]; **S. 201** Aus: Timm, Uwe: Rennschwein Rudi Rüssel. dtv Junior, Deutscher Taschenbuch Verlag, München 1993, 15. Auflage 2001, Klappentext; **S. 202** Aus: Dragt, Tonke: Der Brief für den König. Beltz & Gelberg, Weinheim 1977, Neuausgabe 1998, Klappentext; **S. 203** Aus: Ebenda, S. 4; **S. 204** Klappentext 1: Aus: Zeevaert, Sigrid: Mehr als ein Spiel. Deutscher Taschenbuch Verlag, München 2002; **S. 205** Klappentext 2: Aus: Thor, Annika: Ich hätte Nein sagen können. ÜberS. von Angelika Kutsch. Beltz & Gelberg, Weinheim/Basel/Berlin 1998 und 2000, S. 2; **S. 205** Klappentext 3: Aus: Rutgers, An: Die Kinderkarawane. dtv junior 7181, München 2006; **S. 205** Klappentext 4: Aus: Brandt, Heike: Katzensprünge. dtv-junior, 1999; **S. 208** Manz, Hans: Aufpassen. Aus: Manz, Hans: Die Welt der Wörter. Sprachbuch für Kinder und Neugierige. Beltz Verlag, Weinheim 1991; **S. 212** Tennigkeit, Uta: Die wilde Schwester aus dem Wald. Aus: Abenteuer WildniS. Die schönsten Tierreportagen aus aller Welt. Edition Pro Terra, Garbsen 1993, S. 178 [gekürzt]; **S. 214** Karpf, Walter: Eine raffinierte Spinnerin. Aus: Abenteuer WildniS. Die schönsten Tierreportagen aus aller Welt. Edition Pro Terra, Garbsen 1993, S. 56 [gekürzt und sprachlich vereinfacht]; **S. 216** Von Barbara Kiesewetter. Aus: SWR Kindersendung OLI's Wilde Welt. http://www.kindernetz.de/oli/tierlexikon/husky/-/id=74994/nid=74994/did=82322/x6x6ko/index.html (06.05.2009); **S. 219** Drillinge im Zoo. Aus: Wochenkurier. Leipzig vom 11. März 2009, S. 3.; **S. 221** Aus: FidibuS. Wörterbuch Deutsch. Ernst Klett Schulbuchverlag Leipzig 2005, S. 131, 185, 291, 361; **S. 226** Aus: Tanaka, Shelley / McGaw, Laurie: Die Welt des Gletschermanns. Übers. v. Eva Bobzin. Carlsen Verlag, Hamburg 1997, S. 4 und 7; **S. 228** Aus: Ebenda, S. 6; **S. 230** Aus: Ebenda, S. 12; **S. 231** Aus: Ebenda, S. 12.

Bildquellennachweis
Umschlag Corbis (Norbert Schaefer), Düsseldorf; **6** Klett-Archiv (Peter Nierhoff), Stuttgart; **7.oben links** Das Fotoarchiv RF (RF), Essen; **7.Mitte** Ullstein Bild GmbH (Imagebroker.net), Berlin; **7.oben rechts** iStockphoto (Igor Stepovik), Calgary, Alberta; **7.unten** Mauritius Images, Mittenwald; **9** Klett-Archiv (Karoline Schierhorn, Friedeburg), Stuttgart; **29** aus: Paul Maar. Eine Woche voller Samstage. Text von Paul Maar. Einband und Illustrationen von Paul Maar. © Verlag Friedrich Oetinger, Hamburg; **30** Klett-Archiv (Peter Nierhoff, Köln), Stuttgart; **34** Imago, Berlin; **35.links** Susanne van Treeck, Essen; **35.rechts** Susanne van Treeck, Essen; **42.links** SUPERBILD (BSIP), Taufkirchen/München; **42.rechts** Joker (Ines Baier), Bonn; **46** plainpicture GmbH & Co. KG (Reiner Ohms), Hamburg; **48** Klett-Archiv (Peter Nierhoff, Köln), Stuttgart; **50** Klett-Archiv (Karoline Schierhorn, Friedeburg), Stuttgart; **52** Jutta Biesemann (Jutta Biesemann und Hans-Joachim Michels), Kleve; **52.unten** iStockphoto (Linda Kloosterhof), Calgary, Alberta; **82** Verlag Friedrich Oetinger GmbH, Hamburg; **87** © WDR mediagroup licensing GmbH; **88** Verlag Friedrich Oetinger GmbH, Hamburg; **90** Nikolaus Heidelbach, Köln; **92** Nikolaus Heidelbach, Köln; **116** Klett-Archiv (Karoline Schierhorn, Friedeburg), Stuttgart; **117.oben** Klett-Archiv (Karoline Schierhorn, Friedeburg), Stuttgart; **117.unten** Klett-Archiv (Karoline Schierhorn, Friedeburg), Stuttgart; **120.oben** Ullstein Bild GmbH (Grabowsky), Berlin; **120.Mitte** Microsoft Outlook. Microsoft product screen shot reprinted with permission from Microsoft Corporation; **121** Microsoft Word. Microsoft product screen shot reprinted with permission from Microsoft Corporation.; **130** Bridgeman Art Library Ltd., Berlin; **131** Günter Karl, Flugmaschine Pillmann, aus: Hans-Joahim Gelberg (Hrsg.), Der fliegende Robert, © 1977 Beltz & Gelberg in der Verlagsgruppe Beltz, Weinheim & Basel; **142.1** Klett-Archiv (Karoline Schierhorn, Friedeburg), Stuttgart; **142.2** Klett-Archiv (Karoline Schierhorn, Friedeburg), Stuttgart; **142.3** Klett-Archiv (Karoline Schierhorn, Friedeburg), Stuttgart; **145** Prosenio GmbH, Augsburg; **197** Microsoft product screen shot reprinted with permission from Microsoft Corporation; **200** Klett-Archiv (Karoline Schierhorn, Friedeburg), Stuttgart; **201** Uwe Timm, Rennschwein Rudi Rüssel. © für das Umschlagbild von Gunnar Matysiak: Deutscher Taschenbuch Verlag, München; **202** Tonke Dragt, Der Brief für den König, Beltz & Gelberg Verlag, Weinheim und Basel; **204.a** An Rutgers, Die Kinderkarawane, © für das Umschlagbild von Dieter Wiesmüller 1975 Deutscher Taschenbuchverlag München; **204.b** Cover Annika Thor, Ich hätte nein sagen können, 1998 Beltz & Gelberg Verlag, Weinheim und Basel; **204.c** Sigrid Zeevaert, Mehr als ein Spiel © für das Umschlagbild von Sabine Wilharm: Deutscher Taschenbuch Verlag, München; **204.d** Cover Heike Brandt, Katzensprünge, © Beltz & Gelberg in der Verlagsgruppe Beltz, Weinheim & Basel; **212** Getty Images (Stock Image), München; **213** Corbis, Düsseldorf; **214** Tierbildarchiv Angermayer (Hans Pfletschinger), Holzkirchen; **216** Schlotterbeck, Ulrich, Reutlingen; **217** Schlotterbeck, Ulrich, Reutlingen; **224** Norwegisches Gletschermuseum (Karen Weichert), Fjærland; **228** Illustration by Jack McMaster © 1996 The Madison Press Limteted, from „Die Welt des Gletschermanns", a Carlsen/Madison Press Book.; **229.oben** Südtiroler Archäologiemuseum, Bozen – www.iceman.it; **229.unten** Landespolizeikommando für Tirol, Innsbruck (Anton Koler, Sölden); **230** Südtiroler Archäologiemuseum, Bozen - www.iceman.it; **231.1** Okapia (Hans Reinhard), Frankfurt; **231.2** Klett-Archiv (Aribert Jung), Stuttgart; **231.3** iStockphoto (Achim Prill), Calgary, Alberta; **231.4** iStockphoto (Heinz Waldukat), Calgary, Alberta; **231.5** iStockphoto (Achim Prill), Calgary, Alberta; **236** Okapia (NAS/Richard Ellis), Frankfurt

Sollte es in einem Einzelfall nicht gelungen sein, den korrekten Rechteinhaber ausfindig zu machen, so werden berechtigte Ansprüche selbstverständlich im Rahmen der üblichen Regelungen abgegolten.

Liste unregelmäßiger Verben

Grundform	Präsens	Präteritum	Perfekt
befehlen	du befiehlst	ich befahl	ich habe befohlen
beißen	du beißt	ich biss	ich habe gebissen
biegen	du biegst	ich bog	ich habe gebogen
binden	du bindest	ich band	ich habe gebunden
bitten	du bittest	ich bat	ich habe gebeten
blasen	du bläst	ich blies	ich habe geblasen
bleiben	du bleibst	ich blieb	ich bin geblieben
brechen	du brichst	ich brach	ich habe gebrochen
brennen	du brennst	ich brannte	ich habe gebrannt
bringen	du bringst	ich brachte	ich habe gebracht
denken	du denkst	ich dachte	ich habe gedacht
dürfen	du darfst	ich durfte	ich habe gedurft
essen	du isst	ich aß	ich habe gegessen
fahren	du fährst	ich fuhr	ich bin gefahren
fallen	du fällst	ich fiel	ich bin gefallen
fangen	du fängst	ich fing	ich habe gefangen
finden	du findest	ich fand	ich habe gefunden
fliegen	du fliegst	ich flog	ich bin geflogen
fliehen	du fliehst	ich floh	ich bin geflohen
fließen	es fließt	es floss	es ist geflossen
fressen	es frisst	es fraß	es hat gefressen
frieren	du frierst	ich fror	ich habe gefroren
geben	du gibst	ich gab	ich habe gegeben
gehen	du gehst	ich ging	ich bin gegangen
geschehen	es geschieht	es geschah	es ist geschehen
gewinnen	du gewinnst	ich gewann	ich habe gewonnen
gießen	du gießt	ich goss	ich habe gegossen
graben	du gräbst	ich grub	ich habe gegraben
greifen	du greifst	ich griff	ich habe gegriffen
haben	du hast	ich hatte	ich habe gehabt
halten	du hältst	ich hielt	ich habe gehalten
hauen	du haust	ich haute	ich habe gehauen
heißen	du heißt	ich hieß	ich habe geheißen
helfen	du hilfst	ich half	ich habe geholfen
kennen	du kennst	ich kannte	ich habe gekannt
klingen	es klingt	es klang	es hat geklungen
kommen	du kommst	ich kam	ich bin gekommen
können	du kannst	ich konnte	ich habe gekonnt
kriechen	du kriechst	ich kroch	ich bin gekrochen
lassen	du lässt	ich ließ	ich habe gelassen
laufen	du läufst	ich lief	ich bin gelaufen
lesen	du liest	ich las	ich habe gelesen
liegen	du liegst	ich lag	ich habe gelegen
lügen	du lügst	ich log	ich habe gelogen
messen	du misst	ich maß	ich habe gemessen
mögen	du magst	ich mochte	ich habe gemocht
müssen	du musst	ich musste	ich habe gemusst

Grundform	Präsens	Präteritum	Perfekt
nehmen	du nimmst	ich nahm	ich habe genommen
pfeifen	du pfeifst	ich pfiff	ich habe gepfiffen
raten	du rätst	ich riet	ich habe geraten
reißen	du reißt	ich riss	ich habe gerissen
reiten	du reitest	ich ritt	ich bin geritten
rennen	du rennst	ich rannte	ich bin gerannt
riechen	du riechst	ich roch	ich habe gerochen
rufen	du rufst	ich rief	ich habe gerufen
schieben	du schiebst	ich schob	ich habe geschoben
schießen	du schießt	ich schoss	ich habe geschossen
schlafen	du schläfst	ich schlief	ich habe geschlafen
schlagen	du schlägst	ich schlug	ich habe geschlagen
schleichen	du schleichst	ich schlich	ich bin geschlichen
schließen	du schließt	ich schloss	ich habe geschlossen
schneiden	du schneidest	ich schnitt	ich habe geschnitten
schreiben	du schreibst	ich schrieb	ich habe geschrieben
schreien	du schreist	ich schrie	ich habe geschrien
schweigen	du schweigst	ich schwieg	ich habe geschwiegen
schwimmen	du schwimmst	ich schwamm	ich bin geschwommen
sehen	du siehst	ich sah	ich habe gesehen
sein	du bist	ich war	ich bin gewesen
singen	du singst	ich sang	ich habe gesungen
sinken	du sinkst	ich sank	ich bin gesunken
sitzen	du sitzt	ich saß	ich habe gesessen
sprechen	du sprichst	ich sprach	ich habe gesprochen
springen	du springst	ich sprang	ich bin gesprungen
stechen	du stichst	ich stach	ich habe gestochen
stehen	du stehst	ich stand	ich habe gestanden
stehlen	du stiehlst	ich stahl	ich habe gestohlen
steigen	du steigst	ich stieg	ich bin gestiegen
sterben	er stirbt	er starb	er ist gestorben
stinken	es stinkt	es stank	es hat gestunken
stoßen	du stößt	ich stieß	ich habe gestoßen
streichen	du streichst	ich strich	ich habe gestrichen
streiten	du streitest	ich stritt	ich habe gestritten
tragen	du trägst	ich trug	ich habe getragen
treffen	du triffst	ich traf	ich habe getroffen
trinken	du trinkst	ich trank	ich habe getrunken
tun	du tust	ich tat	ich habe getan
vergessen	du vergisst	ich vergaß	ich habe vergessen
verlieren	du verlierst	ich verlor	ich habe verloren
verzeihen	du verzeihst	ich verzieh	ich habe verziehen
wachsen	du wächst	ich wuchs	ich bin gewachsen
waschen	du wäschst	ich wusch	ich habe gewaschen
werden	du wirst	ich wurde	ich bin geworden
werfen	du wirfst	ich warf	ich habe geworfen
wissen	du weißt	ich wusste	ich habe gewusst
ziehen	du ziehst	ich zog	ich habe gezogen
zwingen	du zwingst	ich zwang	ich habe gezwungen

Grammatische Grundbegriffe

Begriff	Erklärung	Beispiel
Adjektiv, das	Eigenschaftswort, Wiewort	klein, groß, dick
Akkusativ, der	Kasus (Fall); Wen-Fall, 4. Fall	der Nachbar – *den Nachbarn* die Nachbarn – *die Nachbarn*
Akkusativobjekt, das	Satzglied, antwortet auf die Frage „Wen oder was?"	Sie traf *Paul.* (*Wen* oder *was* traf sie?)
Anredepronomen, das	Anredefürwort	du, ihr, Sie, Ihnen
Artikel, bestimmter	Begleiter des Nomens, Geschlechtswort	*die* Frau, *der* Tisch, *das* Haus
Artikel, unbestimmter	Begleiter des Nomens, Geschlechtswort	*ein* Haus, *ein* Stuhl, *eine* Frau
Aufforderungssatz, der	Satz, der verwendet wird, wenn man um etwas bittet oder wenn man jemanden zu etwas auffordert; steht mit Ausrufezeichen oder Punkt am Ende	Gib den Ball ab! Lies den Text.
Aussagesatz, der	Satz, der verwendet wird, um etwas mitzuteilen	Sarah geht ins Kino.
Dativ, der	Kasus (Fall); Wem-Fall, 3. Fall	der Nachbar – *dem Nachbarn* die Nachbarn – *den Nachbarn*
Dativobjekt, das	Satzglied, antwortet auf die Frage „Wem oder was?"	Sie gibt *ihm* etwas. (*Wem?*)
Deklinationsendungen, die	Endungen der Nomen in einem bestimmten Kasus/Fall	der Hund (Nominativ), des Hund*es* (Genitiv), den Hund*en* (Dativ Plural)
direkte Rede, die	wörtliche Rede	Ferhat sagt: *„Ich fahre mit dem Rad zur Schule."*
Endbaustein, der	Wortteil, der bei zusammengesetzten Wörtern verwendet werden kann; steht nach dem Wortstamm	-bar, -ig, -isch, -lich, -los, -sam, -en, -eln, -ern, -er, -heit, -keit, -nis, -ung, -tum, -schaft
Entscheidungsfrage, die	Fragesatz, der mit ja oder nein beantwortet wird	Kommst du aus Frankreich?
feminin	weiblich	die Vase, die Frau
Fragesatz, der	Satz, der verwendet wird, wenn man etwas wissen will, vgl. Entscheidungsfrage, W-Frage	Kommst du aus Frankreich? Wie komme ich bitte zum Bahnhof?
Genitiv, der	Kasus (Fall); Wes-Fall, 2. Fall	das Buch – *des Buches* die Bücher – *der Bücher*
Hauptsatz, der	selbstständiger Satz, kann für sich allein stehen	Das Haus dort drüben ist rot.
Hilfsverb, das	Verb, das auch zur Bildung des Perfekts verwendet wird	haben, sein, werden
Infinitiv, der	Grundform des Verbs, ungebeugte Form des Verbs	gehen, schwimmen, spielen
Kasus, der	Fall	das Haus, des Hauses, dem Haus, das Haus
konjugieren	beugen	ich *gehe*, du *gehst*, …, ich *ging*, du *gingst*, …
Konjugation, die	Beugung des Verbs, vgl. konjugieren	
Konjunktion, die	Bindewort, verbindet Satzteile oder Teilsätze	und, oder, aber, sondern, denn, als, bis, weil, wenn, obwohl, dass
Konjunktionalsatz, der	Nebensatz, der durch eine Konjunktion eingeleitet wird	Ich wünsche mir, *dass Paul mich heute abholt.*
maskulin	männlich	der Hund, der Kuchen
neutral	sächlich	das Kind, das Haus